U0053009

中國現代史

李守孔　著

學歷：國立河南大學畢業
經歷：國立臺灣大學、輔仁大學教授
　　　東海大學歷史研究所所長
現職：國立臺灣大學歷史研究所
　　　暨三民主義研究所教授

三民書局印行

國家圖書館出版品預行編目資料

中國現代史／李守孔著. --修訂再版.
--臺北市：三民，民86
面；　公分
ISBN 957-14-0663-5（平裝）

1.中國-歷史-現代

628

網際網路位址　http://www.sanmin.com.tw

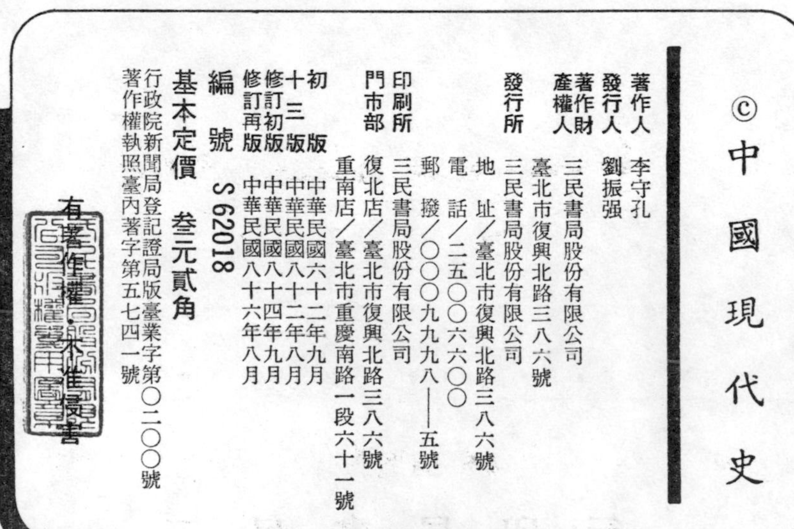

©中國現代史

著作人　李守孔
發行人　劉振強
著作財產權人　三民書局股份有限公司
臺北市復興北路三八六號
發行所　三民書局股份有限公司
地　址／臺北市復興北路三八六號
電　話／二五〇〇六六〇〇
郵　撥／〇〇〇九九九八——五號
印刷所　三民書局股份有限公司
門市部　復北店／臺北市復興北路三八六號
重南店／臺北市重慶南路一段六十一號
初　版　中華民國六十二年九月
十三版　中華民國八十二年八月
修訂初版　中華民國八十四年九月
修訂再版　中華民國八十六年八月
編　號　S 62018
基本定價　叁元貳角
行政院新聞局登記證局版臺業字第〇二〇〇號
著作權執照臺內著字第五七四一號
有著作權・不准侵害

ISBN 957-14-0663-5（平裝）

序言

歷史愈接近，和人類關係愈密切，吾人欲認識國家民族今日所處之地位和環境，以及將來之生存與發展，人人對本國之現代史均有學習之必要。政府教育當局有鑒於此，近年特別規定各大專院校增設中國現代史課程，其目的在於使一般青年瞭解革命先烈先進創造民國之行誼，及共匪對內禍國殃民，對外滲透顛覆之罪行。

本書為大專院校中國現代史課程教材，其宗旨在對近八十年之國史作一扼要之敘述，使讀者對國民革命發展之過程，獲得一正確之觀念。本書依其期限，可分為六個階段：一、推翻專制時期，二、建立民國時期，三、肅清軍閥時期，四、安內攘外時期，五、抗戰建國時期，六、反共中興時期。

國父暨 蔣總統為國民革命之導師，國父首倡革命，推翻滿清政府，並盡瘁於實現三民主義之奮鬥。 蔣總統繼承 國父遺志，完成統一，領導對日抗戰，廢除不平等條約，並努力於復國建國之大業。本書之精神在說明 國父力挽狂瀾冒險犯難之經過，與　蔣總統艱苦卓絕救國救民之苦心。

李守孔謹識　民國六十二年八月

中國現代史 目錄

第一章　國父倡導國民革命

第一節　國民革命運動之勃興

內憂與外患造成近代中國之災難，清政之不綱不足以挽救中華民族之厄運。國父承先啓後，創立三民主義，倡導國民革命，爭取國家民族之自由與平等，促進世界人類之大同。

同治五年十月初六日（一八六六年十一月十二日），中華民國締造者　國父孫中山先生誕生於廣東香山縣翠亨村。生活環境之孕育，養成　國父冒險犯難堅忍不拔之性格；及長就讀於檀香山，益有慕西學之心，懷救國之想。光緒十一年（一八八五），中法戰後，　國父憤清廷和戰乏策，喪師失地，始決定傾覆滿清，建立民國之大志。乃以學堂爲鼓吹之地，借醫術爲入世之媒，是爲國民革命運動之發端。

光緒十二年（一八八六），　國父就讀於廣州博濟醫院附設醫科學校，課餘之暇，高談國事，人多忽之；惟鄭士良表示欽敬，遂成莫逆之交，乃共同密議革命計劃。光緒十三年（一八八七）秋，　國父改入香港新創之西醫書院，朝夕以革命相鼓吹，其後與陳少白、楊鶴齡、尤烈相依甚密，港、澳親友咸以「四大寇」譏之。光緒十八年（一八九二）夏， 國父以首名畢業於西醫書院，初設中西藥局於澳門，旋遷廣州，改稱東西藥局，施藥贈診，用作革命活動之掩護。光緒二十年（一八九四）五月， 國父憂念國事，偕陸皓東至天津，上書滿清北洋大臣李鴻章，陳救國之大計，提出「人盡其才，地盡其利，物盡其用，貨暢其流」四綱，鴻章不能納。及中日戰起， 國父以爲時機可乘，乃再赴檀島，十月開始組織興中會，其兄孫眉（字德彰）及鄧蔭南等二十餘人助之。二十七日（十一月二十四日）興中會正式成立，眾推 國父爲會長，對外發表宣言，表面著重救亡圖存，實以革命排滿爲宗旨。十二月， 國父偕鄧蔭南等返香港，光緒二十一年正月二十七日（一八九五年二月二十一日），設立興中會總機關，託名「乾亨行」，將香港舊有楊衢雲所領導之輔仁文社併入，以「驅逐韃虜，恢復中華，創立合眾政府」爲祕密誓詞。旋決定在廣州起義， 國父駐穗專任軍事，楊衢雲留港主持後方接應，以陸皓東所設計之青天白日旗爲革命軍軍旗。籌備次第就緒，乃定於九月九日（十月二十六日）爲發動之期，因是日爲掃墓節，黨人便於進入城中也。

九月八日，除香港一路外，黨人咸集中廣州機關部待命。時黨人朱淇之兄湘，以其弟列名黨籍，恐事敗遭累，告密於清吏，廣州因之戒嚴。而楊衢雲復因分配武器失當，軍械人員未能如期到達。初十日，陸皓東等在廣州被捕。十一日晨，丘四、朱貴全率黨人三百餘人乘輪甫抵碼頭，先登者四十餘人悉被逮，餘眾一鬨而散。十二日 國父自廣州脫險至香港，二十一日陸皓東等殉難，此爲 國父所領導之第一次起義。

廣州之役失敗後， 國父偕鄭士良、陳少白東渡日本。十月一日至橫濱；旋成立興中會分會，參加者有馮鏡如等十餘人。十二月，　國父斷髮改裝赴檀香山，留陳少白於橫濱，聯絡留日華僑及日本志士；命鄭士良回國，收拾餘眾，以圖再舉。　國父居檀島數月，因圖有所發展，乃有美國本土之行，所到之處，宣傳革命主張。光緒二十二年（一八九六）八月乘輪赴英，九月五日（十月十一日）遭滿清駐英公使龔照瑗拘禁於使館中，十一日得英僕之助，通函於　國父西醫書院業師康德黎，經英外部提出嚴重交涉，十七日始獲釋放，中國之革命事業乃引起西方人士之重視。此後至翌年夏，　國父居住倫敦，考察歐洲政治情形與社會現狀，深覺僅靠政治革命不足以解決社會問題，乃決定採取民生主義，以與民族、民權問題同時解決，而完成三民主義之理論。

光緒二十三年（一八九七）六月，　國父離英取道加拿大東歸，七月中抵達日本橫濱。時日本民黨當政，同情中國革命，其主要領袖犬養毅乃遣宮崎寅藏、平山周來迎，邀至東京相會。投宿日比谷公園附近之對鶴旅店，店主出旅客簿請書名，平山因來時經過中山侯爵邸，信書「中山」二字，　國父續書一「樵」字，意指「山樵」以掩人耳目，　國父中山之名自此始。從此　國父結識日本朝野人士漸眾，時日本華僑萬餘人，贊成革命排滿者僅百數十人而已。

光緒二十六年（一九〇〇）秋，　國父乘八國聯軍陷北京，計劃由鄭士良率部在惠州發動起義，史堅如在廣州組織暗殺機關，以資策應，而選取臺北爲發號施令之所在。閏八月五日（九月二十八日）國父抵達臺北，日總督兒玉源太郎許以惠州革命軍起當以全力相助。閏八月十五日，鄭士良率革命軍起於惠州三洲田，屢敗清軍，聲勢大振，沿海向東北進攻，迭克新安、大鵬、白沙等地，人數增至兩萬以上。計劃佔領厦門，接受臺灣武器之援助。適日本內閣於此時改組，新總理伊藤博文禁止武器出口，並限制日本軍官投効中國革命，國父內渡及接濟武器之計劃不克實現。乃遣山田良政與同志數人，取道香港至白沙革命軍營傳達命令，告以外援無望，由鄭士良自決進止。革命軍不得已折回三洲田大營，遭清軍要擊，餉彈兩缺，遂爲所敗。士良解散部眾，走避香港，山田良政迷路爲清軍所害。此爲國父所領導之第二次起義。

同年九月六日（十月二十八日），史堅如炸清署理兩廣總督德壽不中，翌日被捕，十八日就義於廣州。十一月二十日（一九〇一年一月十日），粵吏收買兇手刺殺楊衢雲於香港。翌年七月，鄭士良復逝世，革命領袖犧牲漸多。惟惠州之役實爲中國革命事業之轉捩點，在此之前同情革命者少，加以保皇黨淆惑人心，是非難明。經此次八國聯軍之禍，滿清之顢頇無能已爲舉世所公認，於是參加革命者眾，即舊日保皇黨人亦紛紛改變宗旨，前後相較差若天淵。

惠州之役失敗後，國父旅居日本達三年之久，隱爲留學界革命之導師。光緒二十八年（一九〇二）三月，留日學生章炳麟在東京發起「中夏亡國二百四十二年紀念會」，遭日警禁阻，憤而歸國，合滬上名流蔡元培、吳敬恒、黃宗仰（烏目山僧）等，創立「中國教育會」於英租界，表面用研究編訂課本改良教育作號召，暗中以革命排滿爲宗旨。同年十月，組織「愛國學社」，收容上海南洋公學及南京陸師學堂因革命嫌疑勒令退學之學生一百餘人，並經常在英租界「蘇報」撰文，評擊時政，措詞激烈，無所顧忌。

光緒二十九年（一九〇三）五月，留日歸國學生鄒容著「革命軍」一書，炳麟爲之序，並作介紹文字刊登於「蘇報」，大遭清吏之嫉視。乃與上海英領事交涉，查封「蘇報」，解散「愛國學社」。蔡元培先一月赴青島，吳敬恒、黃宗仰等走避，章炳麟、鄒容被捕，經會審公廨審訊，認爲有汚辱清帝之嫌，判炳麟監禁三年，鄒容二年。光緒三十一年（一九〇五）二月，鄒容卒於獄，而其所著「革命軍」，以通俗淺顯之故，風行海內外，佔清季革命報刊之首位，對開導革命風氣貢獻甚大。

先是湖南善化人黃興（原名軫，號克強），懷抱排滿之大志，光緒二十七年（一九〇一）以官費留學日本，朝夕從事革命之宣傳。光緒二十九年（一九〇三）四月，東京留學界組織「拒俄義勇隊」，黃興爲主要份子。同年夏改組「軍國民教育會」，以起義暗殺爲手段，並推舉同志返國實行。

同年閏五月底，黃興自日本返抵武昌，在兩湖書院演說排滿，並散發革命書刊於軍學兩界。七月至長沙，任教黨人胡元倓所辦之明德學堂，祕密策劃革命工作。九月十六日（十一月四日）成立華興會於黨人彭淵恂寓，參加重要份子有宋教仁、劉揆一、陳天華、張繼、周震鱗、吳祿貞、蘇玄瑛（曼殊）、譚人鳳等二十餘人，推舉黃興爲會長，其後陸續加入者五百餘人。於是分配職務，派同志至各處運動。別立「同仇會」，由劉揆一負責，用作聯絡會黨之機關。時湖南會黨領袖馬福益居湘潭茶園鋪，部眾萬餘人，與黃興等議定共覆滿清，重建中華。

光緒三十年（一九〇四）五月，科學補習所成立於武昌，由呂大森任所長，胡瑛任總幹事，宋教仁任文書，實華興會之分支機關，約定同年十月十日慈禧太后七十生辰，長沙清吏在萬壽宮行禮時，預埋炸彈轟斃之，然後發動，武漢方面運動新軍立卽響應。黃興旋創設東文講習所於長沙小吳門正街，用作聯絡機關，每日在該處與黨人討論進行方法。

同年九月十五日（十月二十三日），湖南滿清巡防營捕會黨首要於湘鄉，押送長沙，湘撫陸元鼎乃下令嚴緝華興會份子。淸兵圍黃興宅，興子一歐年幼得出，至東文講習所奔告黃興，興自後門走避匿藏，十八日夜化裝混出長沙，取道漢口、上海赴日本。宋教仁、張繼、陳天華等脫險後，亦相繼東渡。

自蘇報案發生後，上海革命黨人活動由公開轉入祕密。光緒二十九年（一九〇三）七月，蔡元培自青島歸，糾合同志組織「對俄同志會」，並創辦「俄事警聞」日刊。光緒三十年春，以日俄戰起，改「對俄同志會」爲「爭存會」，擴充「俄事警聞」日刊爲「警鐘日報」，力倡排滿之說，抨擊淸廷外交之失敗。十月上旬，上海黨人成立光復會於愛國女學堂，推舉蔡元培爲會長，其入會誓詞：「光復漢族，還我河山，以身許國，功成身退。」元培利用愛國女學堂校長身分作掩護，會中事務卽取決於該校。十二月，紹興人徐錫麟至上海，被邀入會，隱然以匡復爲己任。後歸紹興，創辦大通學堂，成爲浙江革命之大本營。而留日浙籍學生王嘉褘、蔣尊簋等，亦在東京成立光復會分部，以與國內之光復會相呼應。

作業

一、國父何時決定傾覆滿淸建立民國之大志？　國父上李鴻章書有那些重要綱領？
二、興中會成立於何時？說明乙未廣州之役失敗之原因？
三、國父三民主義思想何時完成？
四、說明庚子惠州之役失敗原因？
五、上海蘇報案因何而引起？鄒容所著「革命軍」有何重大影響？
六、興華會成立於何時？光復會由何人所創立？

第二節　中國同盟會

光緒二十九年（一九〇三）秋，　國父爲擴大宣傳革命，再作歐美之遊，八月十五日（十月五日）抵達檀香山。時保皇黨在該地氣燄方盛，所辦「新中國報」詆毀革命不遺餘力，　國父乃親撰論著，刊登於報端，與保皇黨大開筆戰，並在各地發表演說；保皇黨聲勢因之大挫。十一月，　國父爲增強革命組織，特加入檀香山洪門會之致公堂。光緒三十年正月十二日（一九〇四年二月二十七日），離檀香山赴美，二月十五日（三月三十一日）抵達舊金山。遭保皇黨人陷害，被美國海關囚禁於港外安琪兒島木屋中多日，得當地致公堂大佬黃三德之助，始獲入境。　國父感致公堂組織渙散，會員已忘其排滿之本質，乃偕黃三德出遊美國各埠，並手訂致公堂章程八十條，其中第二條規定：「本堂以驅除韃虜，恢復中華，創立民國，平均地權爲宗旨。」已奠定三民主義之基礎，亦卽此後同盟會宣言之四大綱領。　國父居美八月，週歷數十城市，所到之處，慘澹經營。在紐約撰寫「中國問題之眞解決」，刊印萬份，分贈各國人士，告以中國革新進步，世界亦得共享和平，希望美國朝野給予中國革命之同情與援助。

同年十一月，　國父離美赴歐，初居倫敦，光緒三十一年（一九〇五）自春至夏，往返於英、比、法、德之間，從事各地留學界革命團體之組織。第一次集會於比京布魯塞爾，加盟者三十餘人。第二次集會於柏林，加盟者二十餘人。第三次集會於巴黎，加盟者十餘人。五月九日因日本留學界之函催，國父離法東歸，六月初過新加坡，與當地黨人陳楚楠等晤於舟上，　國父勉其在南洋預爲佈置，以利革命之進行。六月十七日抵達橫濱，時中國留日學生萬餘人，風氣大開，參加革命惟恐不速。

六月二十八日（七月三十日），　國父召集中國同盟會籌備大會於東京赤坂區檜町三番黑龍會內田良平宅，到中國本部十七省留學生代表六十餘人（甘肅無留學生），日本同志亦多列席。　國父主席，詳言全國各種革命組織應結合爲一個團體之必要，經再四討論，確定名稱爲「中國同盟會」，並由黃興提議，公推　國父爲總理。七月二十日（八月二十日）下午二時，復假東京赤坂區靈南日人阪本金彌寓舉行中國同盟會成立大會，通過會章及各省分會負責人。旋以中華民國軍政府名義對外發表宣言，首先說明今日之國民革命不同於前代革命。蓋前代革命祇以「驅除光復自任」，爲「英雄革命」；而國民革命乃爲全人類謀幸福，使人人皆有自由、平等、博愛之精神，皆負革命之責任。繼說明「今日革命之大經暨將來治國之大本」，共計四綱：(一)驅除韃虜，(二)恢復中華，(三)建立民國，(四)平均地權。至於實行之程序則分爲三期：(一)軍法之治，(二)約法之治，(三)憲法之治。同盟會成立之日，日本留學界加盟者三百餘人，不一年加盟者萬餘人，革命事業進步之速，有出人意料之外者。

同年十月三十日（十一月二十六日），同盟會在東京發刊民報，作爲宣傳之口舌。　國父親撰發刊詞，正式揭出民族、民權、民生三大主義。主要撰稿者有胡衍鴻（漢民）、汪兆銘（精衞）、朱大符（執信）、宋教仁（漁父）、章炳麟（太炎）等。時保皇黨在日本辦有「新民叢報」，鼓吹君主立憲，民報予以猛烈抨擊，從此一蹶不振。　國父自稱自民報發行之後，「革命思潮瀰漫全國，自有雜誌以來，可爲成功最著者。」其影響人心之大可以概見。

同盟會時代之義師，或由　國父親自主持，或黨人受　國父感召個別發難。初以會黨爲中堅，後以新軍爲主力。茲列舉　國父親自主持之各次起義如下：

一、黃岡之役　光緒三十三年四月十一日（一九〇七年五月二十二日），革命軍佔領廣東潮州饒平縣屬黃岡鎮，由余丑率領，以會黨為主力，衆七八百人。以武器不敵，黨人缺乏訓練，舉事僅一星期，黃岡復為清軍所陷。此為　國父所領導之第三次起義。

二、七女湖之役　光緒三十三年四月二十二日（一九〇七年六月二日），黨人鄧子瑜、陳純號召會黨百數十人發動於廣東惠州所屬七女湖，攻惠州不下，知黃岡事敗，他處無響應者，自動解散。此為國父所領導之第四次起義。

三、防城之役　光緒三十三年七月二十四日（一九〇七年九月一日），黨人王和順奉　國父命率革命軍起義於欽州所屬王光山，大破清軍，二十七日克防城，以彈藥接濟不至，所約清軍未能如期響應，攻欽州、廉州皆被阻，和順率幹部退越南，餘衆進入十萬大山，此為　國父所領導之第五次起義。

四、鎮南關之役　光緒三十三年十月二十六日（一九〇七年十二月一日），黨人黃明堂率幹部八十人潛襲鎮南關，佔領鎮南、鎮中、鎮北三砲臺，清軍降者以百數，附近遊勇紛紛來歸，乃樹青天白日旗，報捷於河內。翌日　國父率黃興、胡漢民等從山嶺間崎嶇小徑登鎮南砲臺，親發巨礮轟清軍。因彈藥缺乏，大砲機件不全，清援軍復大集，二十九日　國父從黃明堂、黃興請，穿敵火線先下山，十一月四日黃明堂等亦率衆退入越南燕子人山。撤退時軍中有少年恐革命軍旗遺落清軍之手，冒險重登礮臺，盤旋至竿上取之。此為　國父所領導之第六次起義。

五、欽廉之役　光緒三十四年二月二十五日（一九〇八年三月二十七日），黃興率幹部二百餘人，組織「中華國民軍南路軍」，自越南向欽州、廉州所屬進攻，歷時四十日，所向無敵，卒以彈盡援絕，於四月初自動退回越南，此爲　國父所領導之第七次起義。

六、河口之役　光緒三十四年三月二十九日（一九〇八年四月二十九日），黃明堂起義於雲南河口，翌日佔領之。四月四日克新街，分兵進攻蠻耗、蒙自等地，清軍降者數千人。　國父委黃興爲雲南國民軍總司令，節制河口起義各軍。因黃興之運械計劃失敗，而降兵疲玩不振，四月二十七日（五月二十六日）清軍復陷河口，革命軍被迫退入越南，此爲　國父所領導之第八次起義。

七、廣州新軍之役　宣統二年正月三日（一九一〇年二月二十二日），倪映典率廣州第三標新軍起義，執青天白日滿地紅旗，進攻省城，受紿於清軍管帶童常標，映典中伏，被擒遇害，餘衆以指揮無人，終亦潰散。此爲　國父所領導之第九次起義。

八、黃花岡之役　廣州新軍之役失敗後，黨人多走避南洋各地，宣統二年（一九一〇）夏　國父自美國東返，十月十二日（十一月十三日）在庇能（檳榔嶼）召集幹部會議，黃興、胡漢民、趙聲，及當地華僑同志參加者甚衆，決定分頭籌款，運動新軍，再次舉義於廣州。遴選同志五百人爲選鋒，作爲革命軍之中堅。同年十二月，黨人紛紛集中香港，組織統籌部，由黃興任部長，趙聲副之。至起義時則由趙聲任總指揮，黃興副之。乃在廣州城廂內外設立機關數十處，以容納黨人。嗣以五百選鋒不足，增爲八百人。

宣統三年三月十日（一九一一年四月八日），黨人開發難會議於統籌部，決定十路進攻計劃，以三月二十五日爲發難之期。旋因黨人溫生才刺殺清廣州將軍孚琦事件發生，廣州戒嚴，加以款械未能如期運達，初改爲二十八日，再改爲二十九日（四月二十七日）。起義同志初變爲四路，屆時僅黃興所率之一路發動。是日下午五時二十五分，黃興率林覺民、方聲洞等一百七十餘人，自小東營機關部出發，進攻清兩廣總督衙門，奮勇直前，所遇清軍皆披靡，直入署內。清兩廣總督張鳴岐聞變走避，乃置火種而出，分兵三路擬至各城門接應新軍，沿途遭清水師提督李準所統大隊截擊，革命軍死傷漸多。加以聯絡欠周，與所約新軍發生誤會，勢更不支。黃興右手斷二指，易服脫險。黨人除戰死及逃出外，被捕者共四十三人，咸意氣凜烈，慷慨就義。事後由廣州各善堂收拾遺屍，黨人潘達微爲之奔走，葬於廣州城北十五里之紅花岡，計得忠骸七十二具，並以紅花二字不雅，改名黃花岡。據日後調查此役死難者尙有十四烈士，合計共八十六人。此役雖失敗，以革命黨人犧牲之壯烈，革命精神乃磅礴於全國。是爲　國父所領導之第十次起義。

此外同盟會成立前後黨人個別發難之義師，其著者有光緒二十八年（一九〇二）十二月，洪全福等所領導廣州之役。光緒三十二年（一九〇六）十月，龔春臺等所領導萍鄉、瀏陽之役。光緒三十三年（一九〇七）五月，徐錫麟所領導安慶之役，以及同年六月秋瑾所領導紹興之役。光緒三十四年（一九〇八）十月，熊成基所領導安慶之役等。

作業

一、中國同盟會成立於何時何地？其宣言之重要精神是什麼？
二、說明鎭南關起義之經過？
三、廣州新軍之役因何失敗？

四、廣州三月二十九日之役對當時有何重大影響？

第三節　辛亥革命

武漢居長江上游，爲全國之樞紐，係歷代兵家必爭之地，人心之趨向關係全國之視聽，其得失足以動搖全局。當地之革命團體，以光緒三十年（一九〇四）五月所成立之科學補習所爲最早，因華興會長沙之役失敗，而遭查禁。其後所演變之革命團體有日知會、湖北軍隊同盟會、羣治學社、振武學社。至宣統三年（一九一一）元旦，改組爲文學社，推蔣翊武爲社長，社員已八百餘人。

先是同盟會成立後，部分長江流域同志居正、孫武、焦達峯等，以會黨知識幼稚，非另設小團體分途招納不易生效，乃別組織「共進會」，專司聯絡會黨任務。以同盟會誓約內「平均地權」四字含義高深，改作「平均人權」。其入會資格不若同盟會之嚴格，徽章旗幟用十八錐角交錯形，取十八行省鐵血聯合之意。旋派會員回國活動，武漢方面由孫武負責，湖南方面有焦達峯負責，分設連絡處於長江各要埠。

宣統二年（一九一〇）夏，旅日同盟會員宋教仁、陳其美、譚人鳳等，討論今後起義辦法，建議總部改在長江流域發動。及三月二十九日廣州之役失敗，香港統籌部乃派譚人鳳於五月初至武昌，與當地黨人共策進行，於是有文學社、共進會合併之舉。人鳳旋至上海，會宋教仁、陳其美等自日返國，乃於宣統三年閏六月初六日（一九一一年七月三十一日）假北四川路湖北小學，召開中國同盟會中部總會成立大會，參加者二十餘人，部務採合議制，以武昌爲活動重心，分派同志運動各省新軍，期於兩年之後大舉發動。於是長江流域之革命組織有所秉承，彼此之間協調呼應，助成武昌起義後各省之響應。

宣統三年（一九一一）夏，川、鄂、湘、粵四省反對鐵路國有風潮發生，黨人乘之，四川尤爲劇烈，全國人心爲之震動。清督辦粵漢川漢鐵路大臣端方率湖北步兵第十六協入川查辦，武昌空虛，黨人謀乘機以舉義。派居正赴滬購買槍械，定八月十五日爲發難之期。以消息洩漏，清湖廣總督瑞澂、第八鎭統制張彪收繳新軍武器，嚴密戒備，黨人乃延期舉事。

八月十八日上午十時，孫武在漢口俄租界寶善里十四號機關部，裝置炸彈失愼受傷，遭俄巡捕搜查，捕黨人甚多，盡得黨人旗幟、徽章、文告、印信、名册，武漢戒嚴，革命機關多處被破獲。黨人蔣翊武於下午五時二十五分以臨時總指揮名義在武昌小朝街機關部發佈作戰命令，派人分送各營，然因交通隔絕，預定十二時同時發動之約，未能實現。是晚九時，小朝街機關部復被破獲，蔣翊武逃避，黨人楊洪勝（宏勝）、劉堯澂（復基）、彭楚藩先後被逮，翌日晨八時同時就義。

八月十九日（十月十日），武漢革命黨機關破獲益多，人心惶惶，新軍中黨人乃決計先發以制人。晚八時許，工程第八營由黨人熊秉坤領導，首先發難，佔領楚望臺軍械庫，步隊十五協同志隨之響應，開中和門迎礮隊入城，協力攻督署。瑞澂、張彪逃登楚豫艦，二十日中午，武昌遂以光復。以革命黨諸領袖均不在武昌，倉卒間黨人推第二十一混成協協統黎元洪爲都督，組織軍政府，二十日夜光復漢陽，二十一日晨光復漢口。

漢口領事團聞革命軍大起，開會商討對策，法領事羅氏爲　國父舊交，素來同情中國革命，以武漢革命軍聲言係奉　國父之命而發難，乃於席上表示：「孫逸仙派之革命黨，係以改良政治爲目的，決非無意識之暴舉，不能與義和團一例看待，而加干涉也。」俄領事敖康夫亦與羅氏採取一致行動，其他各領事遂贊成不加干涉。及漢陽、漢口光復，各國領事見革命軍紀律嚴明，咸表好感。二十一日，軍政府派員照會各國領事館，聲明保護外人在華生命財產之安全。二十五日，漢口領事團乃決議承認革命軍為交戰團體。

革命軍光復武昌消息傳至北京，八月二十一日清廷革瑞澂、張彪職，命陸軍大臣廕昌統近畿陸軍兩鎮南下，另飭薩鎮冰統海軍，程允和統長江水師，尅期赴援。二十三日起用袁世凱為湖廣總督，節制各路援軍，袁氏則銜被罷免舊恨，堅辭不就。軍政府聞清兵南下，由黎元洪自兼革命軍總司令，分兵渡江，二十五日與清軍戰於漢口以北之劉家廟，清軍大敗，死傷以千計。此後清軍雖迭次增援，而革命軍士氣旺盛，雙方乃成對峙之局。

當是時袁世凱利用北洋軍人乘機操縱政局，以下列條件要脅清廷：(一)明年召開國會，(二)組織責任內閣，(三)寬容此次起事之黨人，(四)解除黨禁，(五)須委以指揮水陸各軍及關於軍隊編制之全權，(六)須予以十分充足之軍費。清廷不得已從之，於九月六日（十月二十七日）任命為欽差大臣，十一日（十一月一日）任命為內閣總理大臣，由其統籌全局。袁氏以馮國璋統第一軍，段祺瑞統第二軍，相繼南下，清軍頹勢為之稍振。

九月七日，黃興兼程自香港取道上海抵武昌，出任民軍戰時總司令，八日渡江至漢口督師。九、十等日與清軍激戰於大智門外，雙方死傷均重。十一日袁氏南下，十二日清軍入漢口，火焚市區，革命軍主力退守漢陽。二十七日革命軍一度反攻，以天雨缺乏重礮掩護，復退回原陣地。清軍乃合精銳，分道猛攻，十月七日（十一月二十七日）漢陽復陷。

辛亥革命之成功，不在武漢之一戰，而在各地之響應。總計兩月以內宣佈獨立者達十八、九省，清廷根本爲之動搖，民國基礎因以建立。舉其著者如下：

一、長沙光復（九月一日），推舉焦達峯爲都督（達峯遇害，由譚延闓繼任）。
二、西安光復（九月一日），推舉張鳳翽爲都督。
三、九江光復（九月二日），推舉馬毓寶爲都督。
四、騰越光復（九月六日），推舉張文光爲都督。
五、太原光復（九月八日），推舉閻錫山爲都督。
六、昆明光復（九月十日），推舉蔡鍔爲都督。
七、南昌光復（九月十日），推舉吳介璋爲都督。
八、貴陽光復（九月十四日），推舉楊藎誠爲都督。
九、上海光復（九日十四日），推舉陳其美爲都督。
十、杭州光復（九月十四日），推舉湯壽潛爲都督。
十一、蘇州光復（九月十五日），推舉程德全爲都督。
十二、桂林光復（九月十五日），推舉沈秉堃爲都督。
十三、鎭江光復（九月十七日），推舉林述慶爲都督。
十四、安慶光復（九月十八日），推舉朱家寶爲都督（後由孫毓筠繼任）。

十五、揚州光復（九月十九日），推舉徐寶山爲都督。

十六、廣州光復（九月十九日），推舉胡漢民爲都督。

十七、福州光復（九月二十日），推舉孫道仁爲都督。

十八、重慶光復（十月二日），推舉張培爵爲都督。

十九、成都光復（十月七日），推舉蒲殿俊爲都督。

二十、南京光復（十月十二日），迎程德全移督於此。

其中杭州之光復係　蔣中正先生獻身革命之開端。蔣先生奉陳其美命率敢死隊自滬來杭，身先士卒，佔領撫署，俘清巡撫增韞，厥功至偉。長沙之光復，使武昌無後顧之憂，軍政府得以專力對抗北來清軍，又因湘省之增援，革命軍始能在武漢與清軍作戰月餘之久，爭取時間以待各省之響應。西安之光復，使滿清有西顧之憂，截斷清軍不能南下增援，加重武漢革命軍之壓力。九江之光復，使武漢革命軍無側面威脅，促成長江海軍之反正，隔阻清軍不能南渡。太原之光復，直接威脅北京，使清廷有後顧之憂。

九月十四日（十一月四日）上海光復後，停泊高昌廟、楊樹浦之建安、楚有等艦艇，均懸白旗響應革命。十七日鎭江光復，停泊江心楚觀、楚同等十二艦艇，亦同時宣布反正。時中國海軍以海籌、海容、海琛三艦爲最鉅，由薩鎭冰統率，爲清海軍進攻武漢之主力。黎元洪曾致書勸降，鎭冰終不悟。後經黨人張懌伯等運動，三艦乃於九月二十一日自漢口下駛，二十三日至九江，表示響應革命。鎭冰潛逃，衆推海籌艦長黃鍾瑛任臨時司令。

九月八日，駐灤州第二十鎮統制張紹曾聯合駐瀋陽第二混成協統藍天蔚電促清廷立憲。旋扣留解運前線軍火，要求卽日停戰；並與駐石家莊第六鎮統制吳祿貞密謀會攻北京。祿貞本革命黨人，屢電清廷嚴懲馮國璋在漢口焚殺之罪，且與山西都督閻錫山協議聯兵北上。清廷陽任爲山西巡撫，以示羈縻，陰收買其部下第十二協統周符麟於九月十七日刺殺祿貞於石家莊正太車站。祿貞之死，使北方革命運動失去領導，雖無補於清室之存亡，而與袁世凱竊奪政權之關係甚大。

袁世凱旣奉命督師南下，欲乘機奪取政權，一面命所部猛攻漢口，一面命劉承恩、蔡廷幹與武昌軍政府接洽議和。劉承恩迭致書黎元洪，元洪不覆。九月二十日，劉、蔡乃渡江至武昌，與軍政府直接洽商。革命黨諸領袖拒其請，且勸其致意袁氏，響應革命，劉、蔡乃失意而返。

九月二十三日（十一月十三日），袁氏自前線入京，二十六日組織新內閣，謀和進行更爲積極。而部分革命黨人震於袁氏聲勢，過於輕視革命軍實力，對袁氏採取安撫態度。當時列強中英國在華利益最多，貿易額幾佔中國對外貿易之半數；加以長江流域爲其經濟勢力範圍，不願戰爭之延長。其駐京公使朱爾典乃以調停人自居，致電漢口英領事葛福，出面斡旋。經雙方同意，自十月十二日（十二月二日）起停戰三日。十五日期滿，復展期三日。又期滿，再延期十五日此後各地卽無大戰事。於是淸廷以唐紹儀爲全權代表，革命軍以伍廷芳爲全權代表，以上海英租界市政廳爲會談地點。是時建立共和已爲舉世所公認，而長江下游立憲派人士張謇等，顧慮戰事延長有損國家元氣，力事彌縫其間，雙方以幕後接觸爲主，公開之談判不過形式而已。

自十月二十八日至十一月十二日（十二月十八日至十二月三十一日），雙方舉行正式會議五次，決定召開國民會議討論君主立憲或民主共和。其辦法如下：㈠國民會議代表每省一處，內外蒙古爲一處，前後藏爲一處。㈡每處可派代表三人，每人均有投票權。㈢革命軍控制地區，由中華民國臨時政府發電召集，清軍控制地區，由清廷發電召集。(四)會議地點在上海。(五)會議時間爲十一月二十日。以革命軍控制地區之廣，清廷退位已成定局。

袁世凱對召開國民會議之決定，最初並無反對表示。及十一月十三日（民國元年元旦）國父就職中華民國臨時大總統，袁氏以目的不遂，大爲不滿，認爲唐紹儀自十一月十一日以來行動越權，不同意已決定之召開國民會議辦法，唐氏因之辭職。十四日，袁氏一面授意北洋將領姜桂題、馮國璋等二十餘人，通電主張君主立憲，國民會議應在北京召開；一面致電伍廷芳，嗣後和平條件應與袁氏直接電商，雙方之公開談判因之停頓。

作業

一、何謂文學社？何謂共進會？
二、中部同盟會成立於何時？有何重大影響？
三、辛亥革命期間，英國爲何出面調停？
四、說明伍廷芳與唐紹儀所議定之和議辦法？南北和議因何失敗？

第二章　中華民國之建立

第一節　民初之政局

各省光復之初，彼此各自爲政。辛亥年十月，各省代表團集會漢口英租界，通過臨時政府組織大綱，惟對組織臨時政府因意見紛歧，遲未實行。武昌起義之日， 國父方在美國募款，得悉之後，兼程赴英、法，爭取對革命政府之同情。十一月六日返抵上海，於是光復各省始有領導中心。十一月十日（十二月二十九日），各省代表團依照臨時政府組織大綱規定，在南京選舉臨時大總統，到會十七省代表，每省一票， 國父得十六票，當選爲中華民國首任臨時大總統。十三日（一九一二年一月一日）午後十時，在南京舉行就職典禮，宣誓「以忠於國，爲衆服務。」對外通電，以「公僕」自居。定國號爲中華民國，改用陽曆，以是日爲中華民國元年一月一日（以下改用陽曆）。一月三日，代表團選舉黎元洪爲副總統，並同意 國父所提中央行政各部總長，而民國政府之規模粗具。

國父當選總統之日，爲實現全國統一，特致電袁世凱，勉其促成清帝退位，願以總統相讓，袁氏乃授意慶親王奕劻，於一月十二日清宗室王公大臣會議中，首將退位意見提出。其時京津同盟會員，不知和議眞相，誤認袁氏仍忠於清廷，一月十六日黨人張先培、黃之萌、楊禹昌等，乘袁氏上朝歸，投彈轟袁氏於東安市場，不中被捕成仁，袁氏乃藉故不再入宮，清隆裕太后反信袁氏不疑，促成袁氏野心之實現。

一月十九日，清廷御前會議，袁氏代表趙秉鈞、梁士詒等，提議清帝退位，南京民國政府取消，另在天津設立臨時政府，以便袁氏獨攬大權。清宗社黨領袖軍諮使良弼等，乃組織「君主立憲維持會」以相抵制。一月二十六日，良弼上朝歸，革命黨人彭家珍擲彈炸之，良弼隔日斃命，家珍亦重傷犧牲。同日袁氏授意清軍將領四十二人（後增至五十人），由段祺瑞領銜，通電主張共和。於是清親貴人人自危，紛紛走避青島、大連、天津，不敢再有反對共和之表示。二月十二日，清帝頒佈退位詔書，依其優待辦法：清帝退位後，中華民國仍待以外國君主之禮，准其暫住皇宮，並保護其財產，每年由民國政府撥給歲用四百萬元，所有禁衞軍概歸中華民國陸軍部編制。

國父讓位於袁氏交涉期間，恐將來袁氏違紀亂政，建議參議院制定臨時約法，改總統制爲內閣制。及清帝既退位，國父於二月十三日提出辭職書於參議院，推薦袁世凱以自代，並附有辦法三條：(一)臨時政府設於南京，不能更改。(二)新總統至南京就任後，現任總統及各總長始行卸任。(三)臨時約法必須遵守。因南京爲革命根據地，而北京封建色彩濃厚，加以辛丑條約規定，各國得駐兵公使館，北京附近中國不能設防；況民國初建，非一新耳目不能振奮人心也。經參議院同意，派蔡元培等爲代表，迎袁氏南下就職。

二月二十五日，蔡元培等抵北京，袁氏表面歡迎，晤談甚洽，並無不能南行語。暗中乃授意駐北京第三鎭曹錕部於二十九日夜發動兵變，搶掠店鋪民居，翌日波及天津、保定一帶。各國增兵東交民巷，北方形勢頓趨緊張。蔡元培等爲其所愚，竟致電南京參議院，主張遷就大局，變通辦法。於是各省軍人以黎元洪爲首，紛紛主張改都北京。三月六日，參議院決議允袁氏在北京就職，袁氏遂於三月八日在北京舉行臨時大總統就職典禮。

袁氏就職後，依照臨時約法規定，任命唐紹儀爲國務總理（卽內閣總理）。三月二十五日唐氏抵南京，二十九日至參議院發表政見，提出各部總長，徵求同意，其人選係由袁氏所擬定，屬於同盟會僅司法（總長王寵惠）、教育（蔡元培）、農林（宋教仁）、工商（陳其美，未到任，由次長王正廷代理）四部，重要閣員悉屬袁黨。四月一日 國父至參議院通告解職，次日參議院復決議臨時政府移設北京。

唐紹儀本袁世凱私人，然頭腦淸新，南北議和時與黨人頗爲融洽。及受命組閣，至南京參議院發表政見，經黨人之勸說，乃正式加入同盟會。政府北遷後，頗欲建設一理想政府，與袁氏日漸不容。唐氏思任命王芝祥爲直隸都督，以監視袁氏行動，袁氏乃嗾使直隸五路軍界通電反對。時南京留守黃興以軍餉困難，迭次請辭，袁氏竟不經總理副署，委王芝祥至南京遣散革命軍。唐氏大憤，於六月十五日辭職離京，同盟會籍各總長同辭，唐內閣遂告瓦解。袁氏初以陸徵祥組閣，因不負眾望，所提閣員曾遭參議院否決，復被彈劾，乃稱病不理政務。

時淸末立憲派張謇所領導之「預備立憲公會」，與黎元洪所領導之「民社」，已合併爲共和黨，以擁護袁世凱爲己任，在參議院中與同盟會取得抗衡之地位，宋教仁思以政治手腕制勝於參議院，乃聯合參議院中其他小黨，包括統一共和黨、國民共進會、國民公黨、共和實進會，改組爲國民黨。民國元年八月二十五日舉行成立大會， 國父前一日由滬蒞京，親自主持，對外宣言欲促成兩大黨對立觀念，以實現民國之建設。推舉 國父爲理事長，黃興、宋教仁、王寵惠等爲理事。

此次組黨，黨人之觀念，但圖黨勢之擴張，不求主義之貫澈。甚至同盟會時代之政綱如平均地權、節制資本，和人民應享之政權，皆略而不談，昔日革命之宗旨無形變質。 國父極不滿意此種結合，但爲促成團結起見，勉予承認。故委宋教仁代理理事長職務，於九月中離京南下。

先是民國元年八月，北京臨時政府公佈由參議院通過之「中華民國國會組織法」，仿照美國議會，行參眾兩院制。自同年十二月各地開始選舉，民國二年二月上旬，各地議員選舉告竣，國民黨利用地方上之雄厚勢力，獲得絕對之勝利，對於國會前途，遂抱以無窮之希望。

宋教仁爲國民黨之中堅，平時主張政黨內閣最力。民國元年冬，宋氏回湖南佈置選舉，稍後至武漢，前往上海，沿途演說，對袁政府頗多指責，大爲袁氏所嫉視。民國二年三月二十日晚，宋氏與若干議員自滬同行北上，在車站爲袁氏所遣刺客暗算，彈中腰部，至二十二日晨逝世。上海警局會同租界巡捕，獲主兇應䕫丞（桂馨），及兇手武士英（吳福銘），搜得兇器文件甚多。發現主謀者爲國務院祕書洪述祖，國務總理趙秉鈞及袁世凱皆牽連在內；於是舉國輿論譁然，洪述祖走避青島，趙秉鈞稱病不出。袁氏一面於五月一日命陸軍總長段祺瑞代理內閣總理，一面顛倒是非，謂宋之被刺係陳其美、黃興所主使，揚言北京已破獲一暗殺團體「血光團」，實黃興爲領袖，專以刺殺政府要人爲宗旨；而北京地方檢查廳竟票傳黃興到案應訊。

民國二年三月， 國父東渡日本考察政情，及聞宋教仁被刺，乃於三月廿五日返滬，與黃興、陳其美、戴季陶等討論對策。認爲袁世凱叛國跡象已漸顯著，主張趁其準備未周，人心激憤之時，起兵討伐，戴季陶等從之。黃興則認爲南方武力不足恃，主張遵循法律途徑解決，遷延既久，坐失良機。

民國二年四月二十六日，袁氏命外交總長陸徵祥、財政總長周學熙，與五國銀行團（英國滙豐銀行、法國東方滙理銀行、德國德華銀行、日本橫濱正金銀行、俄國道勝銀行），簽訂二千五百萬鎊借款合同，擬用作軍費，對付國民黨人。依法當交國會同意，袁懼不被通過，僅咨請國會備查，於是遂發生違法問題。參、衆兩院先後通過議案，不承認借款合同，江西都督李烈鈞、安徽都督柏文蔚、廣東都督胡漢民、湖南都督譚延闓等，紛紛通電反對，諸人皆隸國民黨籍，袁氏乃大恨之。一面授意共和黨與梁啓超所領導之民主黨、章炳麟所領導之統一黨，於五月二十九日合併爲進步黨，在國會中與國民黨對抗，一面積極作軍事上之布署。命海軍次長湯薌銘率海軍游弋長江，李純、段芝貴率部向江西，馮國璋、張勳率部向南京。乃於六月九日下令免江西都督李烈鈞職，十四日復免廣東都督胡漢民職，三十日再免安徽都督柏文蔚職，國民黨人乃不得不起兵以討袁，號稱二次革命。舉其起兵次第如下：（一）七月十二日，李烈鈞起兵江西。（二）七月十五日，黃興起兵南京。（三）七月十六日，陳其美起兵上海。（四）七月十七日，柏文蔚起兵安徽。（五）七月十八日，陳炯明宣佈廣東獨立。（六）七月十九日，孫道仁宣佈福建獨立。（七）七月二十五日，譚延闓宣佈湖南獨立。（八）八月四日，熊克武起兵重慶。

二次革命起兵討袁達七、八省之多，合計兵力不下十餘萬人，然兩月之內相繼失敗，究其原因：一則時人對袁世凱尚無深刻之認識，但基於苟安心理，不擇善惡。再則黨人未能聽從 國父主張，起兵於宋教仁被刺之初。及袁氏借款成功，布置就緒，利用金錢收買黨人，復以重兵南下，而討袁軍組織渙散，各自為謀，力量分散，遂無所成。

二次革命失敗後，袁氏脅國會先選總統後定憲法，十月六日袁氏遂當選為正式總統。十月十日正式就職後，益有恃無恐，初向國會要求增修約法，繼復公開反對憲法草案，於是進步黨議員多有覺悟被其利用者。乃合部分國民黨議員，於十月二十一日成立民憲黨，以擁護憲法草案為宗旨。十月三十日憲法草案三讀通過，十一月三日提出於國會，袁氏以憲法公佈在卽，為先發制人計，乃於十一月四日藉口二次革命，下令解散國民黨，撤消國民黨國會議員資格。初被追繳議員證書徽章者三百五十餘人，兩院猶足法定人數。後又追繳八十餘人，雖二次革命前早已脫黨者亦難倖免，國會乃陷入停頓狀態。袁氏初組織一「政治會議」，於民國三年元月十日通過解散國會決議案。繼組織「約法會議」，五月一日公佈「新約法」，廢除國務院，設政事堂於總統府。旋成立參政院，通過新總統選舉法，袁氏已不啻為終身獨裁元首，而野心仍不滿足，仍圖實現其帝制之陰謀。

作業

一、國父辭臨時大總統職時提出那些條件？用意安在？

二、國民黨成立於何時？由那些政黨合併而成？有何弊端？

三、說明宋教仁被刺之原因？

四、二次革命因何失敗？

第二節　民初之外交

武昌起義後，湖北軍政府照會漢口領事團，以保護租界自任，負責外人生命財產之安全。聲明前此各國與淸廷所訂之條約繼續有效，此後則概不承認，漢口領事團乃嚴守中立，承認革命軍爲交戰團體，各地外人相率效尤；惟對南京政府請求承認電文，不作正式之答覆。南北統一告成後，民國臨時政府在法律上雖不爲各國所承認，事實上各國駐京公使仍與北京政府進行交涉，各國亦承認民國政府之駐外代表。迨北京正式國會開幕，五月二日美國乃正式承認中華民國政府，墨西哥、古巴、祕魯繼之。十月十日袁世凱正式就任總統後，奧大利、葡萄牙、荷蘭於當日承認，西班牙、德國、意大利、法國、瑞典、丹麥、比利時於次日承認，瑞士、挪威繼之。惟俄、英、日三國竟藉口承認民國問題，向袁世凱提出條件。俄要求外蒙「自治」，英要求西藏「自治」，日要求滿蒙五鐵路之建築權，於是民國政府與俄、英、日三國之交涉以起。

日俄戰後，俄國爲補償在朝鮮和南滿喪失之利權，乃轉變目標侵略外蒙。一九〇七年（光緒三十三年）兩國第一次簽訂密約，劃分南北滿界限，各不侵犯對方權利。俄承認日韓之政治關係，日承認俄在外蒙之特殊利益。一九一〇年（宣統二年），雙方復簽訂第二次密約，互不阻礙對方在其勢力範圍內，鞏固及發展特殊利益，俄人乃專心致力於外蒙之經營。其方法：尊重蒙古人佛教，崇敬嘛喇，代爲修建寺院，以收買蒙人之歡心。淸廷鑒於外患之嚴重，提高庫倫辦事大臣權勢，鼓勵移民，加派駐軍，舉辦各種新政，所有經費悉由當地供給，蒙民不堪其擾，相率逃避，哲布尊丹巴要求淸廷將庫倫辦事大臣三多調職，淸廷不允，俄人乘機挑撥，外蒙民心日離。

武昌起義後，外蒙王公受俄人嗾使，於十月初十日（十一月三十日）宣佈「獨立」，奉哲布尊丹巴爲可汗，以正式文書通知三多，限三日內離境。時俄蒙軍集中庫倫達五千餘人，三多因兵力懸殊，被迫繳械，取道俄境返回北京。同時俄蒙軍分攻烏里雅蘇臺、科布多，烏里雅蘇臺將軍奎芳被逐，科布多參贊大臣傅潤困守孤城，至民國元年八月卒被攻陷。

外蒙「獨立」後，俄政府一面向民國政府提出無理要求多端，一面脅外蒙簽訂「庫倫條約」及「商務專條」、「開礦合同」，享盡在外蒙之特權。民國元年十一月七日，我政府發表聲明，外蒙爲中國領土，無權與他國簽約。駐京俄使庫朋斯基則向我提出要求四款：(一)俄蒙協約有效，(二)蒙古行政借款由俄國供給，(三)俄人在蒙古行動自由，(四)俄蒙間建築鐵路中國不得干涉。被我政府所拒絕。經一年餘之交涉，會議四十餘次，中間歷梁如浩，陸徵祥二任外長，及參議院之否決草案，俄使之推翻前議等困難。至民國二年十一月五日，由新任外長孫寶琦與俄使簽訂相當於條約之聲明五項，其重要內容如下：(一)俄國承認中國在外蒙之宗主權。(二)中國承認外蒙之自治權。(三)外蒙自行辦理內政，並整理本境工商事宜。(四)中國同意俄蒙商務專條。(五)中俄在外蒙古利益另行商訂。

一九一四年（民國三年）九月八日，中國代表畢桂芳、陳籙與俄蒙代表會議於恰克圖，歷時九月，直至一九一五年（民國四年）六月七日始獲協議，其重要內容如下：(一)外蒙承認中國之宗主權，中俄兩國承認外蒙之自治權，俄國承認外蒙爲中國領土之一部分。(二)自治外蒙無權與各國締結關於政治、土地、國際條約之權。(三)庫倫活佛受中國大總統册封，外蒙公事文件用中華民國年曆。(四)中國駐庫倫大員衛隊不得過二百名，其他各地之佐理人員，每處衛隊不得過五十名。俄國駐庫倫領事衛隊不得過一百五十名，其他各處之領事，每處衛隊不得過五十名。(五)中俄協約與俄蒙商務專條繼續有效。六月九日，哲布尊丹巴宣佈撤消「獨立」，中俄交涉乃告一段落。是約中國所爭回者除衛隊比俄國多數十名外，其餘不過册封尊號用民國年曆等虛名而已。且唐努烏梁海已被俄國所佔據，約中並無隻字提及，俄國隨時可要脅外蒙簽訂工商業之經濟條約，爲民國成立後第一次外交之失敗。

英人自取得印度後，即有覬覦西藏野心，清末印總督屢次派兵侵藏，並煽動達賴寇擾川邊；達賴則以印度爲庇護之所。武昌起義後，駐藏清軍先後譁變，英人乃送達賴自印度歸，宣告西藏「獨立」，遣兵侵陷巴塘、裏塘等地。民國政府成立後，四月二十一日臨時大總統袁世凱發表談話，聲明西藏爲中華民國領土，並任命四川都督尹昌衡爲征藏軍總司令，雲南都督蔡鍔亦派滇軍相助。同年七月，川滇軍連敗西藏叛軍於川邊，叛軍被迫退回藏境。英政府恐我大舉入藏，乃於八月十七日由其駐京公使朱爾典向我外交部提出要求五端：(一)英政府反對中國干涉西藏內政。(二)中國官吏不得在西藏行使行政權。中國不得視西藏與內地各省地位平等。(三)中國軍隊不得留駐藏境。(四)依照上述各節中英訂立協定，然後英國始承認中華民國。(五)中藏經過印度之交通應視爲斷絕。並宣稱苟中國不與英國直接交涉，英國將單獨與西藏訂約。

是時民國政府尚未被各國所承認，外蒙問題仍待解決，袁世凱乃於九月中旬，命令征藏軍停止前進。並於十二月二十三日答覆英使，表示中國無意改西藏爲行省，且將履行中國與英國前訂之條約。西藏達賴喇嘛益無所顧忌，竟於民國元年十二月遣代表赴庫倫，於翌年元月十一日，與外蒙訂立「互助」

條約。民國二年五月，英政府建議中國另訂西藏新約，袁世凱爲邀得英國早日承認民國政府，乃從其請，派西藏宣撫使陳貽範、副使王海平赴印度，於十月十三日與英國代表麥克馬洪，及西藏代表會議於印度之西姆拉。英代表首創內藏外藏之名稱，製造藏印界線，將川邊青海之地劃歸西藏所有，遭我拒絕，西藏代表乃提出英人代擬之自主案六條，復被我代表所駁斥。歷時四月，至民國三年三月十一日，英代表乃提出解決草案十一條，限我代表一星期內簽字，否則認爲談判決裂，其要點如下：（一）英國承認中國在西藏有宗主權，中國承認「外西藏」有自治權，不改西藏爲行省。（二）中國不在「外西藏」駐軍，不派遣文武官員。（三）中國駐拉薩大員其衞隊不得過三百人。（四）西藏邊界及「外西藏」、「內西藏」之分界如英國之願劃定（按：所附地圖，內藏包括巴塘、裏塘、打箭爐等地）。（五）英人在西藏享受最惠國待遇。另附聲明文件六條：大意中國恢復達賴喇嘛封號，承認西藏政府所派「外西藏」官員，英商務局衞隊不得逾中國駐拉薩衞隊百分之七十五。四月二十七日三方代表在約稿界圖畫行，翌日北京政府一面致電陳貽範否認，一面照會駐京英使說明不能簽約理由。故七月三日三方之最後一次會議，中國代表並未出席，約稿僅由英、藏二代表簽押，西藏問題遂成懸案。

辛亥革命期間，日本頗思乘機干涉，因美英諸國之反對而歸失敗，乃藉承認民國問題以索取在南滿東蒙之特殊權益。民國二年五月二十九日，日本脅迫袁世凱簽訂「中日朝鮮南滿往來運貨減稅試行辦法」六款，東北商業遂被日人所壟斷。二次革命後，袁氏恐日本援助國民黨，特派孫寶琦、李盛鐸二人赴日本疏通，日本乃借機提出東北五鐵路之建築權以相要挾。袁氏爲取得其對民國政府之承認，同意其要求，十月五日由日本駐北京公使山座圓次郎，與中國外交部祕密換文，名之爲「鐵路借款修築預約辦法大綱」，全文三款，其重要內容如下：一、中華民國政府允許借用日本國家資本家之款，自行修造下列各鐵路：（一）由四平街起經鄭家屯至洮南府。（二）由開原起至海龍城。（三）由長春之吉長鐵路車站起貫越南滿鐵路至洮南府。二、中國政府允將來如修造由洮南府城至承德府城，及由海龍起至吉林省城之兩鐵路時，如需外債，儘先向日本資本家商議。其中四洮、長洮、洮熱三路若成，可使日本之勢力侵入熱、察，開海、吉海鐵路，則可阻止中國在東三省西部敷設鐵道。至五路所經之區，即日本勢力到達之地，於是日本經營南滿東蒙之政策得到進一步之成功。

及歐戰發生，日本藉口英日同盟，於一九一四年（民國三年）八月二十三日對德宣戰，十一月七日攻陷青島，並佔領膠濟鐵路沿線。民國四年一月七日，北京政府要求日軍撤退回國，或暫照德國租借辦法留駐青島，日本以歐美各國無暇顧及遠東，復窺袁世凱稱帝野心，於一月十八日由其駐華公使日置益面向袁氏提出二十一條要求。全文共分五號，第一號規定中國政府允許日本承受德國在山東之權利，第二號爲日本在南滿東蒙之權利，第三號爲日本在漢冶萍公司享受之權利，第四號爲限制中國不得以沿海港灣租借於他國，第五號爲控制中國政治經濟軍事之方法。日置益並面告袁氏，革命黨與日本在野人士關係甚深，倘不接受其要求，則無法阻止革命黨之討袁活動；並威嚇袁氏嚴守祕密。

二十一條之要求，爲日本企圖滅亡中國野心之大暴露，苟中國接受其要求，不啻成爲日本之保護國。然袁氏爲預備稱帝之故，將有待日本之支持，始終採取妥協態度，命外交部長陸徵祥與日使日置益進行交涉。自二月二日開第一次會議起，至四月二十六日日置益提出最後修正案止，正式會議二十五次，會外折衝亦不下二十餘次。因雙方距離相差甚遠，日政府乃於五月四、五兩日閣議，決定向北京政府致送最後通牒。五月七日下午三時，日置益將最後通牒送交外交部，限五月九日下午六時前對四月二十六日之修正案作滿意之答覆，否則將採取必要手段。

袁世凱於接到日方通牒之翌日，召開緊急會議，決議因國力未充，承認日本之要求，乃由外交次長曹汝霖、參事顧維鈞，草擬答覆日使文。九日上午經袁氏批准，除第五號前五項容日後協商外，(關於福建問題同意日方之修正案，以公文交換之。)其餘各款全部接受。日書記高尾亨先用電話向總統府催逼，後至外交部閱看覆文，認爲滿意，晚十一時始由外交總長陸徵祥、次長曹汝霖，親送至日本公使館，交與日置益。

時歐戰方酣，英國不甚過問，僅美國總統威爾遜於五月十一日向中日兩國發表聲明：「中日兩國無論有何同意或企圖，如有妨害美國國家及人民在中國條約上之利益，或損害中國政治上領土上之完整，或損害關於開放門戶，工商業均等之國際政策者，美國政府一律不能承認。」此種消極態度，殊不能使日本有所顧忌。五月二十五日，袁氏命外交總長陸徵祥與日使日置益正式締結二十一條結果之中日條約，其中包括條約二件，換文十三件，完全依照四月二十六日日方之修正案。二十一條之承認，爲我國之奇恥大辱，從此各國在華均勢遭受破壞，中國淪爲日本半保護國之地位。

作業

一、民國四年六月，中俄蒙恰克圖條約有那些要點？

二、西姆拉會議英方所提解決西藏草案內容若何？我國因何拒絕接受？

三、民國元年十月，日本所提東北五鐵路建築權，內容若何？

四、袁世凱爲何承認二十一條？有何不良影響？

第三節　中華革命黨與討袁之役

二次革命失敗後，革命黨領袖多走避海外，留在國內賢者死難，不肖者變節。國父旅居東京，不忍二十餘年艱難締造之民國喪亡於袁世凱之手，欲糾合同志重新組黨，採祕密性質，以討袁爲宗旨，以實現民權民生主義爲目標。民國三年六月二十三日，在東京開中華革命黨選舉大會，衆推　國父爲總理。七月八日開成立大會，參加重要份子有胡漢民、陳其美、居正、朱執信等三百餘人。鑒於過去國民黨時代之散漫無紀律，特別規定黨人須立約宣誓，服從黨魁之命令；至黨之名稱加「革命」二字者，乃使一般同志知目的之所在，能爲主義而犧牲。於是革命精神爲之一振；惟少數黨人不諒　國父之苦心，不肯宣誓加入，黃興因之赴美，李烈鈞、陳炯明等則赴南洋。

八月二十三日，中華革命黨總部發佈約束黨員規則，限制個人不得加入其他團體，不得有背黨之行爲。由　國父擔任中華革命軍大元帥，監督指揮全國之軍事，各省軍事負責人稱司令長官，均由　國父所任命，乃分派居正、陳其美、　蔣中正先生等回國活動，討袁義師因之大起。

民國四年春，袁氏帝制醞釀已趨表面化。八月三日，袁氏顧問美人古德諾(Frank J. Goodnow)，在北京政府報亞細亞日報發表「共和與君主論」一文，於比較君憲共和利弊後，認爲中國以採用君主立憲制爲相宜。十四日，所謂「六君子」楊度、孫毓筠、劉師培、李燮和、胡瑛、嚴復，在袁氏操縱下，發起組織「籌安會」，印製文件，分寄各處，公開作君憲之鼓吹。而梁士詒別組織「請願聯合會」，於九月一日參政院開會時，捏造民意，呈遞請願書，要求變更國體。參政院於九月二十八日通過「國民代表大會組織法」，由國民代表投票表決國體。十月二十五日各地開始「選舉」，二十八日開始「國體投票」，至十一月二十日全部投票完竣。其中種種黑幕，不勝枚舉。據各省報告，全國共選出「國民代表」一千九百九十三人，全部贊成君主立憲，並塡推戴書，推戴袁世凱爲「中華帝國大皇帝」，委託參政院爲總代表，代爲要求。十二月十二日，袁竟依據參政院之總推戴書，下令承認帝制，封親信一百二十八人爲五等爵，改明年爲洪憲元年，並準備元旦實行登極。據估計僅大典籌備費高達六千萬之多，其主要來源爲借款及鴉片煙稅。

民國三年夏，蔣先生奉　國父命主持滬寧討袁軍事，自兼第一路司令，負攻取滬西之責。發難有期，以同志陳喬蔭、王錦三遭袁黨誘捕，機關被破獲，袁遂下令嚴緝　蔣先生，並收買黨人王金發加以暗圖，　蔣先生覺察走避，應陳其美電邀赴日本。後奉　國父命赴哈爾濱視察東北形勢，居月餘，會歐戰起，乃上書　國父，述歐戰之趨勢及討袁計劃，主張集中一點，注全力精銳以赴之，旋返東京覆命。翌年十月，　蔣先生奉　國父命回上海，擬定「淞滬起義軍事計劃書」，供作陳其美之參考。主張以佔領製造局爲目標，先取海軍爲根據，並攻取龍華礮台，策動江陰礮台反正，其美納之，乃據之以爲發動之方略。

民國三年一月，陳其美奉　國父命，偕戴季陶等赴大連，聯絡東北將領，籌劃討袁軍事。同年九月，本溪湖起義失敗，欲赴香港組織機關，因奉　國父留滬之電，乃滯上海，設總機關於法租界漁陽里五號，分由　蔣中正先生、吳忠信、邵元冲等擔任軍事、財政、聯絡等職務。民國四年十一月十日，派同志王明山等刺殺袁氏死黨上海鎮守使鄭汝成，十二月五日下午四時，一面命黨人楊虎等襲取肇和艦，向岸上發砲，一面由陸學文等督隊進攻警察、電燈、電話等局。終以兵力懸殊，連絡欠週，製造局守軍同志不能及時響應，應瑞、通濟兩艦復附敵，至六日晨，各路皆失利。當肇和艦向岸上發砲時，陳其美偕　蔣先生馳往指揮，以袁軍四集，交通阻絕，復退回機關部，及法捕房偵探前來搜捕，自露台越屋走避。是役死難及失踪同志近百人，使久醉之人心爲之一醒，陳其美及　蔣先生遂爲袁氏所不容。民國五年五月十八日，其美遭袁氏所收買之刺客，刺殺於法租界漁陽里機關部，年僅四十歲，革命黨乃喪失一巨擘。蔣先生聞其美死，載屍歸其私寓，經紀喪事，復爲文以哭之。

先是民國二年九月，袁世凱調雲南都督蔡鍔至京，先後任爲經界局督辦，參政院參政，統率辦事處辦事員等職，欲收買以爲己用，改以蔡氏舊部時任貴州都督的唐繼堯繼任雲南都督。蔡清末雖同情革命，但因與梁啓超有師生之誼，故與進步黨關係殊深。籌安會發生後，唐繼堯受黨人呂志伊運動，暗與蔡鍔通消息，迭次集合雲南軍界會議，準備起兵以討袁。蔡則與梁啓超密謀，梁撰「異哉所謂國體問題者」，以駁籌安會，蔡則託疾離京，取道臺灣、河內，於四年十二月十九日抵昆明。黨人李烈鈞等奉國父命已先至，乃於二十三日致電袁氏反對帝制，二十五日通電全國宣佈雲南獨立，推唐繼堯爲都督，組織護國軍，以蔡鍔統第一軍出四川，李烈鈞統第二軍出廣西，唐繼堯統第三軍守後方，命先遣縱隊長徐進會同戴戡等出貴州。

袁世凱聞護國軍起義，下令免唐、蔡等職，遣師長曹錕、張敬堯、李長泰等佈防四川，馬繼增、范國璋等佈防湘西，龍覲光等入貴州，以相防堵。蔡鍔入川之軍迭敗袁軍，以餉彈兩缺，山道艱難，民國五年春與袁軍對峙瀘州附近。元月二十七日，貴州護軍使劉顯世宣佈獨立，三月十五日，廣西將軍陸榮廷宣佈獨立，護國軍聲勢大振。是時北洋將領段祺瑞、馮國璋等皆不同情帝制，段氏辭陸軍總長退居北京城外之西山，馮則以江蘇將軍地位，欲從中漁利，操縱政局。故護國軍發難後，袁氏原定民國五年元旦登極之計劃不克實現。及黔、桂二省獨立，乃於三月二十二日正式宣佈撤消帝制，惟仍保持其總統職位。

護國軍起義後，　國父分命各地黨人乘時併起，運動各省軍人舉兵討袁。四月六日，廣東將軍龍濟光，以境內革命軍蠡起，勢窮力竭，不得已宣佈獨立。十二日浙江獨立，推舉呂公望爲都督。五月九日，陝北鎭守使陳樹藩宣布獨立，於五月十六日進入西安。四川將軍陳宧，湖南將軍湯薌銘，因境內屬縣多被革命黨人所佔領，生命財產受到威脅，先後於五月二十二日、二十九日被迫宣佈獨立，二人爲袁氏親信，袁氏之勢益孤。

同年二月十四日，　蔣中正先生率黨人楊虎等襲取江陰要塞，以爲進取長江之根據，並宣佈獨立。五日後因內部叛變，同行者皆宵遁。　蔣先生獨留壘中，至深夜，二兵士來告曰：「壘已空，盍速行。」　蔣先生乃命二人爲嚮導，離砲台出險返滬。

是時其他江蘇、山東、安徽、福建等省，均有革命黨人之活動。居正所率領之中華革命軍東北軍，於五月初光復山東高密、濰縣等地，佔領膠濟全線，並計劃進攻濟南。六月初　國父任命　蔣先生爲中華革命軍東北軍參謀長，前往指揮作戰，事無鉅細，竭力整頓，而權不集中，難著成效。及袁氏暴斃，居正去北京，由許崇智代其職，呈請解散，　蔣先生乃赴北京觀察政局，同年秋復回上海。

四月十七日，江蘇將軍馮國璋致電袁氏，勸其恢復國會，退位自全。二十二日，袁氏改命段祺瑞組織內閣，思利用段以制馮。段亦贊成袁氏退位辦法，袁氏乃成衆叛親離之勢。

獨立各省於五月八日成立軍務院於廣東之肇慶，公推唐繼堯爲撫軍長，岑春煊爲撫軍副長，蔡鍔、李烈鈞、梁啓超等爲撫軍，作爲獨立各省之統籌機關。非袁氏退位，決不中止軍事行動。袁氏羞憤，病遂不起，乃於六月六日晨三時斃命。七日副總統黎元洪繼任總統，二十九日任命段祺瑞爲國務總理，七月十四日通緝帝制罪魁楊度、梁士詒諸人。同日軍務院宣佈撤消，八月一日國會重開於北京，黎元洪補行宣誓，並選舉馮國璋爲副總統，全國又恢復統一之局面。

作業

一、中華革命黨成立於何時？宗旨若何？
二、肇和起義發生於何時？由何人所領導？
三、說明護國軍起義後，各省獨立之次第？
四、討論袁世凱洪憲帝制失敗之原因？

第三章　毀法與護法

第一節　護法政府之成立與演變

民國五年六月，段祺瑞出任國務總理後，以徐樹錚爲祕書長，段氏剛愎，徐氏跋扈，與總統黎元洪之間日趨水火。民國六年四月五日，美國對德宣戰，勸告中國採取一致行動，段氏欲借參戰爲名，尋求日本援助，以實現武力統一中國之野心，力持參戰之議，而遠見之士，以爲中國若參戰，必予日本侵略之機，引起中國之內亂。國父爲此曾致電參眾兩院，並口授大意，由朱執信執筆，撰「中國存亡問題」一文，刊之於報端，說明中國宜堅守中立之故，而段氏終不省悟，乃利用督軍團以相要挾。四月二十五日，段氏召集各省督軍到京開會，決議一致支持段氏主張。五月十日，製造人民團體，包圍眾議院議場，毆辱議員，強迫通過參戰案，國會因之撤議，反對段氏任職；段氏則利用督軍團要求總統解散國會。五月二十三日，黎元洪順從國會要求，將段氏罷免，以外交總長伍廷芳代理國務總理，旋經國會通過，由李經羲繼任。段氏乃憤然離京赴津，督軍團之各省督軍、省長紛紛宣告與中央脫離關係。

方段祺瑞偕督軍團與國會爭持時，獨安徽督軍張勳不與其事，表面以調人自居，暗中進行其復辟之陰謀，北洋領袖段祺瑞、馮國璋、徐世昌等均參予其計畫。黎元洪誤信其地位超然，命其來京從事斡旋。張勳率部五千餘人於六月八日抵天津，致電黎氏竟要求解散國會，黎氏被左右包圍，遂於六月十三日發布解散國會之命令。黎氏此舉爲民國以來破壞法統之第二人，而段氏之脅迫解散國會，爲北洋軍人割據禍國之先聲。六月十四日張勳抵北京，遜清遺老康有爲等續至，共商復辟之進行。陸軍總長王士珍、步軍統領江朝宗、警察總監吳炳湘、駐軍第十二師長陳光遠等均表贊同，乃於七月一日晨同入清宮，假借黎元洪、馮國璋名義，要求清廢帝溥儀復辟。下僞詔篡改年號，恢復滿清官制。

復辟之亂既起，黎元洪走避日本公使館，致電南京副總統馮國璋（馮以副總統兼江蘇督軍），代行總統職權。是時全國人心激憤，討伐張勳之聲如排山倒海之勢。北洋軍人段祺瑞等，初持觀望態度，後料其事之不成，均不肯爲張勳之助。七月四日段祺瑞在天津附近馬廠誓師，組織討逆軍，自任總司令，分兵三路向北京進攻。七月十二日討逆軍進入北京，張勳逃入荷蘭公使館，殘部悉降。而王士珍、江朝宗、陳光遠等任民國官職如故。張勳心有未甘，通電全國，責馮國璋、段祺瑞、徐世昌等之翻雲覆雨，爲其所賣，以故事後北京政府雖有通緝復辟要犯之明令，而諸人仍逍遙法外。

八月一日馮國璋抵北京，重任段祺瑞爲國務總理，十四日不經立法手續，宣佈對德奧宣戰。九月二十九日，電令各省選派參議員到京，組織參議院，以代行國會職權。同日並下令籌備新國會之選舉。十一月十日參議院在北京開幕，馮國璋補行就職宣誓。民國七年二月十七日公佈「修正國會組織法」，七月十二日遂下新國會之召集令。因廣東、廣西、雲南、貴州、四川、湖南、湖北、陝西等省不執行北京政府亂命，實際辦理選舉者僅十四省，八月十二日新國會集會北京。九月選舉徐世昌爲總統，十月十日徐氏就職。

當段祺瑞蹂躪國會之時，國父迭電段氏及黎元洪，遵守約法，勿以國家前途爲犧牲。並電西南各省，共同維護國會。及張勳復辟消息傳出，國運飄搖，乃應兩廣巡閱使陸榮廷、廣東督軍陳炳焜、雲南督軍唐繼堯、廣東省長朱慶瀾等之請，於七月八日率海軍離滬赴粵，十七日抵達廣州。值復辟亂平，國父再電段祺瑞，將功贖罪，恢復國會，段氏仍不悔悟。乃電兩院議員，南下集會，以存正氣，而振國紀。

八月中，國會議員紛紛南下，二十五日在廣州舉行非常會議，九月一日選舉　國父為大元帥，翌日選舉陸榮廷、唐繼堯為元帥。十日　國父在廣州就職，任命各部總長，對外發表宣言，號召國人共同護法討逆。

陸榮廷、唐繼堯等本無護法誠意，其所以歡迎　國父南下，目的在鞏固其勢力範圍，恐遭北洋勢力之侵入，故對軍政府多所掣肘，既不肯就元帥之職，　復對北京政府採取妥協態度。前任廣東督軍陳炳焜，後任莫榮新，受陸榮廷指使，驕恣專橫，不肯接濟軍政府經費，殺大元帥府警衞，劫掠陸軍部，囚陸軍部長張開儒，槍斃代理次長崔文藻，海軍復採依違態度，護法政府之處境極為艱難。

軍政府既受制於桂系，乃圖向外發展，經胡漢民商得廣東省長朱慶瀾同意，以全省警衞軍二十營撥歸陳烱明統率，擬取道福建北伐。朱竟因此被罷職，陳乃率部赴粵東，雖僅四五千人，為革命軍武力之所賴。民國七年二月，海軍總長程璧光為桂系所刺殺，　國父益無所恃，乃電召　蔣中正先生赴粵以為助。三月十一日　蔣先生奉派赴汕頭，出任陳烱明之援閩粵軍總司令部作戰科主任。

護法政府成立後，南北形成對峙之局面。北方因直、皖系軍閥之水火，無法全力對南方用兵，南方因陸榮廷輩無護法誠意，亦無力實行北伐。民國七年五月四日，陸榮廷輩運動國會非常會議通過改組軍政府案，改大元帥制為總裁制，其後復選舉　國父、唐紹儀、伍廷芳、唐繼堯、林葆懌、陸榮廷、岑春煊七人為總裁，其後並推舉岑春煊為主席總裁，對外通電願與北京政府罷兵言和。　國父憤護法精神之喪失，乃離粵赴滬，自後以迄民國九年十一月　國父重返廣州，先後完成「孫文學說」、「建國方略」、「建國大綱」等著述。

國父離粵期間，岑春煊違法失職，蹂躪國會，開放煙賭，並與北京政府在上海從事和議。復置國會對其彈劾案於不顧，停發國會常費，派軍警圍搜兩院祕書處。留滬總裁唐紹儀一向接近　國父，留粵總裁伍廷芳，及兩院議長林森、吳景濂，並多數國會議員，紛紛離粵赴滬。岑氏竟收買少數議員，推舉主席，代理議長職務，補選熊克武、劉顯世、溫宗堯為政務總裁，以代理　國父、伍廷芳、唐紹儀地位，欲遷就北京政府談判條件，護法精神蕩然無存。

國父以桂系「假護法之名，行害民之實」，民國九年六月三日乃合唐紹儀、伍廷芳等發佈討伐宣言。並命　蔣中正先生、朱執信等赴閩南漳州，促陳烱明等回師廣州。陳氏初遲疑觀望，不肯服從。及聞粵督莫榮新遣海陸軍前來夾攻，而朱執信及所部第二軍長許崇智等復為之剖陳利害，始於八月十二日誓師漳州，分三路回師廣東。十月五日　蔣先生抵汕頭總部策定作戰計劃，旬日之間連克河源、惠州諸地，西江、北江及廣州附近黨人紛紛響應，岑春煊以大勢已去，通電解職。二十六日莫榮新部撤出廣州，翌日，遂由革命軍所接防。

陳烱明既抵廣州，欲乘機割據廣東，乃發表聲明，諉稱廣東財政支絀，不能負擔國會經費，主張護法政府暫設上海。後以輿論難違，無法阻止　國父返粵，乃大嫉之。十一月二十九日　國父回粵，國會議員再度集會廣州。民國十年四月二日，非常國會鑒於內外形勢，決議廢除軍政府，七日通過「中華民國政府組織大綱」，選舉 國父爲中華民國大總統。五月五日 國父就職，設總統府於觀音山，並任命各部總長，發表對內對外宣言，決定尅日北伐，繼續護法。

國父洞悉陳炯明野心，返粵之後，仍欲促其省悟，以獻身革命大業。故任命陳氏爲陸軍部長、內政部長、廣東省長、粵軍總司令，集軍政大權於一身，而陳氏終不滿足，專橫自恣，同於桂系。 國父知非早日北伐不足有所開展，乃於民國十年六月進兵廣西。九月底全省底定，十二月 國父抵桂林組織大本營，計劃明春由湘入桂，大舉北伐；而陳炯明謀叛日亟。民國十一年春， 國父因糧餉告絕，接濟不至，乃改道韶關，以江西爲進攻目標。

陳炯明乘廣東後方空虛，盡調其部隊五十餘營集中廣州附近，截留捐稅，騷擾市面，密授所部師長葉舉、洪兆麟等叛變計劃。六月一日 國父返廣州坐鎮，發表談話，仍欲陳氏悔過自新，而陳氏謀叛益急。十五日深夜，竟合主力猛攻觀音山總統府， 國父穿叛軍防哨脫險登楚豫艦，葉舉等乃於十六日晨佔領廣州各機關，大肆搶掠，通電要求 國父下野。

國父以廣州陸地已被叛軍佔領，乃率艦隊集中黃埔。一面急電 蔣先生火急赴粵，共赴危局；一面飛調北伐軍回師平亂，遂卽率海軍駛入省河，向叛軍發礮轟擊。二十三日 國父遷駐於永豐艦，繼續與叛軍對峙。

蔣先生時因母喪家居，聞陳炯明之變，立卽冒險南下，六月二十九日抵廣東，隨侍 國父於永豐艦上，陳炯明聞之大懼。 國父有所憑藉，乃語人曰：「蔣君一人來此，不啻增我兩萬援軍。」自是 蔣先

生日夕從　國父指揮海軍沿省河進攻叛軍，直至八月九日聞北伐軍回師失利消息，始侍　國父離粵赴滬，八月十四日抵達上海。

初北伐軍回師失利，分兩軍退卻，許崇智、李福林、黃大偉等部退閩邊，朱培德部退桂境。許與福建軍人關係甚深，得延平駐軍旅長王永泉之助，革命軍於十月十二日佔領福州，　國父委林森爲福建省長，王永泉爲閩軍總司令，編入閩各軍爲東路討賊軍，任許崇智爲總司令，兼第二軍長，　蔣先生爲參謀長，黃大偉、李福林爲第一、第三軍長，命卽回師廣州靖亂，革命軍聲勢爲之一振。陳烱明則以洪兆麟爲「援閩總司令」，集中主力，戒備潮、汕一帶。

國父另派鄒魯運動廣西駐軍進兵廣州，鄧澤如負責籌劃軍餉。桂軍劉震寰、滇軍楊希閔部，乃於民國十一年十二月乘虛東下，十二年一月十六日進入廣州。陳烱明倉卒退走惠州，潮州、汕頭等地因之不戰而下。　國父以粵事已定，於二月二十一日自滬抵廣州。時值北方直奉戰後，直系以恢復舊國會爲手段，作爲曹錕賄選之準備。加以陳烱明之亂，留粵國會議員所餘無多，非另造法統，不足以挽救國運，乃於三月二日組織陸海軍大元帥大本營，自任大元帥，以　蔣先生爲參謀長，劃定各軍防地。四月中，桂軍沈鴻英部在廣州附近叛亂，　國父親自督師，敗其主力，沈氏竄回廣西，革命政府基礎始告鞏固。

作業

一、何謂督軍團？段祺瑞主張對德宣戰之目的安在？

二、民國六年七月，　國父因何號召護法？

三、說明陳炯明叛變之陰謀？

四、國父廣州蒙難時，　蔣中正先生有何卓越表現？

第二節　外患之煎逼與民族自覺

一九一八年（民國七年）一月，歐戰協約國勝利在望，美總統威爾遜（Woodrow Wilson）提出和平十四原則，提倡民族自決，反對使用祕密外交，獲得協約國之一致贊同。日本因恐將來中國在和議席上揭發其侵略之陰謀，竟嗾使北京公使團，於十月三十日向北京政府提出參戰不力之覺書，認爲北京政府藉參戰之名，利用關稅餘款供黨派私爭之用，所訓練之參戰軍係備內戰之需，以中傷中國將來在和會席上之地位。

日本復與英、法等國訂立密約，使其在和會中支持日本之立場。復引誘北京政府於一九一八年（民國七年）九月二十八日由駐日公使章宗祥與日政府簽訂濟（南）順（德）、高（密）徐（州）二千萬元鐵道借款合同，關於山東問題換文，對於二十一條之規定，有「欣然同意」之語句，以爲將來和會中承受德國在山東利權之藉口。

一九一八年（民國七年）十一月十一日，德國與協約各國簽訂休戰條約，一九一九年（民國八年）一月十八日巴黎和會在凡爾賽宮正式開幕，北京政府特任命陸徵祥、顧維鈞、王正廷、施肇基、魏宸組五人爲代表，並以陸徵祥爲首席代表，出席和會。顧、王、施、魏皆由駐外公使任所赴巴黎，惟陸徵祥自本國啓程前往。

大會開幕後，中國代表要求收回德國在山東利權，並提出廢棄列強在華勢力範圍，撤退外國軍隊巡警，裁撤外國郵局及有線無線電報機關，撤消領事裁判權，歸還租借地，歸還租界，關稅自主等要求。因日本堅持繼承德國在華權益，英法等國與日本密約在先，美國復無法主持正義，竟於四月二十九、三十日之「十人會議」中，明白規定於對德和約之中。關於取消外人在中國特殊利益問題，大會於五月十四日正式通知中國代表，謂非權限所及，無法公開討論。

先是民國六、七年間，北京文化界感於國家內憂外患之嚴重，學術思想之落後，愛國精神之不振，紛紛創辦刊物，從事救亡圖存之鼓吹。其著者若「新青年」、「新潮」等，領導人物為北京大學校長蔡元培，與教授胡適，學生傅斯年等。及歐戰結束，國人因受威爾遜所倡和平十四原則所影響，渴望「公理戰勝強權」之奇蹟出現。及聞巴黎和會中國際現實政治之妥協主義代替威爾遜之和平理想，擅將日本繼承德國在山東利權明白規定於對德和約之中，驟失所望，情緒激憤，乃走上干涉政治之途徑。

民國八年五月四日下午，北京學界以「外爭主權，內除國賊」為口號，初集會於天安門，旋往東交民巷外國公使館投遞請願書，要求各國主持正義，最後至東城趙家樓，焚外交次長曹汝霖住宅，毆辱駐日公使章宗祥，事後警察逮捕落隊學生三十二人。北京總統徐世昌初用高壓手段，繼續拘留街頭演說學生，而學生益憤激，宣傳抗日更力。全國各界紛紛響應，上海、天津等大城市商人群起罷市支援。相持至六月，北京政府以眾怒難犯，不得已將曹汝霖、章宗祥，並一年來經手向日本借款之幣制局總裁陸宗輿免職，釋放被捕學生，此一運動始告一段落。

「五四運動」之重大意義，係學生犧牲精神，社會制裁精神，以及民族自決精神之表現。為國人思想啓一新變化，爲國民外交造一新趨勢，促成以後國民革命軍北伐之成功。

五月六日，巴黎和會大會宣讀對德和約，中國代表陸徵祥卽席宣言，不承認山東問題之解決辦法，五月二十六日復正式通知大會主席，對於和約維持保留。因被拒絕，加以「五四運動」之影響，中國代表乃於六月二十八日凡爾賽和約簽字時缺席，並聲明保留對德和約之最後決定權。七月十日北京政府宣佈不簽字對德和約之經過，九月十五日聲明對德戰爭狀態終止。

巴黎和會後，中日關係未能改善，日本海權擴張，與美國在遠東勢力衝突日烈。加以英日同盟之故，美國基於傳統政策，不欲傷害與英國之關係，社會輿論乃主張發起一國際會議，以解決太平洋爭端。英國贊同，法國、意大利隨聲附和，美總統哈定乃於一九二一年（民國十年）八月十一日正式邀請英、法、日、意四國，於十一月十一日在華盛頓舉行縮軍會議，並連帶討論太平洋與遠東諸問題。因中國爲遠東問題之樞紐，荷蘭、比利時、葡萄牙三國在太平洋及遠東一帶均有利益，故於邀請四國之同日，邀請中國參加，十月四日邀請荷、比、葡三國參加。日本最初反對甚爲激烈，因外交形勢陷於孤立，國內經濟狀況無法與美國作軍備競爭，終於同意出席會議，消息傳出，國內輿論均抱無窮之希望。

北京政府接受美國邀請，於同年十月六日任命駐美公使施肇基、駐英公使顧維鈞、大理院院長王寵惠、護法政府外交部次長伍朝樞爲代表，出席會議。（後因伍氏堅辭，實際代表僅三人。）代表團總人數多達一百三十二人，包括法律、交通、財政專家，及政府官員。此外上海民眾團體公推蔣夢麟、余日章爲代表赴美，以宣達中國國民之公意。

一九二一年十一月十二日，華盛頓會議在美國總統哈定主持下開幕，美國務卿許士以發起國身份主持會議，態度頗爲公正。十一月十六日太平洋會議及遠東問題總委員會舉行第一次會議，我代表施肇基提出關於中國問題原則十款，經各國代表同意，由美國代表於十一月二十一日全體委員會第三次會議時，修正爲四原則，在第四次大會中通過，列爲九國公約之第一條，於一九二二年（民國十一年）二月六日經大會通過發表：（一）尊重中國之主權獨立，暨領土與行政之完整。（二）給予中國完全無礙之機會，以發展並維持一有力鞏固之政府。（三）施用各國均勢，以期切實設立並維持各國在中國全境之商務實業機會均等之原則。（四）不因中國狀況乘機謀營特別權利，而減少友邦人民權利，並不得獎許有害友邦安全之行動。大會進行期間，中國代表復先後提出要求多端，部分獲得解決，部分仍成懸案，舉其著者如下：

一、關稅自主 中國要求自一九二二年（民國十一年）正月一日起，將入口關稅增加至百分之一二・五，大會同意增加至百分之五，附加稅一律爲百分之二・五，奢侈品增加至百分之五。

二、領事裁判權 大會僅通過組織一委員會，考察中國領事裁判權之現行辦法，以及中國法律司法制度及司法行政手續。

三、取消在華外國郵局 大會通過除租借地或約章特別規定者外，同意撤銷，實行之期不得逾一九二三年（民國十二年）一月一日。

四、撤銷外國在華駐軍及警察 大會通過原則承認，將來中國請求時，由各國派遣代表，會同中國代表三人，共同秉公詳細調查。

五、撤銷外人在華之電線電臺 大會通過外國根據條約或事實上存在之電臺，仍得繼續經營，未得中國允許之電臺，俟中國交通部能辦理時，給予充足之償付收回。

六、退還租借地　法國承認交還廣州灣，日本承認交還膠州灣，英國承認交還威海衞。

七、取消二十一條　未提出大會討論，日本僅聲明撤回「容日後再議」之第五號各款。

關於解決山東懸案問題，中國主張大會解決，日本主張直接交涉，經美代表許士、英代表白爾福調停，卒依日本要求在會外作友誼之談判。自一九二一年（民國十年）十二月一日起，至一九二二年（民國十一年）一月三十一日止，與日代表加藤等共舉行會議三十六次，二月四日中日代表簽定「解決山東懸案條約」二十八條，其要點如下：（一）日本將膠州灣德國舊租借地交還於中國。（二）撤退山東所有日軍。（三）償還日本購置增修膠州灣公產費用。（四）日本交還膠濟主幹線鐵路，中國以現值實價償還日本。（五）膠濟鐵路沿線各礦山舊屬德國所有者，日人得以投資，但不得超過中國股本。

三月三日北京政府特派王正廷督辦魯案善後事宜，十二月一日與駐京日使小幡酉吉議定「山東懸案細目協定」，中國出款一千六百萬日金購回膠州灣公產，（其中二百萬於公產鹽產移交後一月內支付現金，其餘一千四百萬中國得以國庫劵交付，以十五年爲限，年息六釐。）十二月五日復簽定「山東懸案鐵路細目協定」，規定中國償還日本政府鐵路財產日金四千萬元，以鐵路進款爲擔保，用國庫劵照價交付，年息六釐。同年十二月十日中國正式接收青島，民國十二年一月一日中國接收膠濟鐵路及其支線。於是久懸未決之山東問題，乃得告一結束。此一交涉，日本雖歸還青島及膠濟鐵路，仍享受德人在山東之其他特權，復索得五千餘萬日金之贖款，其代價可謂大矣。

先是外蒙之獨立與自治既係俄人一手所造成，其自治政府成立之翌年，外蒙王公憤俄人之勒索，已有取消自治之運動。及俄國大革命爆發，俄幣慘跌，外蒙人民咸以爲苦。民國八年秋，俄共侵至赤塔附近，白俄將領謝米諾夫企圖竄擾外蒙，外蒙王公乃請求都護使陳毅，轉請北京政府，撤銷自治。十一月二十二日，北京政府乃下取消外蒙自治之命令，於是中國北疆仍恢復清末之原狀。

外蒙撤銷自治後，日本乘機，一面誘外蒙王公派員至哈爾濱與其接洽，由日本時務局借款六百萬元作爲購械之用，以外蒙圖勒克圖山脈一帶森林礦產作抵押；一面勾結白俄將領謝米諾夫部屬恩琴，於民國九年十月進攻庫倫，遭我守軍褚其祥旅所擊退。十年二月一日，白俄合蒙匪五千餘人再度來攻，守軍不敷分配，加以餉彈缺乏，活佛被劫，庫倫遂於三日晨陷落。守軍部分退守恰克圖，多數遭慘殺，陳毅僅以身免。三月二十一日，恩琴宣佈成立「外蒙獨立政府」，仍奉活佛爲領袖，而以恩琴爲最高軍事顧問。旋派兵奪取科布多、烏里雅蘇臺等地，南侵至張家口以北。五月三十日北京政府任命張作霖爲蒙疆經略使，張氏方圖向關內發展，而無出兵之計劃。

外蒙被白俄攻陷後，民國十年二月十三日部分外蒙青年在俄共操縱下，在恰克圖附近成立「蒙古臨時人民革命政府」，請求蘇俄以兵力剿除庫倫恩琴餘黨，於是蘇俄紅軍於七月六日長驅進入庫倫。十一月五日宣佈成立「蒙古人民政府」。同日與蘇俄訂立「修好條約」，使蘇俄在外蒙享盡所有特權，於是外蒙再陷於俄共控制之下。民國十三年五月二十日，蒙古活佛死。七月一日俄人將「蒙古人民政府」改組爲「蒙古人民共和國」。十一月八日成立國民會議，二十六日依照蘇聯憲法，通過「蒙古人民共和國憲法」，至此蘇俄卵翼外蒙僞政權之野心乃大告實現。

蘇俄復利用中國政局不安，及國人憤恨國際道義淪喪心理，從事赤化中國之另一陰謀。一九一九年

（民國八年）七月二十五日，蘇聯代理外交委員長加拉罕（Leo Karakhan），發表第一次對華宣言，申明願放棄帝俄時代在中國享受之一切特權，將中東鐵路及租借地，並一切礦產森林及他種產業，以及拳亂之役中國所負欠之賠款，一概無條件歸還中國，毫不索償。其用意欲藉中國力量，消滅舊俄在遠東之一切勢力，一時國人頗為所惑。同年十一月，北京政府宣佈廢除民國四年（一九一五）中俄蒙協約。民國九年三月，改組中東鐵路，限令舊俄會辦離境，並收回沿線軍警權。八月一日停付庚子賠款，並派張斯麐赴莫斯科，以考察為名與俄共政府試行接洽。蘇俄為表示「友善」，復以遠東共和國名義，派遣優林於八月二十六日抵北京，藉口接洽通商，進行交涉。九月二十三日，北京政府發佈停止舊俄公使待遇之命令，派員接收俄國在華所有租界，電告蘇俄政府與舊俄斷絕一切關係。

一九二〇年（民國九年）九月二十七日，加拉罕復對中國發表第二次宣言，重申一九一九年（民國八年）宣言原則，一時雙方關係頗有融洽之勢。然自一九二一年（民國十年）七月以來，蘇俄遠東共和國紅軍，由赤塔進兵強佔庫倫，操縱成立蒙古傀儡政權，慘殺赤塔中國僑民，而優林復在華策動共匪之組黨工作，大為北京當局所不滿，是故優林在華兩年，毫無成績之可言。

一九二二年（民國十一年）八月，蘇俄另派越飛（Adolf A. Joffe）率代表團到達北京，表示俄國願依一九一九年、一九二〇年兩次宣言精神，以討論兩國間之一切問題，但當北京外交部向其表示中國態度後，越飛竟以節略答覆北京政府，不肯放棄中東鐵路之特權，拒絕訂期會議，旋藉病南下，取道上海赴日本。

一九二三年（民國十二年）八月，蘇俄再派其外交委員會副委員長加拉罕東來，抵北京後，利用一九一九年、一九二〇年兩次對華宣言簽署人身分，及中國朝野對其好感之心理，於九月三日再發表第三次對華宣言，重申前兩次宣言之原則，北京政府初任命王正廷爲中俄交涉督辦，與加拉罕進行交涉，旋由外交總長顧維鈞直接與之祕密協商。中間困難重重，至一九二四年（民國十三年）五月三十一日雙方始簽訂「中俄解決懸案大綱協定」十五條，主要規定：（一）蘇俄放棄有礙中國主權及利益之條約。（二）蘇俄承認外蒙爲中華民國之一部份，至於駐軍之撤退辦法，於將來會議中另定之。（三）蘇俄同意以中國資本贖回中東鐵路及該路所屬之一切財產。同日又簽定「暫行管理中東鐵路協定」十一條，主要規定：（一）鐵路設理事會，置理事十人，中俄各半，華人任理事長，俄人副之。（二）鐵路設監事會，置監察五人，華二人，俄三人，由華人任會長。（三）鐵路設局長一人，由俄人擔任，副局長二人，華俄各一人，職員華俄平均分配。同年六月十三日蘇俄向北京政府建議建立邦交，七月兩協定由兩國政府批准，加拉罕遂被任爲駐華大使，正式與我國建立外交關係。

是時東北當局敵視北京政府，對於「暫行管理中東鐵路協定」採取反對態度。加拉罕乃派代表赴東北，與張作霖之「自治政府」作局部交涉。一九二四年九月二十日，復成立「奉俄協定」七款，後於民國十四年三月經北京臨時執政政府追認，其不同於前約者，除規定一八九六年（光緒二十二年）中俄共同經營東省鐵八十年後產業無償歸中國政府所有之明文減爲六十年，並聲明該路除營業工務直轄於該路局外，其他司法、民政、軍務、警務、市政、稅務、地畝，概由中國政府辦理處置。是約雖較北京條約尚有進步，然爲俄國割裂中國陰謀之表現，亦爲九一八事變後俄國出賣中東鐵路給日本之張本。

作業

一、說明「五四運動」發生之背景？
二、華盛頓會議中關於中國之各種提案分別作何種決定？
三、華盛頓會議期間關於山東問題如何解決？
四、蘇俄紅軍怎樣進入外蒙？怎樣操縱成立傀儡政權？
五、蘇俄三次對華宣言各發表於何時？其背景若何？
六、中俄「解決懸案大綱」重要內容是什麼？

第三節　中國國民黨之改組與建軍

先是中華革命黨之成立，頗能矯正國民黨時代之渙散頹習，組織紀律均較嚴密。惟海外各地黨部因立案關係，仍多沿用國民黨名稱，而參予討袁黨人，倉卒之間，多有舊隸國民黨，而未加入中華革命黨者。故袁氏既倒，民國六年三月，中華革命黨總部致各地支部之通告，準備恢復國民黨之舊名稱。民國八年十月十日，　國父正式通告海外各支部，確定黨之名稱為中國國民黨，加「中國」二字者，所以別於民國元年之國民黨也。民國十一年陳烱明叛變　國父抵滬後，默察當前內外形勢，檢討過去失敗之癥結，益堅定改組國民黨之決心。乃召集在滬同志，起草黨綱及總章，於民國十二年一月一日正式發布改組宣言，說明中國國民黨係「以三民主義為立國之本原，五權憲法為制度之綱領。」迨陳烱明驅出廣州，　國父返粵之後，重新組織各級黨部，嚴密黨員登記，統一宣傳機構，指導海內外大會代表之選舉，革命陣容煥然一新。

民國十三年一月二十日，在　國父主持下，中國國民黨舉行第一次全國代表大會於廣州之廣東高等師範學校，出席海內外代表一百六十五人，　國父致詞勉勵各級同志要犧牲自由，貢獻能力，改造本黨，改造國家。大會至三十日閉幕，除通過宣言及總章外，復通過「建國大綱」，設立國民政府，及制定黨歌等決議案。大會宣言爲三民主義思想之結晶，亦爲改組後新精神之表現。

先是民國十一年陳炯明之叛變，　國父深受刺激，以陳部係革命黨全力培植而成，因無思想之訓練，遂被野心政客所利用。故陳炯明被驅出廣州後，十二年三月，特任命　蔣中正先生爲大本營參謀長，欲將革命事業從頭做起。八月五日，復命蔣先生率代表團赴俄，考察其政治軍事及黨務。　蔣先生於九月二日抵莫斯科，十一月二十九日啓程返國。所撰「遊俄報告書」，認爲蘇維埃政治制度乃專制及恐怖組織，與中國國民黨三民主義之政治制度根本不能相容。民國十三年一月，中國國民黨第一次全國代表大會期間，　國父以大元帥名義，於二十四日委任　蔣先生爲陸軍軍官學校籌備委員會委員長。二十八日乃指定黃埔舊有陸軍學校與海軍學校爲校址。二月三日復任命　蔣先生爲中國國民黨本部軍事委員會委員，以專責成。二月六日，　蔣先生設陸軍軍官學校籌備處於廣州南隄，至五月初，凡開籌備會議三十餘次，分配各省區招生名額，因北方在軍閥勢力控制之下，不能公開招生，乃密託回籍之第一次全國代表大會代表暗中介紹。各地青年聞風來歸，應試者達二千人，考試結果共錄取四百九十九人。

五年三日　國父特任命　蔣先生爲校長，五月五日第一期新生入校訓練，編爲四大隊。六月十六日舉行正式開學典禮，（國父所以選定此時，前者為　國父就任非常大總統紀念日，後者為　國父廣州蒙難日期，咸具有深長之意義。）是日上午八時　國父親蒞主持，儀式莊嚴隆重，親將軍校校印捧交蔣校長，委託以建軍之重任，並以「革命軍的基礎在高深的學問」為題，對全體學生致訓詞，核定校訓為「親愛精誠」，國民革命軍之基礎實肇基於此。同年十月教導團第一團成立，以何應欽為團長。十二月教導團第二團成立，以王柏齡為團長。十月十九日軍校第一期學生畢業，分發各部隊實地見習，革命軍精神為之一變。

中國國民黨改組前後，北方政局動蕩不安。民國九年七月，直皖戰爭發生，直系戰勝皖系，段祺瑞下野，曹錕、吳佩孚權勢大增，與奉系張作霖日漸水火。民國十一年四月，雙方因擴張勢力範圍衝突，引起直奉戰爭，張作霖戰敗，退出關外，宣佈與北京政府脫離關係。曹錕等以恢復舊國會為手段，逼徐世昌離職，同年六月迎黎元洪作過渡，積極籌備賄選總統。民國十二年六月，黎氏被驅離京，十月五日國會假眾議院舉行「大選」，到會參眾兩院議員五百九十三人，曹錕竟以四百八十票當選為總統。票價每張高達五千元。曹氏遂於十月十日在北京就職，遺臭千古，而為舉世所共棄。

曹錕賄選消息傳出，十月九日　國父以軍政府大元帥名義，下令討伐曹錕，通緝賄選議員。及曹錕就職，　國父復致電北京外交團，請各國否認曹錕之地位。惟以革命軍方全力防禦廣州，防範陳炯明之偷襲，對於討直軍事未能積極進行。民國十三年夏，廣州形勢稍為鞏固，六月二十日　國父命譚延闓速赴前敵督師，九月四日在廣州召開軍事會議，決定遷大本營於韶關，由胡漢民留守廣州，代行大元帥職權。十二日乃率警衛隊、飛機隊，湘軍譚延闓部、滇軍朱培德部、豫軍樊鍾秀部等，約四萬五千人，誓師廣州，北至韶關。十八日發表北伐宣言，說明國民革命之目的，在於造成獨立自由之國家，以擁護國家及民族之利益。　國父將所有革命軍一律改稱建國軍，分三路進攻江西。十一月，連克贛州、吉安等地，贛督蔡成勳出奔，革命軍聲勢大振。

浙江督軍盧永祥本屬皖系，響應　國父號召，亦通電不承認曹錕總統地位。民國十三年九月，曹錕命蘇督齊燮元進攻浙江，並密令閩浙邊防督辦孫傳芳襲擊盧永祥後路，盧氏失敗，東渡日本。奉軍張作霖聞　國父誓師討直，江浙戰爭已起，乃於同年九月合其主力分三路大舉入關。曹錕亦授權吳佩孚分三路迎擊，均有海空軍助戰。九月中雙方開始接觸，大戰於長城沿線山海關、喜峰口、古北口等。奉軍因裝備較佳，且空軍佔優勢，乃於十月十七日佔領山海關，整隊入長城，直軍士氣渙散，吳佩孚收潰兵退守秦皇島。會吳部馮玉祥倒戈回京，改組所部為國民軍，囚曹錕，連合奉軍夾擊吳佩孚，吳氏勢蹙，乃乘艦南下入長江。因不被直系舊軍人齊燮元、蕭耀南等所容，避居河南信陽之雞公山，北京遂為國民軍所控制。馮玉祥初同意黃郛組織攝政內閣，驅清廢帝溥儀遷出皇宮，以避免復辟之再現；旋與張作霖協議，復得各省軍人響應，擁護段祺瑞出組臨時政府。十一月二十一日段氏在天津宣佈大政方針，期於一個月內召集各省區代表舉行善後會議，由善後會議產生國民會議，解決國內根本問題。翌日段氏遂入京，二十四日就職，公佈臨時執政政府條款，依其規定，由臨時執政總攬軍民兩政，統率海陸軍，並對外為中華民國之代表，乃總統制內閣制以外之另一種政府形態。當是時奉軍分佈山海關、天津至濟南間，國民軍馮玉祥部駐防北京天津間，胡景翼、孫岳部駐防平漢鐵路沿線。段氏居兩大之間，左右為難，更無政績之可言。

馮玉祥回師北京之初，曾電　國父北上主持大計，段祺瑞、張作霖亦有同樣之請求，並派代表至廣州有所商談。　國父爲求全國統一起見，不顧北方局勢動蕩，決定冒險北上。惟對此次北京事變，並不抱樂觀態度，認爲中國之前途仍有賴於國民革命軍之奮鬪。十一月三日　國父以北上在卽，特至黃埔軍校作臨別之訓話，明告全體官生北方政權仍操在軍閥官僚之手，中央革命希望渺茫，但爲促成全國之團結，不能不作個人之犧牲。

十一月四日，　國父命胡漢民留守廣州，代行大元帥職權。十日乃以中國國民黨總理名義，發佈解決時局宣言。主張召集國民會議以謀中國之統一與建設，在國民會議召集之前，應先召集一預備會議，決定國民會議之基礎條件，及召集日期，選舉方法等事項。預備會議應由下列之代表組成之：（一）現代實業團體，（二）商會，（三）教育會，（四）大學，（五）各省學生聯合會，（六）工會，（七）農會，（八）共同反對曹、吳各軍。（九）政黨。十二日　國父在廣州各界之歡送會席上，發表演講，預測兩年以內革命力量必可布滿全國，北伐軍可佔領武漢，北方各省必將望風響應。

作　業

一、中國國民黨之名稱何時確定？何時正式發佈改組宣言？

二、中國國民黨第一次全國代表大會有何重要決定？

三、段祺瑞之臨時執政政府性質若何？

四、二次直奉戰後，　國父所發佈之解決時局宣言有何主張？

第四節　容共與聯俄

先是俄國共產政權建立後，表面採取糖衣手段與北京政府接洽建交，暗中培植中共以實現其滲透顚覆之陰謀。一九二〇年（民國九年）春，第三國際在列寧策動下，成立「民族與殖民地委員會」，操縱各國共黨之活動。乃派東方局書記胡定斯基（G. N. Voitinsky）隨優林來華，由旅俄華僑楊明齋介紹，指導陳獨秀、李大釗等於同年五月在上海組織「馬克斯主義研究會」，八月成立「中國社會主義青年團」，與北京之李大釗、廣州之譚平山，遙通聲氣，是爲中共組黨之先聲。

未幾中共份子復在上海設立「外國語學社」，作爲吸收青年之機關，出版「共產黨月刊」、「上海勞動界」等刊物，另在各地設立馬克斯主義研究分會，北京方面由李大釗、張國燾主持，出版有「勞動者」刊物，辦有「平民教育講演團」，及「勞動學校」。廣州方面由譚平山主持，出版有「勞動之聲」等刊物。其他各地之負責人，湖南爲毛澤東，四川爲惲代英，浙江爲沈玄廬等。

民國九年冬，陳獨秀經胡定斯基介紹赴俄，申請加入共產國際，由共產國際決定派遣其「民族與殖民地委員會」祕書荷蘭人馬林（M. Maring）爲代表，來華協助籌備工作。遂於十年七月一日在胡定斯基指導下，假上海法租界，召開「中國共產黨」第一次全國代表大會，出席各省代表十三人，會議期間因消息洩漏，移地嘉興舉行。推定陳獨秀、周佛海爲正副委員長，張國燾任組織，李達任宣傳。同時留法學生李立三、李富春、周恩來等，將其所組織之「中國少年共產團」，改稱「中國共產黨旅法支部」，而留德之高語罕、朱德，留俄之瞿秋白，留日之張太雷等，彼此均互通聲氣。乃設總部於上海，分部於各省市，積極展開活動。民國十一年七月，中共在上海召開第二次全國代表大會，發表宣言，正式聲明「中國共產黨」係國際共產黨之支部，並決定參加中國現有之革命政黨，以便寄生和發展，是爲共產份子個別加入國民黨之前奏。

自俄共執政之後，以解放世界被壓迫民族爲掩飾，國父頗注意其動向。民國十年冬，國父北伐師次桂林，共產國際代表馬林特來晉謁，曾提出國民黨與第三國際聯盟之試探。國父拒其請，嚴正告之曰：「革命之主義，各國不同，甲能行者，乙或扞格而不通，故共產之在俄國行之，而在中國則斷乎不能。」於是馬林向中共提議，於十一年八月在杭州舉行之「全體中央委員會」中，通過中共份子以個別方式加入國民黨，以發展其實力，報經第三國際核准，並派代表與國民黨接洽合作。

民國十二年春，國父自粵抵滬後，中共份子要求加入國民黨更加積極。國父爲使其接受三民主義之薰陶，貢獻才智在統一組織之下，以爭取中華民族之獨立與自由，同意其參加，是爲「容共」，但規定其個人加入國民黨後，應遵守國民黨之主義與政綱；否則將受嚴厲之紀律制裁。同年十一月二十四日國父爲允許中共份子加入國民黨事，曾專函正在福建主持軍事之蔣中正先生，告以蘇俄促勸中共憑藉國民黨之策略與陰謀。可知國父當時所處立場之愼重而嚴謹。

先是民國十一年八月，蘇俄專使越飛來華後，一面與北京政府交涉，一面遣人持函至上海，謁見國父要求合作。及越飛北京交涉失敗南下，國父爲保全中國權益，及自身立場，與其數度商談之後，於十二年一月二十六日共同簽署一項宣言，主要內容如下：（一）共產主義及蘇維埃制度均不能施行於中國。（二）蘇俄政府願意放棄帝俄時代在華之一切特權，包括中東鐵路在內。（三）外蒙古爲中國之一部份，俟外蒙白俄威脅解除，俄國軍隊即自外蒙撤退。可爲　國父對俄嚴正態度之說明。

民國十二年六月，中共在廣州舉行第三次全國代表大會，追認「中央委員會」杭州會議黨員個別加入國民黨之決議案，並通過利用國民黨之政治掩護，竭力發展工農群衆運動。同年十月六日蘇俄所遣政治顧問鮑羅廷（Michael M. Borodin）到達廣州，利用其職權，指導中共份子，從事分裂國民黨之活動。故中國國民黨第一次全國代表大會代表中，不乏中共份子，中央黨部高級職員亦有由中共份子擔任者，廣州市各機關時常發現中共份子滲透之跡象；於是國民黨內堅貞份子，屢有檢舉中共份子之違紀行動。

作業

一、第三國際如何操縱中共建立組織？

二、國父允許中共份子加入國民黨之立場若何？

三、說明孫越宣言之內容？

第四章　北伐與統一

第一節　蔣中正先生繼承革命大業

民國十二年春，　國父重返廣州組織大本營後，內外形勢仍極險惡。內有滇、桂軍之專橫，外有陳烱明之侵逼，而廣州商團團長陳廉伯，受英國香港政府操縱，藉口扣留其私運之槍械，實行罷市，企圖顛覆革命政府。民國十三年九月　國父督師韶關，廣州由　蔣校長留守，十月十日商團向參加國慶紀念會之學生及工農各界示威尋釁，群眾死傷者數十人。旋卽佈防城內各要衢，張貼佈告，截斷與韶關間交通，並勾引陳烱明以爲外援，　蔣校長乃佈置各軍，自十五日晨四時開始對商團發動進攻。商團數千人集中西關，據樓塞市，以圖固守，遭革命軍圍攻，首尾不能相顧，死傷頗多。午後一時向城北潰退，革命軍遂佔領商團公所。翌日午後五時，商團繳械投降，於是西關各商店卽日開市，革命政府始剷除心腹之大患。

民國十三年十一月十三日，　國父離粵北上，十七日抵上海，因陸上交通受阻，乃改乘日輪取道日本赴天津。沿途之談話演說，無一不以大亞洲主義相鼓吹，希望中日兩國互助合作以安定遠東之大局。及　國父抵京，臨時執政政府堅持舉行善後會議，其代表乃集軍閥、官僚、政客之大成，與　國父之理想不啻天壤，精神大受刺激，加以旅途勞頓，肝癌遂以發作，延至十四年三月十二日，遂捨棄其一手創造之中華民國與世長辭。

國父北上後，陳烱明以爲有機可乘，密與北方軍閥及英人勾結，自稱「救粵軍總司令」，以林虎、洪兆麟、葉舉等爲指揮，分兵三路，號稱十萬之眾，企圖進攻廣州。十四年一月，革命政府乃決定分三路東征。由黃埔軍校教導團及許崇智所部粵軍任右翼，攻淡水，由　蔣校長任前敵總指揮。桂軍劉震寰部任中路攻惠州，滇軍楊希閔部任左翼攻河源，並於二月一日下動員令。

時滇桂軍早與陳烱明祕密聯絡，陰謀內應叛軍。故奉命之後勒索軍餉，按兵不進，僅　蔣校長所率右翼軍進展迅速，先後克復東莞、石龍等地。九日晨，　蔣校長集中所部發表訓詞，說明此次出師之目的爲救國救民，爲實現大元帥之期望，關係國家存亡，主義成敗。於是軍心悲憤，士氣高昂，遂於十五日克淡水，進克平山、海豐等地。三月十二至十三日，與叛軍主力決戰於棉湖一帶，革命軍教導團何應欽部僅千餘之眾，抗拒萬餘頑敵，造成決定性之勝利。乘勝收復粵東五華、興寧、潮州、梅縣等地，叛軍紛紛反正。

此次東征，右翼全軍總數約萬人，其中校軍不滿三千，竟能勢如破竹，擊敗數倍之敵，其特殊原因：（一）組織嚴密，既有嚴肅之軍律，復有神聖之黨紀，全軍官兵意志一致，精誠團結，所到之處得到人民之愛戴與援助。（二）官兵因接受三民主義之薰陶，與　蔣校長精神之感召，人人能忠黨愛國，堅定必勝之信心。（三）黨代表制對軍隊有安定激勵之功效。（四）軍隊編制完善，官兵足額，戰鬥力強盛。（五）實行連坐法，臨陣之際全軍肅然，不敢擅自退卻。（六）幹部素質優良，不爭地盤，不奪財物。（七）裝備精良，餉彈充足，士氣充沛，戰力強盛。此亦爲以後能完成統一大業之因素。

當革命軍克復興寧時，於叛軍林虎司令部內搜獲滇軍楊希閔與陳炯明往來之密電，此外並發覺劉震寰約雲南唐繼堯進攻廣東。楊、劉且與北方段祺瑞及香港政府有勾結，集中所部五六萬人於廣州附近，企圖叛變。五月中，竟公然佔領廣州各機關，向胡漢民代理大元帥提出無理要求。革命政府以局勢險惡，四月二十九日任命　蔣校長為黨軍司令官，五月五日下令將楊、劉免職，並任命　蔣校長為總指揮，檄令由潮、梅回師平亂。　蔣校長乃分兵三路，於三十一日自東江回師。同時檄調北江湘軍譚延闓部，及河南李福林部，採取一致之行動。自六月十一日起開始對廣州郊外叛軍發動總攻擊，至十四日革命軍得海軍協助，卒將叛軍擊潰。楊、劉潛逃，殘部分別被包圍繳械，廣州反革命勢力乃完全消滅。

民國十四年七月一日國民政府成立，採委員合議制，推定胡漢民、譚延闓、于右任、林森、汪兆銘等十六人為委員，由汪任主席。七月三日，廣東省政府依照國民政府所頒佈之省政府組織法改組成立，另設廣州市政廳，各級政府之組織乃告完備。七月三日，軍事委員會成立，　蔣校長及汪兆銘、胡漢民、伍朝樞、廖仲愷、朱培德、譚延闓、許崇智等八人為委員。七月六日，軍事委員會發佈告革命軍將士書，說明國民革命軍之目的，在完成先大元帥遺志，求中國之自由平等。其最大使命在於抵抗帝國主義，而軍閥為帝國主義之工具，革命軍直接與軍閥作戰，實間接與帝國主義作戰。八月二十六日軍事委員會接受　蔣校長建議，規定軍隊名稱為國民革命軍，黨軍改為第一軍，　蔣校長兼任軍長，建國湘軍、滇軍、粵軍、福軍，改為第二、三、四、五各軍，分以譚延闓、朱培德、李濟琛、李福林任軍長。同年底二次東征後，程潛所部湘軍改為第六軍，軍政始歸統一。

民國十四年夏，粵東革命軍回師平亂後，留守兵力單薄，陳烱明乃勾引舊部，於九月初據潮、梅復叛。節節西犯，海豐、陸豐、河源、博羅、紫金等地，先後淪陷。合北路之熊克武、南路之鄧本殷，企圖圍犯廣州。於是　蔣校長受命爲東征軍總指揮，實行二次東征。

蔣總指揮分東征軍爲三縱隊，分由何應欽、李濟琛、程潛任隊長，以惠州爲進攻目標。十月六日蔣總指揮親至前線督師，十日革命薄城郊，十三日下總攻擊令。叛軍楊坤如利用天險據城頑抗，革命軍奮勇衝鋒，血肉橫飛，團長劉堯宸率部冒死先登，壯烈犧牲，十四日惠州卒以克復。同日復乘勝下惠陽，俘虜叛軍四千餘人。革命軍長驅突進，至十一月底，再克五華、興寧等地，窮追至閩邊永定，圍其殘部，悉數繳械，而東江乃全部底定。

同年九月初，陳烱明殘部復叛時，盤據粵省北路連縣、陽山等處之熊克武，與之暗中勾結，並親至廣州策劃一切。事爲　蔣校長偵悉，於其所住旅館搜出密件多種，遂於二十日將熊扣押至虎門安置，國民政府乃命駐防韶關第二軍湘軍譚延闓部相機進剿叛軍。十月三日，革命軍圍叛軍於陽山附近之牛頭岡，叛軍潰散，北路遂平。

十月初，　蔣總指揮率革命軍二次東征時，盤據粵南之鄧本殷，乘機進犯肇慶，廣州大受威脅。國民政府任命第三軍長朱培德爲南路總指揮，分兵會攻，十一月二十日克高州，二十九日克廉州，十二月七日克欽州，叛軍渡海逃海南島。民國十五年一月中，革命軍第四軍李濟琛部在海口登陸，進攻瓊州，鄧本殷逃海外，殘部悉被繳械收編。

先是陳烱明叛變後，廣西成爲混亂狀態，陸榮廷乘機潛入，復欲利用爲根據地。惟舊部分裂，無力控制全局。新桂系軍人李宗仁、黃紹竑、白崇禧等乃異軍突起，表示服從　國父領導，獻身國民革命。於民國十三年六月佔南寧，八月佔桂林，陸氏被迫下野，廣西反陸各將領推李宗仁爲廣西善後督辦，黃紹竑爲會辦兼省長。十四年元月，李、黃得革命政府援助，再敗盤據梧州一帶之沈鴻英，沈部竄逃湘粵邊境，廣西全境復爲革命軍所有。民國十四年二月，唐繼堯由滇侵桂，攻陷南寧，革命政府調兵增援，於七月初克復南寧，唐部敗退雲南，廣西統一基礎乃告鞏固。民國十五年六月一日廣西省政府成立，以黃紹竑爲主席，編廣西軍隊爲國民革命軍第七軍，以李宗仁爲軍長。

作業

一、蔣校長如何平定商團叛亂？
二、民國十三年冬　國父北上時，所提倡之大亞洲主義內容如何？
三、革命軍東征勝利有那些重要因素？
四、滇、桂軍怎樣陰謀叛變？蔣校長如何回師靖亂？

第二節　迭起的反共風潮

中共之加入國民黨既以顚覆滲透爲目的，故加入之後，乃不擇手段破壞分化國民黨之團結。利用「嚮導週刊」、「前鋒」、「中國青年」等雜誌作工具，用唯物論和階級鬬爭思想曲解三民主義，製造國民黨左派右派中派等名稱。汪兆銘、廖仲愷等被中共指爲國民黨左派，汪氏無異於蘇俄顧問鮑羅廷之工具。廖氏任中央黨部工人部長，並由其推介譚平山任組織部長。譚本國民黨員，中共組黨之初，廖同意譚氏加入，希望瞭解其內幕。誤認譚氏擔任斯職，必能忠於國民黨。不料譚氏就職後，以中共份子楊匏安爲該部祕書，楊竟利用其身分，從事顛覆滲透之陰謀。廖則以兼職過多，部務交祕書馮菊坡代行，馮亦中共份子，於是各地工會和總工會多被中共份子所操縱。農民部長林祖涵本中共份子，以其黨羽彭湃爲祕書，把持部務，所設之農民講習所，及各地農民協會，和農團軍，亦爲中共所控制。

國民黨人鄧澤如、謝持、張繼等，憂慮中共篡奪國民黨之領導權，於同年六月臚列證據，上書中央委員會，認爲中共加入國民黨後，「其言論行動皆不忠於本黨，違反黨義，破壞黨德，確於本黨之生存發展有重大妨害」，要求「從速嚴重處分，俾本黨根本不致動搖。」中央執行委員會仍希望中共份子能翻然覺悟，履行諾言，共同從事革命大業，僅決議重申紀律，以爲約束。

國父北上後，共黨益加猖獗，企圖先分化軍校學生，進而奪取軍隊之領導權。民國十四年一月二十五日，中共分子發起組織「青年軍人聯合會」，吸收軍校及部隊中跨黨份子，誘惑軍校學生向其投靠。於是軍校學生及部隊中忠於三民主義之官生陳誠等，憤中共勢力之膨脹，亦發起組織孫文主義學會與之對抗。

同年五月一日，在中共分子策動下，廣州舉行「第二次全國勞動大會」，決定「勞動鬥爭綱領」，並加入莫斯科之赤色職工國際。同日「廣東全省農民協會第一次代表大會」亦在中共份子操縱下在廣州開幕，決定「農民鬥爭綱領」，計劃利用農民實行暴動。五月十八日，復成立所謂「中華全國總工會」，於是中共份子以排外爲藉口，製造慘案，煽惑各城市工商界罷市遊行，以促成社會秩序之混亂。

中共指胡漢民、戴季陶爲國民黨右派，挑撥胡漢民與汪兆銘間之猜疑與衝突，遂爲野心政客所乘，與香港政府勾結，欲實現其顚覆國民政府之陰謀。民國十四年八月二十日，廖仲愷被刺於中央黨部門前，林直勉、張國楨等捕獲，胡毅生、魏邦平等在逃，而中共竟藉口廖案與胡漢民有牽連，包圍汪兆銘，而汪亦竟受其煽惑，欲對胡氏採取不利之行動。胡氏得　蔣校長保護居黃埔軍校多日，旋被迫於九月二十日以赴俄考察名義出國，中共乃本其以往挑撥胡、汪之慣技，轉施之於　蔣校長與汪兆銘之間。民國十四年十一月中，國民黨部分領袖林森、張繼、葉楚傖、鄒魯等，憤中共之橫暴，集會於北京西山碧雲寺　國父靈前，決議清共，開除汪兆銘黨籍，並將蘇俄顧問鮑羅廷解僱，大遭中共之妒恨。共黨初用各種手段，企圖　蔣校長對其優容，而　蔣校長迭次表明嚴正態度，只知爲實現三民主義而奮鬭。民國十五年元月國民黨第二次全國代表大會期間，因　蔣校長反對將「西山會議」案提出於大會，復提出北伐主張，而爲中共份子所不滿，乃集中全力對　蔣校長加以汚衊與中傷。時鮑羅廷突然返莫斯科，蘇俄軍事顧問團長季山（嘉）竟在軍校會議中極力宣傳北伐必敗之謬論，中共份子軍校政況部主任高語罕每次對學生講演，有形無形之中，詆毀黃埔軍校師生不革命。

蔣校長既憂國民黨處境之阽危，復憤於部分黨人之不識大體，進退不能決。民國十五年二月八日，蔣校長辭國民革命軍總監之職，九日再辭軍事委員會委員及廣州衛戍司令，汪兆銘既不批准，亦不挽留。二十七日、三月八日，　蔣校長迭次訪汪，告以季山嘉之專橫，痛陳：「革命實權非可落於外人之手，卽與第三國際聯絡，亦應定一限度，要當不失自主地位。」汪仍執迷不悟，竟洩其語於季山嘉，楊向　蔣校長表示辭退，而積極佈置陰謀叛變。三月十四日，汪兆銘暗示　蔣校長離粵，　蔣校長之處境益加困難。蓋蔣校長如不離粤，則不測事件卽將發生，倘逕自他去，因辭職未准，必陷棄職潛逃罪名。

季山嘉與代理海軍局長李之龍密謀，欲乘　蔣校長乘中山艦自廣州回黃埔時加以劫持，駛往俄國，以消除其破壞革命之障礙。三月十九日晚，中山艦自黃埔開回廣州，升火不熄，戒備森嚴。　蔣校長鑒於黨與革命存亡絕續所關，乃於二十日晨宣佈廣州戒嚴，逮捕李之龍及各軍黨代表中共分子，收繳中共分子所操縱之省港罷工委員會槍械，並派兵收回中山艦。事後鮑羅廷自俄回粤，季山嘉離粤回俄，汪兆銘則藉口養病，祕密赴歐。

四月十六日，中央黨部與國民政府聯席會議，推　蔣校長爲軍事委員會主席，譚延闓爲政治委員會主席。五月十五日國民黨二屆二中全會在　蔣校長主持下開幕，由　蔣校長提出國共協定事項，經大會表決予以接受，其主要內容如下：（一）共產黨人加入國民黨應將全部名册交國民黨中央執行委員會主席保管。（二）共產黨人在國民黨各級黨部任執行委員時，其數額不得超過各該黨部執行委員總數三分之一。（三）共產黨員加入國民黨不得擔任中央機關之部長。（四）中國國民黨員不得加入其他黨籍。五月二十一日大會發佈對時局宣言，決定接受海內外請願，實行北伐。此爲國民革命成敗之關鍵，亦爲國民黨與中共勢力消長之分水嶺。六月四日，中央執行委員會臨時全體會議通過迅速出師北伐案。五日任命　蔣先生爲國民革命軍總司令，統率各軍出師北伐。七月五日中國國民黨中央執行委員會任命　蔣先生爲中央黨部軍人部長，有任免所轄革命軍將領及黨代表之權。六日選舉　蔣先生爲中央執行委員會常務委員會主席，因出師北伐，由張人傑暫行代理。

一、中共利用何種方法在國民黨內從事滲透顚覆活動？
二、中山艦事件何以是國民革命成敗之關鍵？
三、中國國民黨二屆二中全會，對國「共」協定事項有何決定？

作業

第三節 出師北伐與底定東南

國民革命軍出師北伐前，北京段祺瑞因不容於張作霖、馮玉祥，臨時執政政府瓦解，整個華中與華北陷入軍閥割據之局面，各軍閥擁兵自重，殘民以逞，舉其著者如下：（一）吳佩孚於民國十四年十月東山再起，以武漢爲根據地，與奉軍合作敗國民軍，控制豫、鄂、湘等省，勢力遠達陝、川、貴，並與兩廣殘餘舊軍人相結納，兵力二十餘萬。（二）孫傳芳在民國十四年十月驅逐奉系在東南勢力，控制蘇、浙、皖、贛、閩五省，兵力二十餘萬。（三）張作霖當二次直奉戰後，收編直系舊部，勢力伸入東南各省。蘇、皖雖被孫傳芳所驅逐，仍據有奉、吉、黑、直、魯、熱、察等省區，兵力三十五萬，爲軍閥中之最強者。至於響應北伐之北方軍人以馮玉祥、閻錫山爲最著。馮氏所部國民軍，於民國十五年四月遭直奉軍夾攻，被迫撤出北京，向西北退卻，控制綏遠、寧夏、甘肅，實力約十萬人。閻錫山則佔有山西一省，實力約十二萬人。而湖南湘軍唐生智，因受吳佩孚壓迫，於十五年五月向國民政府歸誠，軍事委員會任命唐氏爲第八軍長，兼前敵總指揮，命第四、第七兩軍兼程馳救，會同第八軍先期發動攻擊。

民國十五年七月一日，爲國民政府成立一週年紀念日， 蔣總司令頒發北伐動員令。七月四日中國國民黨中央執行委員會發佈出師北伐宣言，七月九日 蔣總司令在廣州東校場舉行誓師及就職典禮，由國民政府代主席譚延闓給印，中央黨部代表監察委員吳敬恆授旗，於是革命軍乃依次出動，合計兵力約十五萬人。當是時直、奉聯軍正與國民軍在南口一帶苦戰，革命軍第四、七、八軍乘之，先期發動攻擊，乃於七月十一日克長沙。八月十二日 蔣總司令抵長沙督師，北伐各軍主力集中前線。乃分兵三路：中央軍爲第四、七、八各軍，以武漢及武勝關爲作戰目標。右翼軍爲第二、三、五各軍，及獨立第一師，以南昇及九江爲作戰目標，另以第一軍之一部由福建向浙江轉進，再會合右翼軍，以上海、南京爲作戰目標。左翼軍爲第九、十兩軍，以荆州、沙市爲作戰目標。（按：是時貴州將領袁祖銘、王天培已加入革命軍，改編所部爲九、十兩軍）第一、六兩軍爲總預備隊，隨中央軍推進。

八月十八日，北伐各軍開始總攻擊。中央軍連克岳陽、通城、羊樓司等地。八月底與吳佩孚主力苦戰於粤漢路要隘汀泗橋、賀勝橋間，吳氏親自督戰，利用優勢兵力，精良器械，力拒頑抗，革命軍前仆後繼，經五次搏鬭，卒以旺盛之士氣，優良之戰術，獲得勝利，俘獲敵軍兩千餘人，九月六日克漢陽，七日克漢口；十月十日克武昌，生擒守將劉玉春，俘獲敵軍萬人。吳佩孚敗退河南，湖北境內大致肅清。

當中央革命軍向湘鄂進攻時，右翼總指揮朱培德奉命監視江西之敵。孫傳芳乃乘革命軍苦戰汀泗橋之時，分兵六路進攻湘、鄂；另命閩省督辦周蔭人，自福建襲攻粤東。八月三十日 蔣總司令與朱培德商定攻贛計劃，乃分路攻入江西。九月十九日，因南昌工人學生內應，革命軍乘虛佔領。旋以孫傳芳親統重兵反攻，雙方乃展開爭奪戰。十月一日 蔣總司令進駐高安，不忍平民遭劫，變更戰略，而致力於肅清南昌外圍工作。十月二十日克臨川，十一月五日克九江，孫傳芳乘艦逃吳淞，敵軍十餘萬除戰死外多被繳械，十一月七日南昌遂告光復，江西戰事告一段落。

先是革命軍出動時，何應欽率第一軍一部坐鎮潮、梅，及周廕人來犯，乃以劣勢兵力分三路發動進攻。十月十日克永定，十三日敗敵於松口，俘獲四千餘人。十五日 蔣總司令任何氏爲國民革命軍東路總指揮，增加援軍歸其指揮，革命軍乃於十一月八日克漳州，十二月十八日進駐福州。民國十六年一月，何應欽以白崇禧爲東路前敵總指揮，集中所部於衢州附近，分兵三路進攻杭州。孫傳芳所部分裂，軍心渙散，孫部將孟昭月北竄，二月十八日革命軍遂入杭州，孫軍被俘者八千餘人。同月底，浙東之孫軍全部肅清。

孫傳芳於江西戰事失敗後，微服至天津，乞援於張作霖，合山東督軍張宗昌等，推張作霖爲安國軍總司令，孫及張宗昌副之。十五年十二月一日張氏就職，於是直魯軍源源南下，集中京滬一帶者八萬餘人，其中有白俄兵鐵甲車隊六七千人。其目的僅在收漁人之利，並無戰鬬之勇氣。

革命軍光復杭州後，孫傳芳上海守將李寶章派代表向革命軍接洽投降，駐滬海軍則早於十五年十二月遣人至贛輸誠，至是正式易幟。陸戰隊且登陸佈防，上海工人復作大規模之罷工，要求孫部撤退。孫則集中主力於吳興、宜興、松江一帶，欲作最後之掙扎。何應欽採取截斷滬寧鐵路戰略，使其首尾不能兼顧。十九日克常州，二十一日克松江、蘇州，遂圍上海。閘北區直魯軍畢庶澄部悉被繳械，二十二日上海完全光復，淞滬地區悉定。

民國十六年一月，　蔣總司令擬定肅清長江下游作戰計劃，親自指揮主力進攻南京，江左軍自黃梅、英山攻安慶，由李宗仁任指揮。江右軍自景德鎮、祁門攻蕪湖，由程潛任指揮。三月四日敵將陳調元反正，安慶不戰而定。六日江右軍克蕪湖，十七日克當塗，遂逼南京而軍。二十三日下午六時入城，殘敵褚玉璞部渡江北潰，大江以南盡爲革命軍所有。

當是時鮑羅廷引誘部份黨政領袖在武漢成立左傾政權，召開國民黨二屆三中全會，通過決議准共黨份子參加國民政府及省政府，並由共黨份子譚平山、蘇兆徵分任農政、勞工部長，兩湖已陷入赤色恐怖之下。三月二十八日，國民黨中央監察委員吳敬恆、蔡元培等集會上海，鑒於共黨危機之嚴重，決議實行「護黨救國運動」。四月二日再度集會，由吳敬恆提議，經出席委員一致決議，咨請中央執行委員會採取非常緊急處置，將各地共黨首要危險份子，就近知照治安機關，分別看管制止活動。在滬之中央政治會議依照決議，乃實行清黨。五月五日中央常務委員會及各部長聯席會議，通過清黨原則，並組織清黨委員會，執行清黨工作。除兩湖共黨仍假藉國民黨名義作最後之掙扎外，各地秩序逐漸恢復。

當是時，汪兆銘突於四月一日自法歸國抵滬，黨人勸其堅定反共立場，而汪氏竟於四月五日合陳獨秀發表國共兩黨「領袖」聯合宣言，並於翌日赴漢，就任武漢政權「主席」，甘爲中共所利用。四月十七日竟下令撤去　蔣總司令職務，唐生智更在漢口組織東征軍，自任總司令，聲言進攻南京。

四月十五日，中央政治會議舉行於南京，決議實現　國父遺訓，在南京組織中央黨部及國民政府，推胡漢民爲國民政府主席。十八日國民政府正式在南京辦公，二十一日軍事委員會自廣州遷移南京，寧漢遂成對立之局面。

寧漢分裂期間，北伐軍事繼續進行。長江下游革命軍於六月二日收復徐州，孫傳芳殘部退走山東。武漢方面革命軍於六月四日收復開封，奉軍渡河北遁，吳佩孚入川依靠實力軍人楊森。馮玉祥則早於民國十五年九月在綏遠五原宣誓就任國民革命聯軍總司令職，合主力十餘萬人，於十一月由隴入陝。敗吳佩孚所部，沿隴海路東出，十六年六月與武漢方面北伐軍會師鄭州。閻錫山亦於同年六月就任「北方革命軍總司令」，分兵兩路，自正太路、平綏路對奉軍發動攻擊。

自武漢政權成立後，華中各省軍民憤共黨之跋扈，把持各級政府，紛紛起而反抗。民國十六年五月初，豫南各縣紅槍會集體抗暴，殺戮共幹起義。川省軍人楊森於服從政府後，受命爲第二十軍長，合駐宜昌獨立第十四師長夏斗寅，分沿江左右岸，向武漢進攻。武漢駐軍何鍵、劉佐龍、李品仙等部，亦有反共之表示。五月二十一日長沙駐軍第三十五軍第三十三團團長許克祥，偵悉共黨暴動消息，約同友軍將共黨之省總工會、省農會，以及其盤據之機關學校等，悉數解散，擊斃俘獲共黨份子千餘人，號稱「馬日事變」，而江西省主席朱培德，將共黨在南昌所辦之報刊查封，主要共黨份子遣送出境，並限制其所操縱之「江西總工會」、「農民協會」等組織停止活動。

六月二十至二十一日， 蔣總司令、胡漢民、吳敬恆等與馮玉祥會於徐州，協議統一指揮，完成北伐大業。二十二日馮氏乃致電汪兆銘，指責共黨在武漢之恐怖政策，勸其通力合作，共同反共。武漢政權之勢益孤，遂有朝不保夕之勢。會第三國際代表羅易奉命通知武漢政權儘速執行下列各事：（一）改組武漢政府，增加中共領導力量。（二）改組國民黨中央黨部，選拔中共積極份子參加國民黨之中央。（三）武裝兩萬中共黨員。（四）選出五萬工農積極分子，參加國民黨軍隊工作，澈底改造國民黨軍隊，排除其反對將領，代以中共黨員，或澈底改造國民黨左派。（五）成立革命法庭，嚴厲審判右派及反革命份子。革命法庭主席以國民黨左派領袖任之，而置於中共指導之下。（六）厲行土地革命，沒收地主豪富財產。武漢左派黨人乃憬然醒悟被共黨所利用，於七月十五日經「中央執行委員會」決議，實行分共。二十七日鮑羅廷、鄧演達及軍事顧問團團長嘉倫，被遣送返俄；惟武漢政權表面仍聲明維持容共與農工政策，並保護共產黨員之身體安全，繼續推進「農工運動」。

武漢政權唐生智之東征軍，下轄兩方面軍：唐氏自兼第一方面軍總指揮，張發奎任第二方面軍總指揮，分循長江兩岸前進。共黨首要譚平山、李立三等以「農政考察團」名義，隨軍至九江活動，一時南京形勢突告緊張。時山東境內革命軍已克復臨城、日照、莒縣等地，方合力進攻臨沂，以上游告急，蔣總司令乃於六月二十七日下令撤圍回救南京。孫傳芳、褚玉璞乘機反攻，七月二十四日徐州復陷。二十八日蔣總司令親至南宿州督師反攻，仍無法挽回頹勢。八月初，雙方對峙於淮河兩岸。

長江下游北伐軍事既遭中挫，黨政領袖李宗仁、白崇禧、李濟琛等竟懷異圖，思與武漢黨人進妥行協。

蔣總司令憂憤黨國前途，為促成內部團結，乃決計引退。八月十二日辭去國民革命軍總司令職，即晚離京赴滬，轉返奉化故里，十三日發表下野宣言。南京黨政頓失重心，人心惶惶不安。八月二十五日夜，江北孫傳芳、褚玉璞殘部五萬餘人乘大霧由望江亭、划子口、大河口向烏龍山、棲霞山，及龍潭一帶強渡，佔領各要地，東自高資，西至堯化門，均有敵踪。一時南京危急，蘇常震動，經第一、七等軍合力迎擊，白崇禧率部自下游來援，復得海軍協助，截斷江面，血戰六晝夜，至三十日渡江之敵除殲滅外，盡數被俘，繳獲槍械三萬餘枝、礮類甚多，而革命軍亦犧牲八千餘人，戰況之慘烈為北伐以來所僅見。孫傳芳自經此敗，卽遠遁臨淮、蚌埠，再無進攻能力，北伐成功之基實肇於此。

八月二十二日南京、武漢雙方領袖會議於九江，決定設立「中央特別委員會」接管寧漢雙方政權，並與滬方西山會議派接洽合作辦法。九月十六日「中央特別委員會」成立，由謝持、許崇智、鄒魯、居正、傅汝霖等人爲委員，於是多月來寧漢分裂之局面復歸統一。汪兆銘因未列名委員，乃合唐生智於九月二十一日在武漢成立政治分會，反對南京特別委員會之號令，繼續沿江東犯，企圖奪取政權。十月二十日政府明令討伐，分由李宗仁、程潛、朱培德任指揮，得海空軍協助，迭敗唐軍。二十五日汪兆銘前往廣州，十一月十一日唐生智通電下野，偷渡日本。十四日政府軍進駐武漢，十七年一月二十七日進駐長沙。四月上旬，唐軍殘部李品仙、何鍵、劉興等投降，長江上游亂事悉平。

中共則在第三國際操縱下，自民國十六年八月至十二月，從事各地之武裝暴動。其著有八月一日賀龍等所領導之南昌暴動，九月中旬毛澤東等所領導湘鄂間之秋收暴動，十月底彭湃等所領導之粵東海陸豐暴動，十二月十一日葉挺等所領導之廣州暴動等。國民政府鑑於蘇俄爲策動中共叛亂之禍源，乃於十二月十四日宣佈對俄絕交，下令撤消各地俄國領事館，並禁止俄國商業機關營業。

作業

一、說明國民革命軍北伐前全國軍閥割據之形勢？

二、京滬如何淸共？國民政府何時遷移南京辦公？

三、說明第三國際赤化武漢政權之陰謀？

四、民國十六年八月　蔣總司令下野有何嚴重影響？

五、說明龍潭戰役之重要性？

第四節　統一大業之完成

民國十六年八月，　蔣總司令下野後，北伐大業功虧一簣，而中央特別委員會不足以維繫軍民之人心。十二月十日中國國民黨二屆四中全會第四次預備會議通過　蔣總司令繼續執行職權，汪兆銘則以不容於黨人，於十七日聲明引退出國。民國十七年二月二日，中國國民黨第二屆中央執行委員會第四次全體會議在南京開幕，四日通過　蔣總司令所提黨務政治之徹底更始案，七日大會閉幕，推定　蔣先生、丁惟汾、譚延闓等為中央執行委員會常務委員，　蔣先生、譚延闓、張人傑、蔡元培等四十九人為國民政府委員，　譚延闓為主席。　蔣先生、于右任等七十三人為國民政府軍事委員會委員，　蔣先生為主席。八日二屆四中全會對外發表宣言，勸告全體同志，「痛自澈悟，精誠團結」，以完成三民主義之革命。

民國十七年二月十九日，國民政府特任馮玉祥為國民革命軍第二集團軍總司令，閻錫山為第三集團軍總司令，並由　蔣總司令兼第一集團軍總司令，（五月十六日復任命李宗仁為第四集團軍總司令，白崇禧為該軍前敵總指揮。）三月三十一日　蔣總司令渡江北上，四月一日至徐州，七日下動員令，並發佈誓師詞。於是命第一集團軍沿津浦路北進，第二集團軍沿京漢路北進，第三集團軍出京綏、正太路，會師北京。革命軍總數六十餘萬，號稱百萬，復有海空軍之助，大有先聲奪人之勢。

張作霖聞革命軍大出，決定對京漢、津浦、平綏等路採取攻勢防禦，對正太路魯西一帶，採取攻勢，分由張宗昌、孫傳芳、褚玉璞、張學良、張作相任指揮，兵力亦約六十萬，惟以素質參差，士氣低落，已成強弩之末。

第一集團軍於四月十日全線發動攻擊，二十一日克濟寧，二十七日克泰安，大破張宗昌、孫傳芳聯軍主力，乘勝於五月一日會師濟南。五月三日日軍無故向我尋釁，佔領膠濟全線及黃河鐵橋，企圖阻撓我軍北伐，　蔣總司令爲避免影響大局，於六日晨移節黨家莊，命各軍繞道前進。六月一日克河間，五日克馬廠，奉軍殘部走天津。第二集團軍東路由馮玉祥自兼總指揮，自魯西協同第一集團軍作戰，西路由鹿鍾麟任總指揮，沿平漢線向北前進。四月中與奉軍苦戰於安陽附近，五月三日克順德，五日克大名，三十日克雄縣，奉軍向固安方面退卻。第三集團軍於五月初出井陘關，九日克石家莊，十四日克定縣，奉軍集中二十餘萬扼守方順橋，大戰旬日，五月底奉軍不支，全線撤退，遂與第一、二集團軍完成對京、津包圍形勢。

五月三十日　蔣總司令抵石家莊，與閻錫山會商平津善後事宜，命一、二、三集團軍向指定目標開始追擊。張作霖以大勢已去，於六月二日潛離北京回東北，四日晨五時車過瀋陽附近皇姑屯，爲日人預埋之地雷轟斃，奉軍乃全線向東北退卻。八日第三集團軍商震部接收北京，十二日傅作義部接收天津。二十日中央政治會議決議改直隸省爲河北省，北京爲北平，並定北平、天津爲特別市。

同年五月一日，閻錫山命李培基爲左路第二追擊司令，向綏遠進擊，敗奉軍湯玉麟部，六日驅朔縣之敵，十九日克歸綏，二十五日克張家口，六月二十四日入多倫，綏察戰事遂告結束。

六月二十三日張學良隨潰兵逃回瀋陽，憤其父之慘死，復激於國仇，不顧日人阻撓，遣代表向政府接洽投誠。時 蔣總司令以白崇禧為右路軍總指揮，方振武為左路軍總指揮，沿北寧路掃蕩前進。孫傳芳、褚玉璞、張宗昌等逃亡，殘部北竄，為張學良所收編。十二月二十九日張氏通電實行三民主義，服從國民政府，三十日國民政府任命張氏為東北邊防軍司令長官。

新疆督辦楊增新，自民國成立以來，採取維持現狀保境安民政策，見北伐即將統一，乃於六月十六日表示服從國民政府。六月二十日新疆省政府改組成立，由楊氏任主席。於是統一大業遂告完成。

作業

一、民國十七年一月 蔣總司令復職後，國民革命軍如何改組？其進兵路線如何？

二、張作霖怎樣被日人炸斃？

三、東北和新疆何時易幟歸復中央？

第五節　北伐前後之外交

國民政府成立前後，民族主義風靡全國，各地排外風潮迭起，列強懼在華特權之喪失，暴行迭作，國人生命財產已完全失去保障。其著者有民國十四年五月三十日之上海慘案（五卅慘案），六月十一日之漢口慘案，六月二十三日之廣州沙基慘案，七月二日之重慶慘案，七月三十一日之南京慘案等。其中除沙基慘案因國民政府態度強硬，實行對英經濟絕交，使英人蒙受重大打擊外，其他事件，由於北洋軍閥懼外心理，多成不了了之懸案，促成愛國運動之高漲，加速北伐之成功。

民國十六年一月三日，漢口各界慶祝北伐勝利，集會於與租界接近之江漢關，英水兵登岸刺傷羣衆，引起公憤，擁入租界，英領事乃請革命軍入租界維持秩序。同月六日，九江各界開會支援漢案，適英租界水兵槍傷碼頭工人，羣情激動，偕軍隊衝入租界，英領事逃避，即由中國軍警維持治安。

漢、潯案發生後，英駐北京公使藍普森遣其參贊歐瑪利來漢交涉，要求退還漢口、九江英租界，爲武漢當局外長陳友仁所拒絕，雙方乃以現有之新狀況爲根據，進行協商。前後會議十餘次，二月十九日漢口英租界收回條約簽字，由國民政府依據現有「特別區市政辦法」，組織一特別市政機關，按照章程，管理租界區域。二十日雙方復簽定收回九江英租界協定，由國民政府賠償九江騷亂中英國僑民所之損失。

民國十六年二月二十三日，國民革命軍克復鎭江後，市民擬於二十四日舉行慶祝大遊行，英領事恐有不利於英租界之行動，乃致函我交涉署，要求中國軍警入租界維持治安，於是我政府乃將租界收回。至十八年十月三十一日，由外交部長王正廷與英使藍普森獲致協議，由中國撥款六萬八千元，作爲鎭江英人所受之損失。

民國十五年十月二十七日，爲中比通商條約十年期滿之日，北京政府依約於期滿前六個月照會比公使，宣佈該條約失效，希望另訂平等新約。比政府則欲延長舊約期限，控我於海牙國際法院，北京政府乃提出於國際聯盟，要求作合理之解決。及革命軍收回漢口、九江英租界，比政府乃自動撤回其訴訟，表示願在平等基礎上與我另訂新約，並宣佈自動將天津比租界交還我國。民國十八年一月，雙方組織委員會，協商接收辦法，自六月十七日至八月三十一日獲得協議，由我政府償還比政府在租界內公共建築費九萬三千八百元。

先是民國十六年三月二十三日，革命軍光復南京後，在程潛所屬六軍政治部主任林祖涵指揮下，中共份子侵入外國領事館及教堂，殺害館員及教士，引起下關美、英、法兵艦向城內開礮，造成流血慘案。事後美、英、法、日、意等國，向我提出強硬通牒，要求懲兇、賠償及道歉。及國民政府建都南京，民國十七年二月美公使馬克謨、英公使藍普森相繼來滬，與外交部長黃郛進行交涉，三月三十日中美寧案首先解決，雙方互換照會，大意中國方面對中共煽動此次事件表示歉意，允充分賠償美人生命財產之損失，美對砲轟南京表示遺憾。同年八月九日中英寧案換文，九月二十四日中意寧案換文，十月一日中法寧案換文。惟中日寧案因日本要求苛刻，遲至十八年四月十日雙方始開始談判，五月二日換文，內容均與中美寧案略同。

民國十六年夏，渡江北伐革命軍已克復徐州，進入山東境內，日本田中義一內閣爲阻撓革命軍北進，於五月二十一日閣議，決定以保僑爲名，出兵山東。自五月至七月，前後出兵山東達五千餘人，控制膠濟沿線，公然侵犯我國領土主權，於是引起北京政府與日本之交涉。同時國民政府亦向日本提出強硬抗議，全國各人民團體一致作堅決之反對表示。會　蔣總司令下野，國民革命軍南撤，日軍乃自八月二十一日至九月八日，分五梯次撤退回國。

同年六月二十七日至七月七日，田中義一爲商討侵華策略，以貫澈其對華強硬政策，召開東方會議於東京，參加人員包括外務、陸軍、海軍各省官員，及在華公使、領事、駐屯軍將領，決定維護在華特殊利益。同年八月，日本外務次官森恪復召集在華領事將領，舉行大連會議，對華決議案理由書認爲：「欲征服支那必先征服滿蒙，如欲征服世界，必先征服支那。倘支那完全可被我國征服，其他如中小亞細亞及印度南洋等異服之地，必畏我敬我，而降服於我。」是卽相傳之田中奏摺，亦爲日本製造濟南慘案侵略東北之肇端。

民國十七年四月，國民革命軍迫近濟南，日本駐濟南武官酒井隆，領事藤田，電請日政府派兵護僑。四月十八日以森恪堅持，日本內閣決定二次出兵山東。二十日動員，命福田彥助率第六師團五千餘人來華，於二十七日在青島登陸。另命天津駐屯軍四百餘人南下，佈防膠濟沿線。會張宗昌遣代表至青島與日本接洽，以青島、膠濟路之權利爲代價，要求日軍驅逐革命軍，並擾亂革命軍後方秩序，日軍遂沿膠濟路西進。五月一日國民革命軍光復濟南，翌日福田率日軍大至，設防於商埠，意圖挑釁。

五月三日上午九時三十七分，日本突攻我兵營，是晚大隊復侵入我交涉公署，殘殺交涉員蔡公時等十餘人，囚禁外交部長黃郛。四日，日本飛機復向我濟南總司令部投擲炸彈。七日，日本所派關東軍大至。八日開始圍攻濟南，無辜民衆死傷枕藉，繁華街市幾成一片焦土。　蔣總司令爲避免影響全局，早於六日晨移駐黨家莊，命各軍繼續北伐，濟南僅留步兵一團，抵抗日軍。至十一日撤出城外，遭日軍伏擊，傷亡甚重，濟南遂陷日軍之手。

濟南慘案發生後，國民政府迭向日本抗議，國際輿論一致不滿日本之暴行；況北伐成功，國民政府聲望大增，民國十八年一月，日使芳澤謙吉始與我外交部長王正廷開始談判，三月二十八日雙方簽定解決濟南事件臨時協定：（一）於互換簽字之日起，兩個月內日本撤退山東全部駐軍。（二）撤軍後之接收辦法，雙方各派委員就地辦理。（三）濟南不幸事件既往不咎。（四）組織共同調查委員會，實地調查雙方損失。是役我軍民死傷數千人，財物損失難以數計，日僑死者不過十三人。五月二十日山東日軍全部撤退，而調查雙方損失問題，日本竟採取拖延政策，不作合理之解決。

民國十八年六月，外交部與英國公使交涉收回威海衞租借地，（按：威海衞在民國十三年已達原定二十五年之租期）十九年四月十八日正式簽訂「中英交收威海衞專約」，除劉公島續租十年外，由我政府於十月一日派員收回。同年五月，外交部續與駐廈門英領事洽商收回廈門英租界，九月十七日正式簽訂協定，並於同月底完成接收手續。

民國十八年五月八日，外交部正式照會上海臨時法院有關美、英、法、荷、挪威、巴西六國，提議收回上海臨時法院，屢次接觸，至十二月九日在南京開始談判，會議二十八次，於十九年二月十七日簽訂協定十條，以四月一日爲實行之期。規定中國得在上海租界內設置地方法院及高等法院分院各一所，廢除外國領事觀審制度，外國律師應遵守中國之法律。

北伐成功後，在華享有領事裁判權之國家，尙有美、英、法、荷、挪威、巴西、秘魯、瑞士八國。民國十八年十二月二十八日，國民政府宣佈自十九年元旦起，凡僑居中國之外人，一律遵守中國之法令，因各國拒絕接受，實際未能如期執行。二十年五月四日，國民政府公佈「管轄在華外人實施條例」十二條，並定於二十一年一月一日起實行。同年夏，我國駐美、英公使伍朝樞、王正廷與兩國談判已有頭緒，因九一八事變發生，政府全力應付日本侵略，收回領事裁判權之努力乃暫中止。

民國十七年七月七日外交部發佈關稅自主之宣言，於是舊約已滿國家比、意、丹、葡、西、希、捷等國，先後與我訂立通商新約。舊約未滿國家亦同意重訂平等新約。七月二十五日中美關稅新約首先在北平簽字，美國承認中國國家關稅完全自主，締約國人民在彼此領土內享受同等之待遇，德、挪、荷、瑞、英、法等國繼之。同年十二月七日國民政府第十次國務會議，通過「中華民國海關暫行稅則」，並定於十八年二月一日施行，以一年爲有效期限。各國一致接受，日本舊約已滿，而獨持異議，提出各種苛刻條件，作爲關稅自主之交換。遲至民國十九年五月六日，由外交部長王正廷與日本駐華公使重光葵簽定「中日關稅協定」，其附件規定中國將特定之商品（包括棉貨、魚介及海產、麥粉），於三年內仍維持民國十八年之稅率。同年十二月二十九日國民政府公佈海關新稅則，自二十年一月一日起實行，於是我國關稅自主運動乃告完成。

作業

一、漢口、九江、鎭江之英租界如何收回？

二、民國十六年日本東方會議有何重要決定？

三、北伐期間日本怎樣從事阻撓？五三慘案如何解決？

四、說明上海臨時法院收回之經過？

五、我國關稅何時始完全自主？

第五章　安內與攘外

第一節　訓政與建設

民國十七年八月四日，中國國民黨第二屆中央執行委員會第五次全體會議在南京舉行，時值北伐成功之初，意義至爲重大。大會至十五日閉幕，通過依據建國大綱設立行政、立法、司法、考試、監察五院，並各部會，以及國防之計劃各案。十月三日中央常務委員會復遵照二屆五中全會決議，通過訓政綱領，並由國民政府公佈實行。其要點規定：中華民國於訓政時期，由中國國民黨全國代表大會代表國民大會領導國民行使政權。大會閉會時，以政權付託中國國民黨中央執行委員會執行之。

訓政綱領制定之日，國民黨中央政治會議復通過國民政府組織法，凡七章四十八條，同月八日由國民政府公佈實行。同日國民黨中央常務委員會選任　蔣中正先生、譚延闓、胡漢民等十七人爲國民政府委員，並推舉　蔣先生爲國民政府主席，兼陸海空軍總司令。十日　蔣主席在中央黨部大禮堂舉行宣誓就任典禮，於是我國進入訓政之治。

民國十九年十一月，中國國民黨三屆四中全會開會期間，爲實現十三年　國父北上宣言及遺囑，經　蔣主席提議，決定於民國二十年五月五日召開國民會議。二十年元月一日國民政府公佈國民會議代表選舉法，代表名額爲五百二十人，分配情形如下：(一)各省四百五十名，(二)各市二十名，(三)

內外蒙古十二名，（四）西藏十名，（五）華僑二十六名。選舉用職業代表制，各地方代表名額由下列團體中選出：（一）農會。（二）工會。（三）商會及實業團體。（四）教育會、國立大學、教育部立案之私立大學，及自由職業團體。（五）中國國民黨。同月二十三日，國民會議選舉事務所成立，以戴傳賢爲主任。四月二十四日，國民政府公佈「國民會議組織法」，凡六章二十八條，五月五日上午九時國民會議假南京中央大學舉行開幕典禮，出席代表四四七人，先爲預備會，八日舉行正式會議，至十七日閉幕，共開大會八次，討論議案四十餘件。大會發表宣言，全力實現　國父遺敎，撲滅共匪，廢除一切不平等條約。

國民會議籌備期間，民國二十年三月二日，國民黨中央常務委員會推定吳敬恒、王寵惠、于右任等十一人爲中華民國訓政約法起草委員，自三月三十日開第一次起草會議起，至四月二十二日第六次會議，通過草案全文，經五月一日中央委員會臨時全體會議三讀通過，送請國民政府提出國民會議。五月二十一日國民會議三讀修正通過，全文凡八十九條，分爲八章：（一）總綱，（二）人民之權利與義務，（三）訓政綱領，（四）國民生計，（五）國民教育，（六）中央與地方權限，（七）政府之組織（分中央制度、地方制度兩節），（八）附則。六月一日，國民政府正式公佈，是爲憲法頒佈前之國家根本大法。

民國二十四年秋，日本屢次在華北製造事端，國難已至嚴重關頭，十一月十二日中國國民黨第五次全國代表大會在南京舉行，　蔣委員長於十九日在第四次大會中所作之報告，　權衡國力，針對當前情勢，沈痛而言曰：「和平未到完全絕望時期，決不放棄和平；犧牲未到最後關頭，亦決不輕言犧牲。」

「個人之犧牲事小，國家之犧牲事大；個人之生命有限，民族之生命無窮。」是　蔣委員長已料定抗戰之不可免，欲以最大忍耐，爭取時間，從事國防之準備也。大會至三十日閉幕，重要成就如下：（一）通過中國國民黨黨員守則十二條，（二）通過憲法草案修正要點，（三）通過國難時期集中力量充實國防建設案。

先是民國二十一年十二月，國民黨四屆三中全會曾決定民國二十四年三月召開國民大會，制定憲法，並授權立法院從速起草憲法草案，提供國民之研究。於是立法院組織憲法起草委員會，自二十三年九月十四日開始討論，至同年十月六日三讀通過，定名「中華民國憲法草案」。民國二十四年十月，立法院重加修訂，十一月四屆六中全會加以審查後，乃提出於第五次全國代表大會。至是經十一月二十二日代表大會第五次大會決議「憲法草案修正要點」，並授權第五屆中央執行委員會決定宣佈「憲法草案」及召集國民大會日期。

十二月四日，國民黨五屆一中全會第二次大會，決定明年五月五日頒佈憲法草案，十一月十二日召集國民大會，國民大會代表之選舉應於十月十日以前辦理完竣。民國二十五年四月三十日立法院通過「國民大會組織法」，五月二日通過「國民大會代表選舉法」，五月五日如期公佈「中華民國憲法草案」（通稱五五憲草），共八章，一百四十八條：（一）總綱，（二）人民之權利與義務，（三）國民大會，（四）中央政府，（五）地方制度，（六）國民經濟，（七）教育，（八）憲法之施行及修改。於是設置國民大會代表選舉總事務所，辦理代表選舉事宜。民國二十六年二月二十日，中國國民黨五屆三中全會決定本年十一月十二日召集國民大會，制定憲法，並決定憲法施行日期。迨各地方團體代表選出，因全面抗戰發生，國民大會之召集因之延期舉行。

民國二十三年，　蔣委員長在江西督師勦共期間，鑒於近代中國之積弱在於道德之墮落，與人心之萎靡不振，欲復興民族非有一劃時代之新生活運動，不足以轉移社會風氣。乃於二月十九日在南昌各界擴大紀念週上，宣佈發起新生活運動，以爲救國建國之南針。於是手訂新生活運動綱要，以禮、義、廉、恥爲基本精神，以軍事化、生產化、藝術化爲中心目標，勗勉國人「昨死今生」，竭力做到「整齊、清潔、迅速、確實」四標準，恢復舊道德，實踐新生活。七月一日新生活運動促進總會在南昌成立，迅即普及全國，國民生活爲之丕變，成爲復興中華民族之靈魂。

蔣委員長於發起新生活運動同時，復推動禁毒計劃，以六年爲期澈底戒絕煙毒。民國二十五年六月三日，國民政府公佈「禁煙治罪暫行條例」，凡販賣毒品者一律處以死刑，並國定是日爲禁煙節。

政府爲使國人對民族觀念有深刻明確之認識，於民國二十一年五月十六日公佈中央古物保管委員會組織條例，在行政院下設立中央古物保管委員會，計劃全國古物、古蹟之保管、研究及發掘事宜。自二十三年起，規定八月二十七日紀念孔子誕辰，（按：孔誕已於民國四十一年由政府改定爲九月二十八日）自二十四年起，國定四月五日爲民族掃墓節，以祭祀黃帝陵寢。

民國十七年五月第一次全國教育會議舉行於南京，決定中華民國之教育宗旨：以實現三民主義爲鵠的，保障教育經費獨立，實施義務教育，注意海外僑民教育，提倡科學教育，養成全國人民勞動習慣，和對於藝術之興趣。民國十八年三月中國國民黨第三次全國代表大會，復規定：「中華民國之教育，根據三民主義，以充實人民生活，扶植社會生存，發展國民生計，延續民族生命爲目的。務期民族獨立，民權普遍，民生發展，以促進世界大同。」同年四月二十六日國民政府將此教育宗旨公佈，並通令全國遵行，於是中國教育逐漸步入正軌，全部學術教育經費每年高達二億二千萬元。

學術研究機構，以國立中央研究院，國立北平研究院為最著。高等教育：嚴格大學設立標準，重視實用科學人才。中等教育：發展鄉村師範，及職業學校。小學教育：規定義務教育四年期限，整頓師資，並改進其教學。社會教育：特別重視國語之推行，與大衆傳播之提倡。

政府為培植青年之軍事知識，自民國十八年起，規定高中以上學生利用暑假接受三星期嚴格軍事訓練，由軍事委員會訓練總監部主其事，截至抗戰爆發，受訓之大專以上學生六萬四千餘人，高中以上學生二十二萬四千餘人。

政府為培植初中學生智能之發展與合羣互助精神，於民國二十三年十一月一日成立童子軍總會，由
蔣委員長任會長，各省分會先後成立，各校學生紛紛加入童子軍組織。民國二十六年時，全國童子軍凡十一萬五千餘人，共六百八十八團。

民國二十一年三月，政府於軍事委員會下設立國防計劃委員會，網羅專門人才，從事國防之調查與研究，就其緩急由參謀本部統籌辦理。除建立軍制，改良兵器外，至抗戰爆發，先後完成國防交通系統，江防海防要塞，及華北華南之軍事防禦工程。

自民國二十二年夏起， 蔣委員長在江西廬山連續舉辦軍官訓練團，分批徵調各軍將領受訓，俾其對於主義之認識及近代軍事知識有所增進。二十四年七月， 蔣委員長復創辦峨嵋訓練團，徵調川省軍官接受軍事訓練，均收極大之效果，為全面抗戰軍令統一之主要原因。同時政府於全國各地厲行保甲制

度，逐步推行徵兵制度，截至二十六年二月，已接受軍事訓練壯丁五十四萬人，正接受訓練者一百零二萬人。

民國十八年一月，國民政府成立建設委員會，主持全國經濟建設事項。二十年九月改稱全國經濟委員會，網羅國內外專家參與籌劃，以配合國防爲目標。

交通方面　以公路建設最有成效，截至抗戰發生計完成路線十一萬一千餘公里，其中西北公路對建設西北貢獻尤鉅。其次爲鐵路，計完成粤漢路韶關株州段，隴海路靈寶至寶鷄段，以及浙贛路、同蒲路、江南路、淮南路、蘇嘉路等。

財經方面　民國二十二年三月，政府實行廢兩改元。二十四年十一月推行法幣政策。一時各種財政改革同時並舉，如修訂海關稅則，改組鹽務行政，實施菸酒及印花稅，裁汰釐金，取締走私，整理內外公債，確定國家預算，統一國庫收支，辦理土地陳報，對於國計民生均有莫大之俾益。

農工礦方面　自民國十八年起，政府先後設立導淮、廣東治河、黃河水利、揚子江水利、華北水利等委員會，辦理各地修隄灌溉疏濬工程。導淮入海工作自二十三年秋開始，發動二十萬民工，至二十六年五月完成，全部經費在二萬萬元以上，開闢良田數萬頃，使整個蘇北免卻水患。

民國二十二年政府設立中國農民銀行，以低利貸款於各省合作社，作爲改良農業，推廣農村教育，及衞生實施之用。民國二十四、五年間，在全國經濟委員會主持下，若西北畜牧之改良，安徽茶葉之復興，江蘇、河南、陝西棉產之改進，湖北、山東、浙江、江蘇、安徽育蠶之指導，以及農村衞生之實施，均有顯著之成效。

民國二十三年四月，政府公佈工業獎勵法，以減稅免稅及專利權辦法，獎勵本國工業從事國際市場之競爭。國營工業則以發展化學及電氣事業爲優先。國營煤礦首先興辦者爲浙江長興煤礦，年產額六百五十餘噸。次爲安徽淮南煤礦，日產額高達二百噸。民國二十四年四月，政府在軍事委員會下設資源委員會，主管國有一切工業礦業之發展。二十五、六年間，政府已在甘肅玉門開鑿油井，並組織勘查隊調查各地之資源。

作業

一、訓政綱領何時公佈？並說明其內容？
二、國民會議何時召開？有那些重要決議案？
三、中國國民黨第五次全國代表人會舉行於何時？「五五憲法草案」制定之經過如何？
四、新生活運動目標何在？
五、說明中華民國之教育宗旨？
六、廬山、峨嵋之軍官訓練，有何重大影響？
七、我國何時廢兩改元？何時實行法幣政策？

第二節　內亂之迭作

全國統一後，國民革命軍總額共八十四個軍，約二百二十萬人。當時全年國家歲入約四萬五千七百萬元，除去必不可少之償還債務及行政費外，軍費高達百分之七十八，影響國家建設甚鉅；加以軍隊素質不齊，實有實行精兵主義之必要。

是時野心軍人，壟斷各省財政，擅自任免官員，擴充私人武力，其中尤以李宗仁、馮玉祥、閻錫山威脅最大。中央政令所及者僅蘇、浙、皖、贛四省。民國十八年元旦，國軍編遣會議在南京開幕，通過編遣程序大綱，限制全國陸軍不超過六十五師，兵額八十萬人，軍費以國家總收入百分之四十爲限（海空軍另定）。各省得就裁遣官兵，改編爲地方警察保安隊，人數以三千至六千爲限，其目的在矯正過去軍閥擁兵自重割據地盤之惡習。於是李宗仁首先公開反抗政府，因湖南省主席魯滌平服從中央命令，二月二十一日李氏以武漢政治分會主席名義免魯氏職，改派何鍵繼任，遣葉琪、夏威統兵由鄂入湘，魯氏被迫走江西。政府勸告無效，乃於三月十三日裁撤各地政治分會，二十七日明令討伐。 蔣主席自任總司令，以何應欽爲參謀長，朱培德爲前敵總指揮，劉峙率第一軍自太湖、潛山前進，朱紹良率第二軍自霍山前進，第三軍集中九江、南昌一帶待命。二十八日各路同時進攻，得海軍協助，進展迅速。四月三日何鍵通電反正，四日國軍遂入武漢，同月底桂系殘部被收編，湘、鄂自主局面結束。五月，李宗仁自廣西引兵犯粵，復爲政府軍所敗，勢窮力蹙，倉皇出逃，殘部由俞作柏率領向政府歸降。

時白崇禧以第四集團軍前敵總指揮名義駐軍河北唐山，於四月十日在開平召集營長以上將領會議，陰謀取道山東直犯南京。十一日 蔣主席發表「告原隸第四集團軍將士書」，勸其勿爲一派一系所利用，諸將領爲大義所動，乃於二十三日由李品仙領銜通電服從中央，白氏逃亡，冀東局面不戰而定。

馮玉祥利用北伐機會實力大增，桂系之叛變實暗中互相勾結。當時馮氏除截留黃河流域各省稅款外，每月仍由政府撥滙五十萬元以維持其龐大軍隊之開支。馮氏曾要求青島港口應由其管轄，政府為政令之統一未能盡允其要求，馮氏乃於五月中集中主力於河南，破壞平漢、隴海鐵路，自稱「護黨救國西北軍總司令」，公開向政府挑釁。旋因所部將領韓復榘、石友三反正，被迫西撤。十月初復暗結閻錫山，合主力二十餘萬分九路大舉東犯。　蔣主席屢電馮氏置國家利益於個人利益之上，馮氏仍執迷不悟，乃於十四日發表告全國將士書，實行武力討伐。自任總司令，十一月一日親至許昌督師，命方鼎英、唐生智防豫西，劉峙堵鄂北。迭敗叛軍，二十日克洛陽，叛軍乃全線向西北退卻。

民國十八年九月，張發奎在宜昌通電反抗政府，引兵南竄桂邊，廣西前後任主席俞作柏、呂煥炎響應張氏，合兵進犯廣州。同年十一月底，政府以何應欽為廣州行營主任，分兵迎擊叛軍，十二月六日全線出擊，叛軍崩潰，退回廣西。

同年十一月，政府調安徽省主席石友三率部南援廣州，渡江之際，竟於十二月二日在浦口發動叛變。唐生智受石氏引誘，亦於三日在鄭州通電響應，引兵南下，謀襲武漢。十九年一月叛軍唐部被國軍劉峙部包圍於豫南駐馬店一帶，唐氏化裝北逃，殘部由劉興率領歸誠。石友三聞唐氏失敗，亦表示改過自新。

民國十九年春，汪兆銘自歐洲返國，促成不法軍人之團結，其領導人物則為閻錫山。二月二十三日，閻氏聯合馮玉祥、李宗仁、白崇禧等四十五將領，通電反抗政府。政府忠告無效，乃於四月五日通緝拿辦閻錫山等，實行武力討伐。

北路隴海、平漢線叛軍，以馮玉祥部為主力，由鹿鍾麟任前敵總指揮；津浦線叛軍以閻錫山部為主力，傅作義任前敵總指揮。政府軍由　蔣主席自兼討逆軍總司令，朱培德爲參謀長，分由韓復榘、劉峙、何成濬防禦津浦、隴海、平漢線，四月十一日各線開始總攻擊，至八月雙方大戰於豫東、皖北、蘇北、魯南一帶，叛軍兵力約六十萬人，國軍動員近百萬人。八月十五日國軍克濟南，十月三日克開封，六日克鄭州，黃河以南已無敵踪。

方國軍與叛軍中原苦戰時，李宗仁、張發奎率所部數萬人，自廣西襲攻湖南，六月五日陷長沙。政府以何應欽爲武漢行營主任，主持南路戰事，分自湘北、粵北對叛軍發動攻擊，六月十七日克長沙，七月初殘敵陸續退回廣西。

討逆戰爭進行期間，七月十三日汪兆銘、閻錫山在北平發起「中國國民黨中央黨部擴大會議」（簡稱「擴大會議」），九月一日公佈「國民政府組織大綱」，推定閻錫山、馮玉祥、汪兆銘、李宗仁、唐紹儀、謝持、張學良七人爲國府委員（按：張學良於九月四日通電拒絕接受），閻錫山爲「國民政府主席」。九日，閻、汪等就職，公開自絕於國人。

當是時，張學良藉口避暑，居北戴河以觀變，日本則施以壓力欲張氏與叛軍合作，促成中國內亂之擴大。張氏卒於九月十八日通電擁護政府，並出兵平、津。十九日，閻錫山退回山西。二十日，汪兆銘潛離北平。九月底，東北軍接收平、津，叛軍紛紛輸誠，十一月討逆軍事告一結束。

民國二十年三月，政府積極籌備國民會議時，國民政府委員兼立法院長胡漢民獨持異議，經監察院舉發，國民黨中央常務委員會臨時會議通過，准其辭職，並選舉林森繼任。部分國民黨失意領袖汪兆銘、唐紹儀、鄒魯等，乃用作藉口，集會廣州，成立「中國國民黨中央執監委員非常會議」（簡稱「非常會議」）及「國民政府」，利用廣東實力軍人陳濟棠等，一面遣軍犯湘，一面派鄒魯北上與閻錫山、馮玉祥勾結，意圖顛覆政府。七月二十日，石友三受廣東方面五十萬元之收買，在河北順德叛變，遭國軍張學良、商震部夾擊，失敗下野，殘部由韓復榘所收編。

粵變既起， 蔣主席鑒於內憂外患之嚴重，於七月二十三日書告全國同胞，攘外必先安內，團結乃能禦侮。及九一八事變發生，黨國元老蔡元培、張繼等，爲求共抒國難，南下與廣東方面協商，十月二十七日雙方代表會議上海，決定分別在南京、廣州召開中國國民黨第四次全國代表大會，討論改組政府。

同年十一月十二日，中國國民黨第四次全國代表大會在南京中央大學大禮堂開幕，至二十三日結束，綜其決議案約有下列數端：（一）團結國家所有力量，積極抵抗日本之侵略。（二）召集「國難會議」應付當前之巨變。（三）用最嚴厲方法禁絕鴉片。大會宣言號召國人統一建設，雪恥圖強，而黨內糾紛告一解決。

中國國民黨第四次全國代表大會在南京開幕時，廣州亦有「代表會議」之舉行，經南京大會同意，容納粵方選出之中央執監委員。 蔣主席憂念國家前途，促成雙方團結，委曲求全，乃於十二月十五日向中國國民黨中央常務委員會辭去國民政府主席、行政院院長，及海陸空軍總司令各職。經中常會決定推林森代理國民政府主席，陳銘樞代理行政院長， 蔣先生乃於十二月二十二日偕夫人飛離南京，再度隱退於奉化故里。

蔣主席離京之日，中國國民黨四屆一中全會在南京開幕，二十六日修改國民政府組織法，二十八日，推舉　蔣先生、汪兆銘、胡漢民爲中國國民黨中央政治會議常務委員，並選任林森爲國民政府主席，孫科爲行政院院長。

蔣主席下野之日，正日軍在東北擴大佔領區之時，上海且有日本浪人製造事端，日海軍復增兵來華，準備發動大規模之侵略。全國上下激於義憤，紛紛請願對日作戰。及聞　蔣主席下野，衆情彷徨，舉國騷動。民國二十一年一月二日，中央政治會議緊急會議，決定由國民政府主席林森、行政院長孫科敦請　蔣先生重返南京，主持大計。中央各委員、各省軍政首長及民衆團體，亦紛紛作同樣籲請，蔣先生以國憂黨責，義不容辭，乃毅然於同月底入京，力任艱難。一月二十八日，日軍發動淞滬事變，同日中央政治會議決定接受孫科辭職，以汪兆銘繼任行政院長。三月六日復決議推　蔣先生爲軍事委員會委員長，主持全局，與暴敵相週旋。

民國二十一年夏，中日淞滬停戰協定簽字後，十九路軍奉命移駐福建整補，協同進剿共軍，氣盈志驕，屢遭挫敗，遂爲野心政客所利用，佯言「聯兵北上抗日」，蓄謀推翻政府。二十二年冬，陳銘樞因廣東省主席被免職，心懷怨望，乃合李濟琛、陳友仁，及福建省政府主席蔣光鼐、福建綏靖公署主任蔡廷鍇（蔣、蔡爲十九路軍前後任總指揮），組織「生產黨」，於十一月二十日在福州發表通電，宣佈成立「中華共和國人民政府」，更改年號，取消黨旗國旗，毀滅　國父遺教。十一月二十四日，陳銘樞自任「行政委員會主席」，改十九路軍爲「人民革命軍」，由蔡廷鍇任總司令。一面與黃琪翔之「第三黨」相結納（黃任「參謀總長」），一面表示與蘇俄及中共聯盟，公開背叛黨國，以遂其割據之野心。

閩變發生後，　蔣委員長痛心野心政客置國家民族前途於不顧，於十一月二十二日發表告十九路軍全體將士書，勸卽自拔來歸。旋派飛機至福州空投文告，促其從速反正。以陳銘樞等執迷不悟，十二月十五日國民政府乃下令免除陳銘樞、蔣光鼐、蔡廷鍇等本兼各職，授權 蔣委員長討伐叛逆。

十二月二十八日 蔣委員長親赴福建浦城督師，分兵三路進攻叛軍：一路自建甌攻南平，一路進向邵武、順昌，拊叛軍之背，一路集結於德勝關，隔斷叛軍與共匪間交通，相機向泰寧進攻。另派海軍南下進攻廈門、福州，並利用空軍掩護作戰。二十一年一月初，國軍全線發動進攻，五日克延平，七日海軍收復廈門，十三日海軍收復福州，李濟琛、陳銘樞等先後逃亡，二十日叛軍將領毛維壽、沈光漢等通電擁護中央，三十日軍事委員會改十九路軍殘部爲第七路軍，以毛維壽爲總指揮，而福建秩序恢復。

先是民國二十一年一月廣州「軍政府」雖經宣佈取消，兩粵黨政權仍操諸「西南執行部」及「西南政治委員會」兩特殊機構。粵、桂軍權分別由陳濟棠、李宗仁等繼續掌握，益以少數政客從中播弄，遂致與政府隔閡日深，中央雖一再開誠曉喩，終未能使之翻然改圖。

民國二十五年六月二日，陳濟棠、李宗仁等，藉口抗日爲名，聲稱率部北上，旋卽遣軍於六月五日侵陷湖南永州，九日下動員令，同日叛軍逼近衡州。二十二日兩廣僭設獨立之「軍事委員會」，陳濟棠任「委員長」兼「抗日救國軍聯軍總司令」，李宗仁副之。是時兩廣軍隊經陳、李多年擴充，總數在三十萬以上，復得日本之暗助，並有飛機數十架，實爲政府之一大威脅。

兩廣事變發生後， 蔣委員長顧念國家大局，迭電陳濟棠、李宗仁及兩粵將領，置國家前途於個人利益之上，而陳、李竟執迷不悟。七月四日廣東空軍飛行員四十餘人，受 蔣委員長精神感召，駕機離粵飛南昌。六日發表通電，効忠黨國。同日粵、桂中央委員多人北上，出席五屆二中全會。七日，粵軍第二軍副軍長兼廣東東區綏靖委員李漢魂通電擁護政府。八日，粵軍第一軍軍長余漢謀自大庾防次飛京，面陳粵事。於是粵軍將領鄧龍光、巫劍雄等紛紛反正，粵海軍艦長鄺文光、鄧瑞功等亦率艦離粵服從中央，陳氏遂勢孤無助。十七日被迫離粵赴香港，粵省事變乃告結束。

粵事解決後，廣西將領李宗仁、白崇禧、黃紹竑等，受 蔣委員長感召，於七月二十一日通電服從政府，而陰以優厚條件相要脅。九月六日政府改任李宗仁爲廣西省綏靖主任，白崇禧爲軍事委員會常務委員，黃紹竑爲浙江省政府主席。十日，李、白、黃接受政府新命，廣西事件爲之平息。

作業

一、所謂「北平擴大會議」舉行於何時？由那些人參加此一叛亂組織？
二、蔣主席何時第二次下野？何時復任軍事委員會委員長？
三、閩變因何發生？如何平定？
四、說明兩廣事變之背景？

第三節 俄日之交侵

民國十六年十二月國民政府對俄絕交後，蘇俄赤化中國之陰謀並未稍止，一面支持中共擴大叛亂，一面利用中東鐵路作爲赤化中國之憑藉。操縱中共及韓共在東三省分別成立「省執行委員會」，組織「撫順煤礦工會」，並於鐵道沿線各城市積極展開活動。

民國十八年五月二十七日，東三省北部特警管理局發現哈爾濱俄國領事館有祕密會議，搜查結果，捕獲華俄共產黨徒數十人，其中包括中東路高級職員及俄國遠東貿易機構負責人多人，並發現赤化書籍數萬册，及圖謀擾亂中國之祕密文件甚多。張學良鑒於事態之嚴重，乃採取斷然之處置，由中東鐵路理事長呂榮寰於七月十一日下令，將鐵路局俄籍局長及赤色高級職員數十人遣送回俄，並將鐵路沿線蘇俄經營之「遠東貿易局」、「遠東煤油局」、「商船局」、「商業聯合會」等機構予以封閉，兩國乃引起嚴重之交涉。

蘇俄一面向我提出恫嚇，一面設司令部於赤塔，於沿邊集中軍隊八萬餘人，作爲發動侵略之準備。政府以東三省國防全權授張學良負責，七月十九日發表宣言，說明俄人赤化中國之種種證據，並控之於海牙國際法院，希望利用國際仲裁，阻止俄國之侵略。同日俄軍利用飛機、戰車掩護開始向綏芬河、滿洲里等地進攻，並嗾使中東鐵路俄籍職工總罷工，使用爆炸、拔釘、拆軌等手段，以破壞東北秩序及運輸。十月十二日，同江之戰，俄以海空軍協同大舉猛犯，我軍以寡擊衆，艦長莫耀明力戰殉國，陸戰隊長李泗亭以彈盡援絕，自殺成仁。十一月十八日，扎蘭諾爾之戰，俄軍利用大批空軍助戰，使用重砲五十餘門，集中轟擊我陣地，我守軍第十七旅全軍覆沒，旅長韓光第壯烈犧牲。二十日滿洲里經三晝夜之苦戰，復被攻陷，駐軍梁忠甲旅傷亡殆盡。

東北抗俄戰事既迭遭失利，我政府乃請求簽字非戰公約各國制止俄人之侵略。英、美、法三國曾致牒中俄兩國調停，惟被俄國所拒絕。後由德國轉圜，經政府同意，張學良乃派蔡運升至俄境接洽，十二月三日與俄代表西門諾夫斯基會議於雙城子，簽訂草約五款。二十二日復在伯力簽訂議定書十條，規定雙方撤兵釋俘，中東鐵路完全恢復七月十日以前之原狀，雙方利益問題應在一九三〇年（民國十九年）一月二十五日在莫斯科會議協商。

民國十九年一月五日，政府改任莫德惠爲中東鐵路督辦，五月莫氏抵莫斯科，與俄方代表加拉罕開始會議。莫氏提議由中國購回中東鐵路，以俄方諸多阻礙，交涉毫無結果。迄九一八事變發生，中俄會議遂無形停頓。

東北淪陷後，蘇俄暗中積極支持共匪之叛亂，表面示惠中國，依照國際慣例，收容我退入俄境之義勇軍及難胞，拒絕引渡抗日將領蘇炳文等，並分別遣送我軍民自新疆、海參威歸國。一時國人爲其所惑，中俄關係驟有好轉趨勢。經中國在日內瓦出席軍縮會議代表顏惠慶與蘇俄外長李維諾夫之祕密談判，民國二十一年十二月十二日雙方互換復交文件，正式恢復外交關係。

先是日軍侵佔東北時，俄人將中東鐵路所有機貨車全數駛入俄境。一九三三年（民國二十二年）五月二日，竟單獨向日本提議出售中東鐵路，不顧我國迭次抗議，曲解法理，狡賴強辯，至二十四年三月二十三日，竟在東京與日本僞滿簽訂「關於中東路讓渡基本協定」，由僞滿以一億四千萬日元，外加俄籍職員退職金三千萬元，將中東鐵路出售於僞滿，無異對僞滿事實之承認，亦爲自動放棄中東鐵路之鐵證。

自東北易幟歸服中央後，日人既嫉中國之統一，復羨東三省之資源，發動侵略日趨積極。民國二十年三月，吉林長春縣居民郝永德，在萬寶山附近租得荒甸四百餘晌，擅引無籍韓人一百八十餘人耕種，侵佔民田，挖掘深約三丈水溝二十餘里，在伊通河截流築壩，引水灌溉，附近居民目覩將來水無宣洩，一遇氾濫兩岸數千晌良田盡成澤國，乃向縣署請願阻止。及中國警察前往彈壓，日駐長春領事竟亦派警到場逞兇，韓人有恃無恐，頑抗益力。五、六月間，日政府一面命大批韓人繼續前來，一面派便衣警察七、八十人携機槍在萬寶山附近強佔民房，託言保護，意圖肇釁。

七月一日，當地農民三、四百人各持鍬鋤塡塞韓人所開水道，日警遽向民眾開槍射擊。事後駐長春日領事欲乘機擴大事端，嗾使朝鮮日報駐長春記者金利三發佈不實之新聞，鼓動韓國境內屠殺華僑，於是仁川、漢城、平壤、釜山等地紛紛發生排華運動，被殺華僑近千人，財產損失難以數計。漢城華僑避難中國領事館者達七千人，商店被毀者二百餘家，平壤強拘於日警署者五千一百餘人，商店被毀者五百餘家，韓境被迫返國華僑二千五百餘人。我各地民眾激於義憤，亦先後成立反日援僑會，實行檢查日貨，中日邦交益趨惡化。

民國二十年六月，日本軍部密派大尉中村震太郎，自稱黎明學會總幹事，至東北興安屯墾區，藉遊歷之名，行軍事調查之實。二十六日在蘇鄂公府被守軍勸阻，初以外賓看待，後發現褲內藏有日俄文軍用地圖及日記本等件，知爲偵探，乃加以扣留，向屯墾公署請示辦法。因中村乘黑夜脫逃，遂被守兵所擊斃。

八月十七日駐瀋陽日總領事向東北當局提出抗議，遼寧省主席臧式毅、東北邊防軍參謀長榮臻，當即派人調查，並將當地駐軍團長監押嚴辦。而日本軍部竟以此爲藉口，增兵南滿，其關東軍司令官本莊繁迭次召開秘密會議，舉行軍事演習，製造輿論，激蕩日人情緒，以爲發動侵略之準備。

九月十八日夜十一時十五分，日本關東軍自動將南滿鐵路柳條溝鐵橋炸毀，誣指爲我軍所爲，開始攻進瀋陽北大營。時張學良方滯留北平，嚴令駐軍王以哲旅不作抵抗，日軍遂於十九日晨六時佔領瀋陽，刼我兵工廠存㨾步槍八萬枝，機槍四千挺，飛機二百餘架。瘋狂擴大佔領區，五日之內南滿要地相繼陷落，並於二十一日佔領吉林省城，二十三日進至新民。

九月十九、二十、二十二等日，我政府先後向日本提出嚴重抗議，指責日軍應負事變責任，要求日軍從速撤退。日政府僅於二十四日發表聲明，歪曲事實，表示必不使事件之擴大。實則增兵不已，並繼續擴大佔領區。十一月日軍以僞軍張海鵬部前導，進攻黑龍江，代主席馬占山奮勇抵抗，敗之於嫩江鐵橋，終以武器不敵，衆寡懸殊，十九日齊齊哈爾（龍江）失守，二十一年二月五日哈爾濱復陷。別路日軍於二十年十二月中自旅順北犯，二十一年一月二日陷錦州，關外要地盡失，未及撤出國軍及義胞，乃從事游擊戰爭。

九月十九日，我出席國際聯盟代表施肇基，要求國聯理事會主持正義，制止日本侵略。日代表芳澤謙吉則藉口「地方事件」，希望兩國直接交涉。其時國際間一致不滿日本之行爲，九月三十日國聯行政院通過限日本撤兵期限不得超過十月十三日，日內閣有所顧忌，頗有妥協之表示，其外相幣原喜重郎迭次覆我駐日公使蔣作賓照會，有日軍將撤至南滿鐵路附屬地表示，因不能約束其少壯軍人，至十月十三日日軍不僅擴大東北佔領區，且派軍艦砲擊長江口岸，空軍轟炸遼西一帶。日本浪人復在中國各地尋釁，搗毀商店，擊傷民衆。

十月十三日，國聯行政院復開特別會議，至二十四日以十三票對日本一票限令日本於十一月十六日再次會議前完成撤兵。屆時國聯行政院改在巴黎開會。至十二月二十日，決定組織一調查團，調查「九一八」事件之眞象。由五委員國組成，中日兩國各派贊助員一人參加。美國雖非國聯會員國，國聯討論日本侵佔東北問題時，爲表示同情中國，特派其日內瓦總領事吉伯特列席。民國二十一年一月七日，美國務卿史汀生（Henry L. Stimson）發表宣言，聲明凡違反對華門戶開放政策及條約義務所造成之情勢，所訂立之條約合同等，美國概不承認。

九一八事變後，全國民情激昂，各地自動抵制日貨，作抗日之遊行，向政府請願，要求收復東北。而一般青年基於愛國之心，自動組織抗日團體，或捐獻財物，或前往東北實際參加抗敵工作。民國二十一年一月二十日，上海日本浪人數十人，藉口前晚日本僧人被毆，焚毀三友實業社工廠，搗毀商店多家，毆傷華民，殺死華警。事後上海市長吳鐵城向日本總領事村井倉松提出抗議，要求嚴懲罪犯，賠償損失，日政府則一面增調海軍來滬，一面由村井於二十六日向我提出反抗議：（一）正式道歉，（二）賠償損失，（三）懲辦兇手，（四）制止反日活動，並限四十八小時內答覆，否則採取自由行動。上海市政府於二十八日下午一時四十五分如限答覆日使，村井已表示滿意，而日海軍司令官鹽澤幸一以發動事宜已準備就緒，乃命日軍於是晚十一時半向我閘北、虬江路、青雲路、天通菴等地進犯，我駐軍十九路軍以守土有責，遂奮起抵抗。

二十九日，中央政治會議決定抵抗日本侵略，乃由外交部發表捍衛國土之聲明。三十日　蔣先生通電全國將士，枕戈待命，誓與暴敵相週旋。同日國民政府以南京接近戰地，宣佈遷至河南洛陽辦公。二月八日，以最精銳之第八十七、八十八兩師編成第五軍，馳滬增援，仍以第十九路軍名義加入戰鬥。

日本則先後改以野村、植田謙吉爲總司令，增調海陸軍來滬，對我實行猛攻。直至三月初，我軍以血肉之軀與強敵之堅甲利兵相週旋，視其軍艦、飛機、大砲、戰車如無物，只見一義，不見生死。日軍屢戰屢敗，卒不能突破我陣地。二月十三日蘊藻濱之大戰，敵軍潰不成隊。二十六日廟行鎮之役，敵軍被殲者三千餘人。

敵軍既迭遭挫敗，再改以白川義則爲總司令，率第一、第二、第十四師團來滬增援，於三月一日驅其軍艦三十餘艘，飛機數十架，步兵數萬人，襲擊我瀏河、楊林口後方，拊我南翔、眞如側背，我軍爲避免無謂犧牲，遂於二日放棄第一道防線，退守嘉定、南翔一帶，敵軍以戰線延長，一時亦無繼續進攻能力。

淞滬戰事既起，美、英、法三國駐京公使曾從事調停。會三月中國聯調查團來華，我國乃接受勸告，於同月十九日在上海英領事館與日方舉行會議，五月五日簽訂停戰協定五款，主要內容如下：(一)中國軍隊暫住現在防地。(二)日本軍隊撤至公共租界及虹口方面，一如事變前之原狀。(三)爲證明雙方之撤退起見，設立共同委員會，加入友邦代表爲委員，協助雙方移交事宜。總計淞滬之戰歷時一月零四日，我軍以四師之眾，抗拒敵人十萬之師，屢挫兇燄，敵軍被迫四易主帥，死傷逾萬人，充分表現我團結禦侮艱苦卓絕之民族精神。

東北淪陷後，抗日義勇軍蠭起抗日。馬占山之外，若遼寧之唐聚五，吉林之丁超、李杜，黑龍江之蘇炳文等，或襲擊敵軍，或破壞交通，予日人以慘重之打擊。終以武器懸殊，接濟困難，遭敵軍圍攻，損折日多。至二十一年十二月，蘇炳文所部二千八百餘人，義胞一千二百餘人，被迫退入俄境。日人無後顧之憂，遂開始進攻熱河。

民國二十二年元月三日，日軍陷山海關。二月中指示僞「滿洲國」發表進攻熱河聲明，各地奉軍不戰而退。省主席湯玉麟於三月一日扣留軍用汽車偸運鴉片輸送天津，三日夜竟率所部滿載私物潛逃，敵軍遂於四日進入承德，熱河各地隨之陷落。七日，張學良引咎辭職。八日，政府通緝湯玉麟，命軍政部長何應欽駐節北平，馳調國軍北上增援。

熱河淪陷後，敵軍全力南犯，與國軍黄杰、宋哲元等部激戰於喜峯口、古北口、冷口等長城要隘，國軍踴躍殺敵，兩月之間斃日軍七千以上，敵人爲之氣沮，乃變更作戰計劃，自山海關進攻灤東。五月十四日陷灤州，平津直接受到威脅，長城各口因之相繼撤守。四月二十九日，西路敵軍陷多倫，侵入察哈爾北部，華北情況驟然緊急。

政府爲顧全大局，五月中設立行政院駐平政務整理委員會，轄河北、山東、山西、察哈爾、綏遠五省，及北平、青島兩特別市，以黃郛爲委員長，負責與日本週旋。五月三十一日黃氏遣代表熊斌與日方代表岡村寧次簽訂塘沽協定，於是冀東各縣遂成不設防之區。六月二日國民政府發表宣言，謂此協定只及軍事，不涉及政治。蓋此時政府已覺悟國聯之不可恃，非爭取時間不足以充實國力，而華北遂暫獲兩年之拖延局面。

先是九一八事變後，日本以國際聯盟有名無實，對其侵略行動不能作有效之制裁，乃更肆無忌憚，實施分割中國之陰謀。於民國二十年冬由土肥原賢二勾通漢奸，自天津英租界挾清廢帝溥儀東去，並嗾使漢奸鄭孝胥、臧式毅等，於二十一年一月十六日在瀋陽舉行「滿洲善後會議」，籌備組織僞「滿洲國」。三月九日僞組織舉行「建國」典禮，以溥儀爲「執政」，定年號爲「大同」，設僞都於長春，重要機關或由日人任顧問，或由日人充要職。至二十三年三月一日，發佈日人代擬之「滿洲國組織法」，改年號爲「康德」，並舉行僞卽位大典。

僞滿洲國成立後，二十一年九月十三日日本以武藤信義爲「大使」，十五日與其僞總理鄭孝胥簽訂「日滿議定書」，許日軍駐紮東北，確認日人在東北之權利與利益。於是攫取東北鹽稅、郵權，及關稅，東北同胞遂淪入日人鐵蹄蹂躪之下。僞「滿洲國」籌備期間，我政府以此種傀儡組織係叛亂機關，由外交部向駐京日使重光葵提出嚴重抗議。及僞組織正式成立，二十一年三月十一日國民政府特鄭重宣言，不承認日本卵翼下之叛亂組織。

一九三二年（民國二十一年）一月十四日，國聯調查團組成，由英國代表李頓（Lord Lytton）任團長，二月底抵東京，三月中抵上海，旋至南京、漢口、宜昌、重慶，並遠至東北各地。九月四日在北平簽字報告書，十月二日在日內瓦、東京、南京同時發表。其中第六章關於僞「滿洲國」部份，認爲東北係中國不可分割之一部分，「滿洲國」乃日本武力造成之結果。一九三三年（民國二十二年）二月二十四日，國聯特別大會集會，參加者四十四國，以四十二票對日本一票（暹羅棄權），通過國聯調查報告書，日本代表松岡洋右老羞成怒，竟退出會場。三月二十七日，日政府復正式通告退出國聯，國聯終不能有進一步制裁行動。

民國二十四年春，日本增兵華北，在平、津、察、綏各省市屢次製造事端，利用朝鮮人及浪人包庇走私，破壞我國財政，擾亂地方秩序。　蔣委員長鑒於日本朝野之短視，侵華野心之無止境，思打開僵局，特口述大意，由陳布雷執筆，撰「敵乎？友乎？」一文，用徐道鄰名義發表於「外交評論」雜誌，痛斥日本軍閥之野心，勸其顧全東亞之安危，並暗示中國決不屈服，促其對華恢復友好態度，共負時代之使命。日本各報刊競相轉載，學者名流不乏醒悟之士，但終不能抑制其少壯軍人之侵華氣燄。

民國二十四年六月十日，日本北平駐屯軍司令官梅津美治郎，向我軍事委員會北平分會代委員長何應欽提出無理要求多端：（一）撤換河北省主席于學忠，（二）取消河北省內國民黨黨部，（三）撤退駐防河北境內之中央軍。強迫何氏簽字，爲何氏所拒絕。於是土肥原奔走於北方軍人政客間，謀策動所謂華北五省（冀、察、魯、晉、綏）自治運動，冀察形勢更爲險惡。十月二十二日，日本浪人領導香河暴民攻入縣署，組織「維持會」。十一月二十四日，原任河北冀東灤榆區行政督察專員殷汝耕，受日人操縱，於通縣通電背叛中央，除冀東灤榆、薊密兩專區二十二縣外，復合察省之延慶、赤城、龍門三縣，成立所謂「冀東防共自治委員會」。各縣由日人任顧問，負責實際領導之權，所有資源任由日人所榨取。同月二十五日，天津日本浪人復僱集漢奸流氓五、六百人，謬稱「自治請願團」，向我保安司令部及市政府滋擾示威。

同月二十六日，政府以殷汝耕喪心病狂，自絕國人，撤職拿辦，所有灤榆、薊密兩行政區督察專員署著即取消。並爲應付華北特殊情勢，裁撤北平軍事委員會分會，特任宋哲元爲冀察綏靖主任，何應欽爲行政院駐平辦事長官。二十九日，我外交部照會駐華日使，聲明殷汝耕之叛國行爲均歸無效。十二月十一日，政府復下令成立冀察政務委員會，處理冀察平津事務，由宋哲元任委員長，日本華北五省「自治運動」乃消滅於無形。

熱河淪陷後，民國二十二年四月，日人策動內蒙部分王公在赤峯舉行「王族大會」，九月十八日由德王、雲王領銜發出「自治」之通電。政府為應付變局，於二十三年四月在綏遠百靈廟成立蒙古地方自治委員會，任命德王、雲王等二十四人為委員，以何應欽、趙戴文為正副指導長官，一時內蒙形勢趨於緩和。二十四年十月，德王等復受日人威脅利誘，逃走綏北滂江。二十五年二月，政府改組蒙政會，移會址於歸綏，日人則操縱德王於五月二日在察省嘉卜寺（新明）成立「內蒙軍政府」，組織偽軍，由日本軍官任指揮，並得其空軍掩護，大舉竄擾綏東，企圖奪取歸綏，截斷平綏路交通。遭國軍傅作義部阻擊，十一月二十四日克復百靈廟，偽軍死傷甚衆。十二月九日再敗之於大廟，日本建立內蒙偽政權之企圖乃為之粉碎。

民國二十三年六月八日，駐京日副領事藏本英明出外迷失，日方誣為我方所害，意圖擴大事端；旋經我憲警尋獲，眞相乃白。二十五年八月二十四日，日僑在成都與衆互毆，兩人斃命，兩人負傷，日人乘機大肆作仇華之宣傳，於是一面增兵華北，一面派海軍至沿江沿海示威，登陸漢口、上海、青島等地，高唱使用武力制止中國排日運動。九月，日使川越茂與我外長張群會議南京，日方要求：華北五省自治，中日交通「合作」，聘用日本顧問。我方提出反要求：取消塘沽協定，及冀東偽組織，日軍及日機不得在華北橫行。雙方各不肯接受，兩國關係乃益加惡化。

作業

一、民國十八年我東北當局為何強制接收中東鐵路？俄軍侵犯東北沿邊時我國有那些將領為國捐軀？

二、何謂萬寶山事件？何謂中村事件？

三、九一八事變後國際聯盟如何調處？
四、說明一二八事變爆發之原因？我軍抗敵之精神若何？
五、蔣委員長所著「敵乎？友乎？」一文之動機安在？

第四節　中共之圍剿與流竄

民國十六年底中共各地暴動失敗後，相繼會合於贛南之井岡山，該處形勢險要，向為土匪巢穴，於是中共開始在附近各縣活動。民國十八、九年間，乘各地軍人叛變，政府未能作大規模之清剿，侵陷贛南各縣，以瑞金為根據地，並曾一度攻佔長沙。除其所謂「中央蘇區」外，其他各省邊區活動之共軍計有：（一）「豫鄂皖蘇區」：以大別山為根據地，先後由張國燾、鄺繼勛所領導。（二）「湘鄂西蘇區」：以洪湖區為主要根據地，由賀龍、段德昌所領導。（三）「贛東北蘇區」：活動於贛東弋陽、橫峯一帶，由方志敏所領導，後擴大為「閩浙皖贛蘇區」。（四）「閩西北蘇區」：由鄧子恢等所領導，活動於閩西長汀、上杭一帶。（五）「右江蘇區」：由鄧小平所領導，活動於廣西百色附近。（六）「陝北蘇區」：由劉子丹所領導。而以上海租界為大本營，由向忠發任總書記，在第三國際操縱下，改以農村包圍城市之策略，擴大叛亂。

民國十九年冬，各地軍人叛亂敉平，政府開始對共軍實行圍剿。二十年六月，中共上海總機關被破獲，向忠發被捕殺，由陳紹禹（王明）繼其任。同年六月，　蔣總司令親蒞南昌主持剿共軍事，連敗共軍，九月九日克瑞金，共軍殘部被困於閩西山區。因九一八事變發生，國軍北調增援，餘孽未能悉數殲滅。同年十一月中共在瑞金召開「第一次全國蘇維埃大會」，選舉毛澤東為「蘇維埃執行委員會主席」及「人民委員會委員長」，朱德為「紅軍總司令」。二十一年冬，遷其黨中央於瑞金，改由秦邦憲任總書記。

共軍乘一二八事變國軍全力對外時，四處竄擾，擴大佔領區。豫、鄂、皖邊區共軍以金家寨為根據地，威脅蚌埠、信陽等地。賀龍、段德昌所率鄂西、鄂中共軍，則企圖包圍武漢。政府權衡緩急，決定先肅清華中共軍。五月二十一日，　蔣委員長受命兼任豫鄂皖勦匪總司令，二十八日抵漢口，設立勦匪總司令部，採用政治治本、軍事治標策略，兼施並進。十一月克復金家寨，豫南、皖北共軍撲滅。中共中央撤鄺繼勛職，改派徐向前繼其任，徐率餘部經陝南竄入川北山區。二十二年春，鄂中鄂西共軍肅清，段德昌負傷撤職，賀龍回竄湘北鶴峯一帶。

民國二十二年五月一日，政府分任蔡廷鍇、何鍵、陳濟棠、劉峙為東西南北各路總司令，使用兵力百萬，各種飛機百餘架，對贛南共軍實行大規模之圍勦，用堅壁清野方法，採取「三分軍事七分政治」策略，修築碉堡，開拓交通，步步為營，節節前進。十月中旬起各路同時發動猛攻，迭克要地。中間因閩變略有停頓，至二十三年九月展開全面攻勢，十一月十日克復瑞金，共軍損傷二十餘萬，殘餘七、八萬人潰圍，經湘南西竄，十三日政府以何鍵為追勦司令，繼續追勦共軍。

民國二十四年一月，共軍經桂北侵入黔省，一度侵陷遵義、桐梓等地，遭國軍薛岳部阻截，徘徊於滇黔山區。五月初，復自滇境竄入西康，連陷會理、西昌，二十五日偷渡大渡河，再陷瀘定、天全等地，與川北徐向前部相呼應。以川省軍人之不相統屬，成都大受威脅。　蔣委員長親蒞西南各省，指示剿共方略。七月，朱、毛所部與徐向前所部在松潘附近合流，遭國軍楊森、劉湘部夾擊，竄入隴東地區，沿途死傷逃亡甚衆。旋共軍分裂，徐向前、朱德回竄川西，毛澤東、彭德懷於同年十月經寧夏東南流竄陝北保安縣之吳起鎮，與當地土共劉子丹、徐海東等股合流。十月二日，國民政府任命　蔣委員長爲西北剿匪總司令，張學良爲副司令，設總司令部於西安，清剿殘共。

同年十一月，川西共軍朱德、徐向前等部復陷天全、榮經等地，擬與竄擾黔省之賀龍、蕭克所部會攻成都。經國軍合力圍剿，二十五年二月中，西南殘共次第肅清，僅少數共酋逃亡陝北。二十五年二月中，共軍因陝北糧荒，分兩股渡河向晉西流竄，一股以林彪、彭德懷部爲主力，北竄交城、文水等地；一股以劉子丹部爲主力，南竄靈石、霍縣一帶。三月十一日，國軍追殲劉部共軍於離石。四月底，林、彭所部共軍經國軍痛剿，復竄回陝北。

共軍西竄期間，爲挽救其滅亡之厄運，遵照共產國際指示，以聯合抗日爲掩飾，於民國二十四年八月一日，在川邊毛兒蓋發出宣言，提出「抗日民族統一戰線」之要求。及共軍流竄陝北，而華北形勢危急，中共乃利用國人仇日心理，在華北操縱成立各種抗日民衆團體，若「華北各界救國聯合會」、「北方人民救國大同盟」、「平津學生救國聯合會」、「平津文化界救國會」等，作歪曲之宣傳。以「停止內戰，一致抗日」爲口號，蠱惑國人之視聽。

二十五年十一月，日本嗾使內蒙僞軍犯綏，華北局勢嚴重，　蔣委員長特飛太原指示晉綏防務，旋返洛陽有所佈置，而西北剿匪副司令張學良，陝西綏靖主任楊虎城等，竟陰謀刼持　蔣委員長，以遂其叛國之陰謀。十二月三日張氏至洛陽，告以所部不穩，請　蔣委員長親蒞西安加以安撫。十二月四日蔣委員長偕張學良自洛陽飛西安，下機時遭東北軍官數百人包圍，態度不馴，要求停止勦共，一致抗日。蔣委員長駐節臨潼華淸池，排日召見陝、甘將領，告以安內始可攘外，勦共已至最後成功階段，務須堅持到底；而張、楊等謀叛益亟。

十二月十二日晨，叛軍竟犯華淸池，包圍行轅，擊殺侍從多人，刼持蔣委員長赴西安，軟禁於綏靖公署。同時將留在西安之政府將領陳誠、蔣鼎文等人拘留，黨史會主任委員邵元沖、憲兵團長蔣孝先等遇害，總司令部參謀長錢大鈞等受傷。張、楊乃致電國民黨中央執行委員會及國民政府，提出改組政府，停止「內戰」主張。同時晉謁蔣委員長，陳述「兵諫」之目的，堅欲蔣委員長承認其所提條件。蔣委員長嚴拒其要求，於是共匪份子乘機大肆活動。十四日西安宣佈組織「軍事委員會」，成立「聯合抗日救國軍」，其中包括共軍，張學良之東北軍，及楊虎城之西北軍，並改組陝西省政府，容納中共份子參加。十六日張氏調集軍隊在渭南、華縣一帶積極佈防，並謀佔領潼關。

十二月十二日下午三時五十分，西安事變消息傳至南京，當夜國民黨中央常務委員會及中央政治委員會舉行緊急會議，決議由孔祥熙代理行政院長，何應欽負調動指揮軍事之責，張學良褫奪本兼各職，交軍事委員會嚴辦，所部軍隊歸軍事委員會直接指揮。十三日，政府空軍開始轟炸隴海鐵路渭南、華縣沿線。十六日政府正式明令討伐張學良，特派何應欽爲討逆軍總司令。十七日任命劉峙、顧祝同爲東西兩路集團軍總司令，督師西進，合圍西安。

當是時國難已至嚴重關頭，蔣委員長爲全國精神之所寄，定危救傾之所賴，張、楊之愚昧行爲無異置國家民族前途於不顧，遂成爲輿論交讁之對象；甚至素持異見之桂系及馮玉祥等亦不例外。北方將領宋哲元、韓復榘、閻錫山等均有擁護中央表示，國內各地各界紛紛舉行營救委員長暨討逆大會，情緒至為激烈，張、楊乃感勢孤無援。

張氏生性偏激，昧於國家大計，不察　蔣委員長謀國苦心，既懷國恨家仇，復受中共煽惑，鑄此無識不忠之大錯。及事變後覽　蔣委員長日記及各種文件，備受其偉大人格精神所感召，漸感醒悟。故十四日晨來見時，對　蔣委員長流涕，表示愧悔。同日　蔣委員長顧問端納（William Donald）飛抵西安（按：端納為澳洲人，曾任張學良顧問），曉張氏以大義，張氏乃移　蔣委員長至一較安全住所。二十二日，蔣夫人復至，慰　蔣委員長一切以國為重，戒張氏勿以民族前途為犧牲，張氏益覺自慚。加以共產國際鑒於中國軍民之憤慨，知非　蔣委員長領導不能抗日，非利用抗日中共不能發展，指示中共和平解決西安事件，情勢乃有轉機。

時國軍已逼近西安，空軍日飛西安上空散發傳單，東北軍與西北軍復發生摩擦，二十五日張氏乃決心送　蔣委員長回京。瀕行　蔣委員長召張、楊懇切而訓之，告其國家形勢及救亡苦心。是日下午四時，由張學良陪同　蔣委員長飛離西安，二十六日抵南京，表示願受國法之制裁。消息傳出，舉國歡欣若狂，各地自動熱烈慶祝。

西安事變為全國同胞擁護　蔣委員長之表現，亦為舉國上下團結禦侮之象徵。惟剿匪工作功虧一簣，而潛伏此後共匪擴大叛亂之禍源。

作業

一、北伐成功後中共勢力因何膨脹？

二、贛南共軍何時肅清？國軍採取何種戰略？

三、共軍流竄陝北後，採取何種統戰陰謀？

四、說明西安事變發生之背景？

五、西安事變後全國各界之反應若何？

第六章　抗戰與建國

第一節　全民抗戰之爆發與開展

民國二十六年春，日本軍部積極作侵華之動員準備。六月，按照預定計劃，集中其河邊旅團於北平近郊。七月七日午夜在宛平縣盧溝橋一帶演習，藉口失踪士兵一名，欲入城搜查。我駐軍吉星文團以時值深夜，恐引起地方不安，婉加拒絕；旋經冀察當局與日本駐屯軍司令交涉，商定雙方各派員五人實地調查。翌日晨五時，已抵宛平縣署，日方仍堅持入城搜查之意，我方未允，日軍竟突向縣城發動攻擊，我軍以守土有責，奮起抵抗，日軍不支敗退，由是戰端乃啟。

日軍利用緩兵之計，引誘我冀察政務委員會委員長宋哲元，表示係地方事件，願作和平之解決；而暗中緊急動員，分三路向平津採取包圍形勢。十二日後，敵軍四處向我挑釁。十六日敵軍至平津一帶兵力已達十萬以上，乃設最高司令部於豐臺，以香月清司為司令官，二十八日發動總攻擊，我軍處處被動，犧牲慘重。同日，南苑失陷，國軍將領佟麟閣、趙登禹力戰殉職。七月二十九日北平失守，三十日天津撤守。

盧溝橋事變發生後，　蔣委員長知犧牲已至最後關頭，乃下令總動員，集結國軍於保定、滄縣一帶，於七月十六日在廬山對學術界領袖明白宣示全民抗戰之決心。八月十二日政府設立國防最高會議，

推　蔣委員長為陸海空軍大元帥，統率全局，領導對日抗戰。十四日國民政府發表自衛抗戰聲明書，痛斥日本對中國之侵略，宣佈實現天賦自衛之權。　蔣委員長鑑於敵軍裝備優良，我軍不利於陣地作戰，乃擬定一長期作戰方略，利用廣大之空間土地，求得時間上持久之勝利，不重一城一地之得失，而以積小勝成全大局；同時發展敵後武力，使敵軍活動僅限於點線，首尾不能兼顧。於是全民奮起，為國家民族之存亡與暴敵相週旋。

同年八月九日，日陸戰隊海軍中尉大山勇夫，帶水兵一名，乘車馳至上海虹橋飛機場附近滋事，我保安隊阻其前進，雙方發生衝突，保安隊死一人，大山等亦被擊斃，由是引起交涉。日本藉此集中軍艦三十餘艘，陸戰隊萬餘人，於十三日向我進攻，淞滬戰事遂告發生。八月十四日我空軍出動轟炸黃浦江日旗艦「出雲號」，及其軍事據點，敵機最精銳之鹿屋及木更津海軍航空隊亦分批侵襲我杭州、廣德機場，被我空軍第四大隊高志航部痛殲，造成九比零之光榮紀錄。十五、十六等日，敵機再襲我杭州、南京、嘉興等地，被我擊落多架，敵鹿屋、木更津兩機隊幾盡殲焉。其後我空軍迭創上海敵軍司令部及敵艦；復因敵機襲我後方，我機奮勇迎擊，予敵空軍以慘痛之打擊。

淞滬之戰我軍初由馮玉祥任指揮，繼以陳誠率大軍增援，參戰部隊達五十餘師，敵軍增援亦在三十萬以上，藉海空軍掩護，對我發動猛攻。我軍奮勇迎擊，寸土必爭，敵軍因正面進攻挫敗，乃於十一月初以重兵自杭州灣北岸登陸，我軍後路受到威脅，乃於十一日全線撤退，重作佈置。計淞滬之戰前後三月，敵軍死傷逾十萬人，我軍浴血苦戰，大義正氣，可歌可泣！尤以八百孤軍之困守四行倉庫，震驚國際，凜烈萬古。

敵軍陷平、津後，分沿平綏、平漢、同蒲、津浦各鐵路線向我發動進攻。我軍迭創頑敵，轉移至兩側腹地。二十六年十月十六日，平綏線敵軍陷包頭。十一月五日，平漢線敵軍陷安陽，與我軍隔漳河對峙。同月九日，同蒲線敵軍陷太原，同月底復陷晉南平遙、汾陽等地。十二月底，津浦線敵軍強渡黃河，山東省政府主席韓復榘保全實力，率部退走魯西，青島國軍勢孤無援，於二十七年一月八日撤退至沂水一帶。政府逮捕韓氏，於二十四日繩之以法，軍紀爲之一振。同年二月，國軍放棄豫北，退至太行山區，採用游擊戰術，襲擊敵軍。三月底至四月初，國軍湯恩伯、孫連仲等部，大敗敵軍於魯南臺兒莊，敵軍被殲者三萬餘人，造成抗戰初期之光榮勝利。

先是上海既撤守，敵軍以海空軍戰車掩護，分沿京滬鐵路及太湖南側地區進犯，國軍節節抵抗，十一月二十日國民政府西遷重慶辦公，以唐生智爲南京留守。十二月十三日，敵軍主力猛撲南京，我軍奮勇抵抗，敵軍傷亡達六千人，守軍除少數官兵突圍外，餘皆壯烈犧牲。敵軍於陷城後，縱兵大掠，我軍民死難者在三十萬以上。十二月二十四日浙江敵軍復陷杭州，國軍退守錢塘江兩岸。

日軍發動戰爭之初，聲言可於兩週內使中國屈膝，及遭我嚴重打擊，知其速戰速決之大言無法實現，乃一面操縱漢奸在各地成立僞組織，一面托德國駐華大使陶德曼 (Oscar P. Tautmamm) 向我提出和平試探，遭我嚴辭拒絕，日首相近衞文麿竟於二十七年一月十六日靦然發表聲明，今後不以國民政府爲交涉對象。十八日國民政府重申抗日自衞立場，保障領土與主權之完整。

民國二十七年一月十七日，政府改組最高統率部，軍事委員會直隸國民政府， 蔣委員長負統率全國陸海空軍，並指揮全體軍民對敵作戰之責，以何應欽爲參謀總長。軍事委員會乃重頒戰鬥序列，分劃戰區，派定司令長官，便於全面抗戰之實施。

同年四月，敵人抽調各場兵力，集中津浦南北段，對徐州發動猛攻。五月十九日陷徐州，沿隴海路西犯，六月六日陷開封，敵騎擾及新鄭。七日，敵機炸毀趙口附近黃河堤，水經中牟沿賈魯河南汎，雙方形成隔河對峙形勢。

徐州會戰後，敵轉移兵力企圖圍攻武漢，一路沿長江西犯，七月二十三日陷九江；一路沿淮河西上，十月十二日陷信陽，自武勝關移兵南下。我軍節節阻擊，五個月內斃敵在二十萬以上，於完成後方佈置後，乃於十月二十五日自動將武漢放棄。十一月十二日，敵軍復陷岳陽，侵入湖南北部。同時敵人爲牽制我方兵力，切斷我國際交通，於十月十二日在南海之大亞灣登陸，十月二十一日陷廣州，我軍余漢謀部在惠陽、博羅一帶與敵展開游擊戰鬪。

民國二十八年二月，敵以海空軍掩護大舉登陸海南島，我因隔海無法增援，保安隊乃轉移至五指山區，從事游擊戰爭。六月底，粵東敵軍以海軍掩護在汕頭登岸，我軍不利海濱作戰，主力退至內陸，汕頭、潮安相繼淪陷。十一月，粵西敵軍在欽州灣登陸，連陷防城、欽縣等地，西竄廣西邕寧、龍州。十二月，我軍開始反攻，迭克要隘，崑崙關之役，斃敵在一師團以上，敵軍困守邕甯，遂無西犯能力。同時粵中敵軍亦循粵漢路北犯，同月底陷英德，竄至翁源附近。二十九年一月，我軍開始反攻，斃敵甚多，敵軍仍退回廣州附近。

民國二十八年春，華中敵軍分兩路內犯：三月，自贛北南竄之敵，合五師團兵力，強渡修水，同月二十七日陷南昌。四月，向鄂北進犯之敵，連陷隨縣、棗陽、南陽等地。我軍於五月中一面對來犯之敵施行反攻，一面由漢水兩岸截擊敵軍歸路，敵軍侵地盡失，死傷一萬三千餘人，仍恢復四月前陣地。

民國二十九年五月，敵軍復集中六師團兵力，向我隨縣、棗陽一帶進攻，被我包圍於漢水以東地區，殲滅極衆。十六日，我第三十三集團軍總司令張自忠在宜城南瓜店督戰，敵以飛機十餘架掩護，向我反撲，張氏左右傷亡殆盡，負傷不退，壯烈殉國。我六十八軍爲策應鄂北戰場，於同月十八日克信陽，斃敵四萬五千以上，俘獲甚衆。六月一日襄陽一度陷敵，三日復爲我軍所收復。敵既北犯受挫，乃沿長江西竄，我以傷亡過重，且已達成消耗戰略，乃於同月十二日主動放棄宜昌。

三十年三月，宜昌之敵向我發動局部攻勢，遭我阻擊，傷亡四五千人，乃絕西犯之念。同時江西之敵亦合兩師團兵力，分三路向贛西進犯，北路之敵被我擊敗於奉新；南路之敵，被我消滅於錦江南岸；中路之敵與我激戰於上高附近，因敵機數十架助戰，戰況異常慘烈。三月二十五日我軍克復棠浦，敵軍傷亡達一萬五千餘人，不支回竄，仍恢復原來陣地。

民國二十八年九月中旬，敵由贛北、鄂南、湘北集中兵力十二萬人，分道大舉進犯長沙。我第九戰區司令長官薛岳集中精銳部隊二十萬人嚴陣以待，十月二日於誘敵深入後，猛烈圍攻，敵軍死傷四萬餘人，殘餘狼狽潰逃。三十年九月上旬，敵再集結十餘萬兵力二次來犯，且利用傘兵空降長沙近郊，中我埋伏，死傷慘重，於三十日突圍北竄，十月初新牆河以南已無敵踪。民國三十年十二月底，敵人集中兵力七萬餘人，分八路渡新牆河南犯，我軍埋伏於長沙周圍，誘敵至城郊，開始痛擊，自三十一年一月一日至四日，敵軍死傷五萬六千餘人，乃自東北方向突圍而去，至十五日新牆河以南殘敵全部肅清。

先是民國二十六年十月二十六日敵軍陷金門，二十七年五月十一日復利用海空掩護陷厦門，我軍西撤漳州一帶。二十九年後敵軍因各戰場失利，乃自三十年夏起分攻我沿海各埠。四月十九日陷鎮海，二十日陷寧波，二十二日陷福州，企圖利用封鎖我海上交通手段，強迫我國屈服。並經常大規模空襲我戰時首都重慶，謀癱瘓我神經中樞。而我則愈戰愈強，敵則愈戰愈弱，我之經濟穩固，敵則資源匱乏。我國內政治統一，社會安定，敵則政局時起波動，人民厭戰情緒日益增長。截至三十年十二月，敵軍在華傷亡高達一百六十餘萬人，軍事已至窮途末路，爲掠奪戰略物資，轉移國內視聽，不惜冒險發動太平洋戰爭，以挽救其失敗之命運。

作業

一、何謂盧溝橋事變？何謂八一三事件？
二、全面抗戰發生後我最高統率部決定何種作戰方略？
三、臺兒莊大捷發生於何時？
四、我抗日名將張自忠如何殉國？
五、三次長沙大捷之經過若何？

第二節　抗戰期中之建國大業

全面抗戰發生後，　蔣委員長號召國人不僅抗戰驅除敵寇，更要在抗戰期中完成建國大業，實現三民主義之新中國。民國二十七年三月二十九日，中國國民黨舉行臨時全國代表大會於武昌，至四月一日閉幕，重要決議如下：（一）制定抗戰建國綱領，爲全國一致信守之準則。（二）設置中國國民黨總裁、副總裁，明確規定爲全黨之領袖。（三）成立國民參政會，爲戰時之最高民意機關。（四）設立三民主義青年團，促成全國青年意志之統一與力量之集中。大會並修正黨章，推舉　蔣委員長爲中國國民黨總裁。其後各案次第實行，於是我全國軍民抗戰之意志益堅，對　蔣委員長之信仰益固。

民國二十八年三月十二日，政府爲達成抗戰建國之神聖使命，特公佈「國民精神總動員綱領」，及其實施辦法，通令全國一致遵行。共同之目標：（一）國家至上，民族至上。（二）軍事第一，勝利第一。（三）意志集中，力量集中。精神之改造：（一）改正醉生夢死之生活，（二）養成奮發蓬勃之朝氣，（三）改革苟且偷生之習慣，（四）打破自私自利之企圖，（五）糾正紛歧錯雜之思想。同年五月一日，政府頒行國民公約，全國各地開始舉行國民月會，此爲持久抗戰達成最後勝利之一大因素。

抗戰期間之各種建設，無不以配合戰時需要，以奠定勝利後全國各項建設之基礎，舉其要者如下：

農業方面　民國二十九年農林部下設置墾務局，在西南、西北設立墾區管理局十三處，安置榮民及流亡難民從事屯墾工作。截至抗戰勝利，共移徙屯墾軍民七萬餘人，開墾荒地四十四萬餘畝。另在蘭州設立西北羊毛改良處，武功設立西北役畜改良繁殖場。此外對後方之蠶絲、棉花、桐油及造林等項，均有重大之改進與發展。民國三十年我出口豬鬃一萬六千九百餘關擔，價值六千八百餘萬元。三十二年出口生絲，千二百餘關擔，桐油之出口爲數尤鉅。

工業方面　抗戰發生後，政府協助沿海沿江工廠內遷，西南西北重要城市一變而爲工業中心。迄抗戰勝利，後方工廠約有六千餘家，資本總額約八十五億元。至於國防工業，則由政府所經營。民國三十二年國營鍊鋼廠規模宏大者八所，煤礦十七所，銅礦四所，電力廠一五九所，機器廠五所，電器製造廠十餘所，化學工業廠十餘所。國營玉門油礦自二十九年已開始大量產油，抗戰期間主要出口礦產有鎢、銻、錫、汞等，政府均設有管制之機構。

財政方面　抗戰發生後，因東南沿海富庶之區相繼淪陷，政府收入頓形減少。對於財政不得不採取各種補救辦法：（一）整理舊稅，（二）推行新稅，（三）實施專賣制度，（四）發行公債，（五）田賦收歸中央與改征實物。

政府為保持外滙官價，曾先後由中國、交通銀行與美、英銀行成立外滙平準基金，以備調節滙價之用。惟因戰費浩繁，物資缺乏，終不免刺激物價之高漲。民國三十一年十月，　蔣委員長手訂「加強管制物價方案」，通令全國實行。由於各地客觀環境之不同，成效未能大著。

交通方面　戰時我國所完成之主要鐵道以湘桂、黔桂路為主。而公路實居於運輸之主要地位。其中國際路線有二：一為西北公路，自蘭州經廸化至俄境。一為滇緬公路，自昆明至緬甸畹町。另有中印公路（雷多公路），與滇緬公路相接。空中航線，太平洋戰爭爆發後，政府命中國航空公司辦理中印航線，專任物資內外之運輸。三十四年時，該項運輸機共達五十架，輸入物資月約二千四百噸，因所經均萬尺以上高山，號稱「飛越駝峯」，對支持後期抗戰貢獻甚鉅。

文教方面　抗戰期間之教育，其課程與教學均依照「抗戰建國綱領」之規定，循序發展。初等教育：仍能在艱難困苦中繼續推進。民國三十四年小學總數為二十六萬九千九百三十七校，在校學生二千一百八十三萬一千八百餘人。中等教育：為適應戰時情況，曾設置國立中學四十八校，專收容戰區學生，嚴格注意中學、職業、師範之比例發展。民國三十四年全國中等學校四千五百餘校，在校學生一百三十九萬四千人。高等教育：政府一面協助淪陷區學校內遷，實施戰區學生公費制度；一面配合需要，充實各校設備，並設立新校。他若學校組織之釐訂，課程之整頓，師資及學位之審查，學術研究之提倡，著作發明之獎勵等，皆於八年中完成法規；而師範學院之創立，對中等學校師資之培養尤有重大之貢獻。民國三十四年，全國專科以上學校共一百四十一所，在校學生八萬三千四百餘人。在外滙極端困難情形下，政府仍繼續派遣學生出國深造，且與各盟邦交換教授學生，加強國際文化之交流與合作。

至於社會教育，其目標以喚起民族意識，激發抗戰情緒，灌輸抗戰知識爲宗旨；惟掃除文盲仍列爲首要之圖。規定各地民衆教育館應以辦理補習學校爲主要工作，分爲普通及職業兩種，各分初、中、高三級，民國三十一年全國共計一千八百四十所，截至抗戰勝利，掃除文盲高達六千九百八十八萬七千餘人。他若藝術、戲劇、音樂、美術等教育之推行，對激勵士氣民心收效至宏。

戰時我國學術機構如中央研究院、故宮博物院等，雖在流離顛沛之中，研究工作未嘗中斷，尤其對於區域性科學之研究，多能窮自然之奧秘，發前人所未發，對長期抗戰貢獻殊多。各學術文化團體較戰前尤爲發達，新聞及出版事業相繼遷至內地，重慶、成都、昆明、桂林等地，成爲文化中心。民國三十年後方雜誌出版共一千九百七十九種，三十二年一年內後方出版新書凡四千四百零八種，其中不乏名著，較之戰前並不遜色。

自民國二十八年起，政府開始征調大學醫學院畢業生從事軍醫工作。三十年因趕造公路，加強兵工製造，又征調工學院畢業生參加工作。同年秋，因美空軍來華日多，再征調外文系畢業生擔任譯員，法律系畢業生擔任軍中法官，各生無不踴躍參加，報効國家。

民國三十二年冬，抗戰進入艱苦階段，因四川三台東北大學，及中等以上學生三百餘人之自動請纓，掀起青年從軍熱潮。十二月中旬，成都一地登記者八千餘人，四川各地登記者一萬四千餘人。三十三年一月十日，　蔣主席對從軍學生訓話，希望以無名英雄自居，絕對服從法令，注重政治訓練，視軍營爲學校。於是全國展開「一寸山河一寸血，十萬青年十萬軍」之偉大從軍運動。一年期間全國各大學學生自動報名應徵者逾十二萬人，除一部分分發駐印軍及其他各部隊外，編成九個師，原計劃同年八月訓練完成，九月開始參加反攻，因日本投降未能及時發揮威力。

作業

一、中國國民黨臨時全國代表大會舉行於何時？有何重要決議？

二、抗戰末期我國有那些重要國際交通線？

三、抗戰期間我國農產、礦產以那些爲出口大宗？

四、何謂「十萬青年從軍運動」？

第三節　中共之破壞抗戰及其統戰攻勢

西安事變後，政府對共軍已停止進剿工作。盧溝橋事變之次日，中共首要毛澤東、朱德、周恩來等，聯名電呈　蔣委員長，願在領導之下，爲國効命。　蔣委員長爲團結禦侮計，示之以誠，於七月十四日親向中共招撫，勸其結束分裂與叛亂，一致抵抗日寇之侵略。八月二十二日，軍事委員會發佈收編投誠共軍命令，任朱德為國民革命軍第八路軍總指揮，彭德懷副之，林彪、賀龍、劉伯承為師長，總兵額約二萬人，飭命開赴晉北作戰。另以林祖涵、張國燾分任「陝甘寧邊區政府」正副主席。同年十月十二日，軍事委員會收編江南各地共軍，成立新四軍，人數約一萬餘，以葉挺、項英為正副軍長，規定在皖南地區作戰。二十七年一月，軍事委員會依戰鬥序列，改第八路軍為第十八集團軍，歸第二戰區司令長官閻錫山指揮，新四軍歸第三戰區司令長官顧祝同指揮。

政府既收編共軍，中共中央於二十六年九月二十二日發表共赴國難宣言，願為徹底實現三民主義而奮鬪。　蔣委員長為使共匪有効忠國家機會，以大公無私之立場，接納其要求。故同年七月，國民參政會成立，「中共」首要毛澤東、吳玉章、林祖涵、秦邦憲、董必武、陳紹禹、鄧穎超七人被遴選為國民參政員。　蔣委員長並任命「中共」駐武漢代表周恩來為軍事委員會政治部副部長，以表示政府共赴國難之苦心。

中共本係藉抗日之名以發展實力，故其向政府輸誠之初，二十六年八月二十五日所公佈之「救國十大綱領」，在改革政治機構中，已提出建立「民主共和國」、「召開國民大會」、「選舉國防政府」、「國防政府必須吸收各黨各派及人民團體革命份了」等口號，其企圖竊取政權之企圖已暴露無遺。

最高統率部以共軍缺乏訓練，軍紀散漫，戰鬪力薄弱，為愛惜其實力，不使其擔任重要戰場之正面作戰，而使其在小戰鬪之歷程中逐漸養成靭強之戰力。而共軍竟藉此機會避免作戰，佔領地盤，擴充實力。當「第八路軍」從陝北出發時，毛澤東向其部隊訓話，指出抗戰是中共發展之絕好良機，其策略：

七分發展實力，二分應付政府，一分抗日。並分作三個階段來實施：第一階段與國民政府妥協，以求生存發展；第二階段與國民黨取得力量平衡，而與之相持；第三階段深入華中各地，建立華中根據地，向各地國軍反攻。於是中共積極推行三大目標：（一）擴充軍隊，（二）發展黨務，（三）奪取地方政權。四大運動：（一）百萬擴軍運動，（二）百萬擴黨運動，（三）千萬囤糧運動，（四）萬萬積金運動。及十五大工作原則，假藉「服從三民主義」、「抗日」、「民主」、「進步」、「團結」、「國共合作」、「革命」、「反對內戰」、「反對分裂」、「統一戰線」等口號，製造謠言，眩惑人心，以各個擊破手段，破壞政府威信，消滅國軍力量。一時中共之宣傳活動由秘密變爲公開，富於煽惑性之「新華日報」、「羣衆雜誌」、「解放週刊」，以及「生活書店」之出版品風行各地，少數文藝工作者被其利用。中共並於各地設立辦事處，欺騙青年和流亡學生，掩護其進入共區延安之「抗日軍政大學」、「馬列學院」、「魯迅藝術學院」、「陝北公學」等共黨訓練機構，以製造幹部。因之原已瓦解之共黨組織，重在各地死灰復燃，而受中共操縱之外圍團體，若「民族解放先鋒隊」、「救國會」等，紛紛在各地成立，中共勢力漸成燎原之勢。

共軍藉抗日之名進入山西後，所經之地金銀糧食被搜括一空，一年之內僅晉省總值在銀圓一億以上。並濫發僞鈔，破壞法幣信用，實施大量武裝走私貿易，使政府對日軍佔領區經濟封鎖政策因之失效。中共甚至推銷毒品，強迫「陝甘甯特區」農民種植鴉片，統收統購，所獲得之利潤，卽就地作爲其部隊之軍費，及用作對自由地區宣傳戰、組織戰，與顚覆滲透之財源。

民國二十七年後，賀龍入據晉西北，稱「晉陝綏邊區」，聶榮臻入據晉東北，稱「晉冀察邊區」，劉伯承入據晉東南，稱「晉冀蘇皖邊區」，蕭克率所部出長城，組織「冀熱遼邊區」，徐向前則南侵山東，組織「蘇魯豫邊區」；而「新四軍」復有「淮南蘇皖邊區」。民國二十八年後，曾生之「兩廣縱隊」盤據粵西，馮白駒之「瓊崖縱隊」盤據海南島。甚至政府各機構中，共諜份子乘機大量滲透，祕密從事其發展工作。國軍部隊政治委員亦混有共諜份子，企圖改變國軍部隊信仰，散播仇恨種子；至是中共攘奪之心，已昭然若揭。

總計在八年對日抗戰期間，國軍與日軍大小作戰共四萬零七十次，而共軍實際參加者僅二十六年九月平型關之役，與二十七年春季晉南之游擊行動。平型關之役，國軍負責正面作戰者共五個師（高哲、李仙洲、武庭麟、劉茂恩、劉奉濱），共軍僅林彪所部一一五師，擔任對日軍輜重之襲擊。至於晉南之游擊戰，國軍參戰者計曾萬鐘、武士敏、趙壽山、王靖國、陳鐵、劉茂恩、陳長捷、劉戡、高桂滋、李鈺、趙承綬、何柱國等軍，以及朱懷冰、楊覺天、孔繁瀛、裴昌會、彭杰如、金憲章各獨立師。共軍參加者僅賀龍、劉伯承兩師，賀部協同趙承綬軍負責阻截晉北交通，劉部協同曾萬鐘軍牽制東陽關、長治地區，均非重點任務，而中共竟渲染其事，顛倒史實，篡奪國軍抗戰成果。此外，中共並將日本投降後蘇聯於進佔東北時轉交共軍之日軍武器裝備，大量攝成影片，僞造爲其於抗日戰爭中所鹵虜者，以實現其遮天蔽日之手法。

抗戰初期，共軍以挑撥離間抗日武力，擅自撤退陣地，影響全盤戰局，爲其中心工作。民國二十六年十二月及二十七年元月，中共中央派出幹部一萬餘名，分向河北、豫北、山東我敵後佔領區滲入，另由新四軍派出二千餘名幹部，向蘇北、皖北我敵後佔領區滲入。一方面在城鎮、鄉村進行共黨秘密組織，從事顚覆活動；一方面向我敵後正規軍、地方團隊、游擊部隊，進行挑撥離間兵運工作。

二十七年三月，共軍誘迫我冀中敵後游擊隊呂正操部四萬餘人，爲其第三縱隊。同時乘日軍進犯晉南，我第二戰區主力全力迎擊時，共軍劉伯承部故意放棄東陽關，縱敵深入，使我臨汾附近國軍陷入敵軍包圍圈，被迫向同蒲路西側山區轉進。同年四月，中共新四軍滲透蘇北幹部，挑撥我長江下游總指揮李明揚，與江蘇省政府主席兼第八十九軍軍長韓德勤間之不睦，使我蘇北敵後國軍自相火併，然後聯甲攻乙，聯乙攻丙，施展其各個擊破之慣技。

二十七年五月後，共軍第二縱隊向我冀察戰區所屬博野、小店、北邑、冀縣、北馬庄、武靖、安次等地區抗日民軍張蔭梧部進攻，張部被消滅者達九萬人。繼續擊潰喬明禮、丁樹本、張錫元、尚中業、楊玉崑、趙天清等部，使河北抗日民軍悉被共軍所消滅。二十八年九月，徐向前部在山東到處圍攻地方團隊，長清、魚台、鉅野、萊蕪、蒙陰等縣民衆自衞組織被解決者不可勝數，以致河北及山東省政府無法行使職權。而被俘之民軍將領及地方政府工作人員，多遭活埋或殘殺。同年冬，國軍在北戰場發動攻勢，原期一舉殲滅晉南三角地帶內之敵軍，而共軍竟於此時勾引晉省新軍薄一波、韓鈞、戌勝伍等部十餘團叛變，由賀龍加以收編，使我北戰場之主要攻勢計劃，完全遭受破壞。

由於中共擴張之結果，二十八年底其「第十八集團軍」與「新四軍」各發展近十萬人，乃大舉向國軍發動襲擊。二十九年一月，徐向前、賀龍、呂正操、楊勇等部，分向冀中、冀南國軍發動猛攻。三月中旬，冀察戰區總司令兼河北省政府主席鹿鍾麟，及國軍孫良誠、朱懷冰、高樹勛等部，被攻不已，不忍同室相殘，乃退出冀察地區，孫、高等向魯西轉進，鹿、朱等向晉東南轉進。同時晉省西北國軍趙承綏部，河東王靖國部，均受共軍之襲擊，損失慘重，華北局勢因之益形混亂。同年八月，「第十八集團軍」侵陷魯南山東省政府所在地魯村，渡江北上之「新四軍」亦於同時連陷蘇北黃橋、姜堰。十月初，兩部聯合對江蘇省政府主席兼魯蘇戰區副總司令韓德勤部發動猛攻，韓氏所部殉職者數千人。十二月，江南之新四軍先後侵據金壇、丹徒、句容、郎溪、溧陽等地，自後至三十年十月，不到一年期間，各戰區被共軍擾亂襲擊而發生之衝突事件高達三百九十五次之多。

共軍「第十八集團軍」及「新四軍」既迭次破壞抗戰，襲擊國軍，政府爲顧全大局，始終採取妥協態度。蔣委員長及參謀總長何應欽屢次召見彭德懷、葉劍英、周恩來等，勸其信守諾言，服從政府法令。甚至於二十九年七月同意其下列要求：(一)擴大陝甘寧邊區(包括十八縣)。(二)重劃其作戰區域。(三)准「第十八集團軍」編爲三個軍六個師，三個補充團，另再增加兩個補充團。(四)新四軍准編爲兩個師。惟希望該兩部共軍於奉令後一個月內全部開至規定地區，而共軍仍抗命如故，各地軍事衝突竟愈演愈烈。

民國三十年一月五日，皖南「新四軍」企圖掌握京滬杭三角地帶，乘國軍第四十師南調換防之際，集中兵力圍攻於三溪。第三戰區司令長官顧祝同不得已下令制裁，自六日至十四日，將該部全部解散。軍事委員會乃於一月十七日下令取消「新四軍」番號，將該軍軍長葉挺革職扣押，交付軍法審判，並通緝在逃之副軍長項英。而中共竟以「中國共產黨革命軍事委員會」名義擅委陳毅、張雲逸爲新四軍正副軍長，並宣佈將該軍擴充爲七個師，擴大宣傳新四軍「戰績」，誣指何總長爲「親日派」首領，新四軍事件爲親日派投降之陰謀。敵人乘之，大造謠言，挑撥中傷，企圖動搖我抗戰之信心。同月二十七日，蔣委員長爲新四軍事件發表沈痛聲明，以表明政府處置之苦心。其目的仍冀共匪之悔悟，而中共份子從此拒絕出席國民參政會。同年二月中共之參政員聯名致電國民參政會秘書處轉告政府，提出善後辦法十二項，其要點如下：（一）取消一月十七日命令（卽撤消新四軍番號）。（二）懲辦皖南事變「禍首」何應欽、顧祝同、上官雲相。（三）恢復葉挺自由，繼續充當軍長。（四）逮捕各「親日派」領袖，交付國法審判。三月二日復向國民參政會提出「臨時解決辦法」十二項，較前之要求更爲苛刻，其要點如下：（一）承認「陝甘寧邊區」之合法地位。（二）承認敵後之「抗日民主政權」。（三）華中、華北、西北防地均仍維持現狀。（四）於「第十八集團軍」外，另成立一個集團軍，共轄六個軍。（五）成立各黨派聯合委員會，每黨限出席一人。

蔣委員長爲此於同月六日在國民參政會說明政府對新四軍事件之態度，希望「中共」能本著「兄弟鬩牆，外禦其侮」精神，精誠團結，共赴國難。然共軍不惟執迷如故，且更變本加厲，繼續在各地啓釁，設立僞政府，發行僞幣、公債，脅迫民衆「參軍」，割據坐大，凶燄益熾。

作業

一、共軍參加抗戰時，毛澤東有何陰謀之指示？
二、抗戰初期中共在全國各地採取何種統戰攻勢？
三、中共如何利用抗戰擴大佔領區？
四、中共怎樣篡竊抗戰成果？
五、何謂「新四軍」事件？
六、中共利用「新四軍」事件提出那些苛刻要求？

第七章　太平洋戰爭與中國

第一節　中美之併肩作戰

抗戰初期，敵人爲實現其滅亡中國之野心，每於佔領一城市後，卽利用地痞流氓成立「維持會」，作爲奴役人民搜刮資財之工具。並先後在北平成立僞「中華民國臨時政府」，以王克敏爲傀儡；在南京成立僞「中華民國維新政府」，以梁鴻志爲傀儡。其組成份子類多軍閥餘孽，及失意政客。二十七年十二月，復煽動汪兆銘逃離重慶，初飛昆明，繼赴河內，二十八年五月乘日船至上海，六月率其黨徒周佛海、梅思平、高宗武等飛東京，公然泥首降敵。民國二十九年三月二十九日，在南京成立僞組織，並與日本簽訂賣國條約，擅將我國主權出賣於日本。當時我全國上下對汪氏之無耻行爲不深惡痛絕，美、英等國均嚴正聲明不承認南京之傀儡組織。

自全面抗戰發生後，美國基於中美傳統友誼，屢次對我有友好之表示。一九四〇年（民國二十九年）五月一日，美國對日本開始禁運，凡飛機、石油，及鋼鐵等戰略物資，採取許可證出口制。一九四一年（民國三十年）七月二十五日，美國凍結日本在美資金，英國亦凍結日本在英一切財產，並宣佈廢除英日商務及航海條約。八月一日，美國禁止石油輸日。同日，美國空軍志願隊（飛虎隊）成立，由中國航空委員會美籍顧問陳納德（Clair L. Chennault）任總指揮，參加實際對日作戰。初時僅一百架

p40型飛機，隊員不足三百人，以後日漸擴充，成爲空中之制勝力量。同月十日，美總統羅斯福與英首相邱吉爾會於紐芬蘭布拉森夏灣，十四日發表「大西洋憲章」，反對擴展領土與武力侵略，給予日本以重大之打擊。同月二十六日，美國宣佈派遣軍事代表團來華，以馬格魯德 (John Magruder) 少將爲團長，美日關係益趨惡化。

民國三十年夏，日本侵華戰爭精疲力竭，已陷於不能自拔之困境，爲阻止美國對華之援助，乃以解決「中日問題」爲藉口，直接與美國進行交涉。一面由其政府與美國駐日大使格魯接洽，一面命其駐美大使野村與美國國務院秘密商談。六月二十二日，蘇德戰爭爆發後，日本以美國不得以戰略物資援助蘇俄爲藉口，向美國提出新要求，會議日久不得要領。七月，日軍入據越南，南侵掠奪戰略物資跡象已漸顯著，國際局勢頓形緊張。

八月二十九日，日外相豐田貞次郎向格魯提出三點要求：(一) 美日兩國領袖早日會晤，開始談判。(二) 在會談期間，美國不得以汽油運往蘇俄。(三) 美國須停止凍結日本在美之資金。未爲美國所接受。九月二十二日，豐田復向格魯提出日本對華談判之「基本條件」九款：(一) 中日親善，(二) 主權與領土完整之尊重，(三) 中日之協力國防，(四) 撤退日本軍隊，(五) 經濟合作，(六) 重慶國民政府與南京僞組織合併，(七) 無土地之割讓，(八) 無賠款，(九) 承認僞「滿洲國」。仍被美國所拒絕。十一月五日，日本表面增派前駐德大使來栖三郎赴美協助野村進行交涉，暗中積極從事發動太平洋戰爭之準備。

十一月二十二日，日本參謀本部下達偷襲美國珍珠港命令。十二月一日日本按照預定計劃，出動戰鬪艦三艘，航空母艦六艘，巡洋艦八艘，驅逐艦二十艘，各式飛機三百餘架，潛行出發。八日晨一時，開始對美國檀香山珍珠港發動偷襲。美國因戒備疏忽，損失慘重。同日日機狂炸香港、菲律賓、新加坡等地。其陸軍則分別南進，在泰國、馬來亞、菲律賓、新加坡、香港、關島、威克島各處發動攻勢。於是英國、加拿大、澳洲、荷蘭、美國、比利時、南非、紐西蘭等國，紛紛對日宣戰，美國並宣佈對德意兩國進入戰爭狀態。同日，蔣委員長接見美、英、蘇三國駐華大使，表示中國決不惜任何犧牲，竭盡全力與各友邦對侵略者共同作戰。十二月九日，我政府正式佈告對日本宣戰，並聲明對德意立於戰爭狀態。

民國三十年十二月二十三日，中、美、英三國軍事代表在重慶舉行會議，蔣委員長親臨主持，會中決定中國以聯合行動增援緬甸，對抗日軍之進攻，美、英以戰略物資供應中國，以維持中國之抗戰能力。蔣委員長曾表示派遣國軍援助香港，以飛虎隊兩排陸軍八萬人赴緬甸助戰，並允借給英國美援物資。英方同意接受飛虎隊空中支援，而婉拒中國陸軍之援助。同月十二日，日軍陷九龍，十六日陷澳門，十八日包圍香港，英國原允堅守一月待我援軍，同月二十五日守軍竟宣告對日投降。兩月以內日軍席捲東南亞各地，活動範圍遠至西南太平洋之珊瑚島，印度、澳洲、紐西蘭皆感受威脅。

一九四二年（民國三十一年）一月一日，中、美、英、蘇等二十六國，在華盛頓發表反侵略共同宣言，聲明接受「大西洋憲章」，決心對軸心國作戰，而中國被明認為四強之一，國際地位驟形提高。一月二日，蔣委員長接受同盟國要求，出任中國戰區（包括越南、泰國等地）盟軍最高統帥，指揮本戰區各國盟軍共同對敵作戰。二月二日，美政府宣佈對華五億美元貸款，翌日英政府亦有對我五千萬英鎊貸款之宣佈，於是反侵略戰爭乃滙爲一流。

蔣委員長接受中國戰區統帥後，電請美總統羅斯福，指定一親信高級將領爲中國戰區參謀長，並應英國要求，派遣第五、第六、第六十六等軍進入緬甸協防。一九四二年（民國三十一年）一月二十九日美軍部發表史廸威（Joseph W. Stilwell）來華，除擔任中國戰區參謀長外，其職務仍有多種：㈠中印緬戰區副統帥（統帥爲英國駐印度最高統帥魏菲爾），㈡美國在印緬陸空軍司令官，㈢中印間運輸司令官，㈣監督並管理對華租借物資之處理，㈤美國駐華軍事代表。史氏在一九三五年至一九三九年（民國二十四年至二十八年）曾任美國駐華大使館武官，能華語，亦識華文，惟性情粗暴，對中國民族文化，時代精神，人物估計，皆缺乏眞正認識。對於中共禍國之經過，更茫然無知。三月五日史氏抵重慶就職，翌日晋謁　蔣委員長。十日奉派爲入緬遠征軍總指揮官，十一日離渝飛緬，指揮華軍對敵作戰。

緬甸英總督史密斯，最初疑忌我國，拒絕華軍入緬協守。一九四二年（民國三十一年）二月八日，日軍佔領新加坡，仰光緊急，始要求我軍南下增援。我軍兼程馳救，以交通工具缺乏，行動深受阻礙。三月一日　蔣委員長爲激勵國軍士氣，以與盟軍共同作戰，曾兩度飛緬甸視察，接見英軍統帥魏菲爾，緬甸總督史密斯，指示作戰機宜。惟以英軍驕矜無鬪志，而日軍勢大，仰光竟於三月七日陷落。英軍潰不成隊，倉皇北逃。及史廸威接替統率權，我軍乃佈防於同古一帶，嚴陣以待。三月中，日軍大舉北犯，二十五日迫近同古，除利用飛機戰車猛攻外，復使用大量毒氣。我軍堅守四晝夜，於達成殲敵任務後，二十九日向北轉進。四月十六日，英緬軍七千人被日軍包圍於仁安羌附近，我孫立人裝甲師奉命赴援，雖於四月十九日將英軍全部救出，而全線被日軍所衝動。史廸威於戰事緊張之際，既未向　蔣委員長報告戰況，復置數萬國軍於不顧，擅自離隊入印。國軍不得已乃分兩路退卻：一枝自畹町經騰衝撤至怒江東岸（後稱遠征軍）。一枝經密支那退至印度東境（後稱駐印軍）。日軍主力遂於五月五日陷八莫，八日淪密支那，十一日陷滇西騰衝。二十三日與我軍激戰於緬北山區中，我第二百師師長戴安瀾於二十六日負傷殉國，國軍遭受饑凍，犧牲逾千，其勇敢忠貞，艱苦卓絕，誠足以表現中華民族之固有精神。

緬甸失守後，美國參謀本部之作戰計劃，在全力對德國作戰，在遠東則採取守勢。其最大限度僅鼓勵中國繼續抵抗日本，支持中國空軍之戰鬪力，以等待歐戰之結束。一九四三年（民國三十二年）八月，羅斯福、邱吉爾魁北克會議後，中國戰場價值更爲低落，其原因有二：一爲美國海軍在太平洋逐島作戰勝利，一爲美國空軍B-29遠程轟炸機之使用。因此直到抗戰勝利，中美兩國軍隊之協同作戰，僅限於緬甸戰區，中國戰區端賴於自身之奮鬪。直至一九四四年（民國三十三年）十月，中國所收到之美援，僅佔美國對外全部租借物資一百一十億之百分之五。即此微小之數，實際在運華途中多被截留，改供盟軍在他處緊急之需。

史廸威入印後，計劃重新訓練中國軍隊收復緬甸，以雪戰敗之恥。然其忽視本身職責，重一隅而忽略全局，與我全面抗戰之戰略觀念不同。加以受中共挑撥離間，遂公開反抗　蔣委員長之命令。民國三十一年六月二十四日，史氏因要求撤換杜聿明軍長不獲我政府同意，乃不經預告，於二日後將在中國戰區作戰之美國第十隊轟炸機，全部調埃及助英作戰。其後史氏日加桀敖不馴，曾拒絕將租借法案下撥給中美商業組織之中國航空公司兩架運輸機轉交中國空軍，不肯向華盛頓代轉中國前線五百架飛機之作戰計劃，反對美軍一千桶飛機汽油之借用。史氏並屢次在稠人廣坐中譭謗中國政府，與陳納德、魏菲爾之間亦積不相容。史氏甚至要求擔任中國三軍統帥，美援武器直接援助中共，大爲我國朝野所不滿。

民國三十三年九月，華南日軍西犯，桂林告急，中國遠征軍在怒江前線方與日軍展開爭奪戰，蔣主席欲中國駐印軍隔嶺夾擊，史氏拒之，竟親飛桂林，自燬美軍機場，致電美參謀會議主席馬歇爾，以製造中美兩國政府間之裂痕。蔣主席不得已於十月九日致電美總統羅斯福，要求撤換史氏，十三日羅斯福覆電同意，改派魏德邁（Albert C. Wedemeyer）少將繼續其任。同月三十日，魏氏乃自印度飛抵重慶履職。

民國三十二年十月底，我駐印軍會同美國叢林部隊自胡康河谷開始反攻緬北，同時我滇西遠征軍渡薩爾溫江予以夾擊。三十三年夏我軍與敵軍苦戰於孟拱河谷。八月三日收復密支那。及史廸威被召回國，印緬戰場由美方曾任史廸威副司令索爾登中將任指揮，滇西戰場由魏德邁任指揮。印緬戰場中美聯軍於十月中旬分兩路自加邁、密支那向南推進，十二月十五日克八莫，三十四年一月十五日，殲敵於南倫。滇西遠征軍則於民國三十三年五月強渡怒江，破敵主力，九月十四日克騰衝，十一月三日克龍陵。三十四年一月十九日克畹町，越過國境線，分途猛攻。三十四年一月二十七日兩軍會師芒友，中印公路暢通無阻。

作業

一、說明飛虎航空隊之性質及對我抗戰之貢獻？

二、民國三十年多，美日交涉期間，日本提出那些苛刻要求？
三、日本何時偸襲珍珠港？我國何時正式對日宣戰？
四、中國戰區統率部成立於何時？包括那些地區？
五、列擧史廸威在華期間之跋扈事跡？

第二節　蔣主席就職與開羅會議

民國三十二年八月一日，國民政府主席林森逝世。林氏勤勞於國民政府已十二年，與　蔣委員長驂靳相輔，始終無間。同日中國國民黨中央常務委員會臨時會議選任　蔣委員長代理國民政府主席。九月六日中國國民黨五屆十一中全會在重慶擧行，十一日通過修正國民政府組織法，規定國民政府主席兼陸海空軍大元帥。十三日，大會一致選擧　蔣委員長爲國民政府主席，兼行政院長，並通過其他各院院長人選。十月十日　蔣主席正式宣誓就職，發表告全國同胞書，以全國國民公僕自居，以尊重全國民意，樹立中華民國民主政治楷模自勉。

先是太平洋戰爭爆發後，美英爲表示對我抵抗侵略之崇敬，並加強同盟國間之團結，於一九四二年（民國三十一年）十月九日我國慶前夕，聲明願放棄在華治外法權及其他有關權益，並擬於最短期內提出草約，與我政府正式談判。於是百年桎梏，一旦解除，而　國父畢生奮鬭之目標，　蔣委員長多年努力之願望，終獲實現，擧國上下，無比興奮。

一九四二年（民國三十一年）十月二十四日，美國務院向我駐美大使館提出中美新約草案。十月三十日英國駐華大使薛穆（Horace J. Seymour）亦向我外交部遞送中英新約草案，我外交部乃分別向美、英政府提出修正稿，經兩月之磋商，至三十二年一月十一日，中美、中英平等新約分別在華盛頓、重慶簽字。總計兩約所撤廢之各種特權：（一）領事裁判權，（二）使館界及駐兵區域，（三）租界，（四）特別法庭，（五）外籍引水人等特權，（六）軍艦行駛之特權，（七）英籍海關總稅務司之特權，（八）沿海貿易與內河航行權，（九）影響中國主權之其他問題。同年五月二十日，中美及中英新約分別在華盛頓、重慶互換批准本，並自即日起生效。惟九龍租借地問題，英人藉口與香港在地理上有密切之關係，不肯提前歸還。

自美、英兩國與我訂立平等新約後，巴西、比利時、盧森堡、挪威、古巴、加拿大、瑞士、荷蘭等國，相繼聲明放棄在華特權，並分別與我國簽訂平等互惠新約，其一切條款均以國際法普通原則為根據。

太平洋戰爭爆發後，蔣委員長為促成同盟國間之團結，共同抵抗侵略，曾於民國三十一年二月訪問印度，勸告印人積極參加反侵略陣營，共同為爭取人類自由而努力。並建議英國政府從速賦予印度人民以政治上之實權，使發揮精神與物質無限之潛力，以參加此次反侵略之聖戰。同年底至翌年夏，蔣夫人復訪問美國、加拿大，所到之處闡明我堅強不屈之精神，激勵彼此間之互助與合作。

一九四三年(民國三十二年)三月，蔣夫人訪美期間，美總統羅斯福曾表示為討論戰後遠東問題，希望與蔣委員長會晤。同年七月蔣委員長覆電同意。羅斯福初定會議地點在阿拉斯加，後應我要求，改為埃及開羅，並徵得英首相邱吉爾之允諾。同年十一月十八日，蔣主席偕夫人及隨員王寵惠、商震、林蔚等，自重慶起飛出發，取道印度，二十一日抵開羅。自二十三日至二十六日，與羅斯福、邱吉爾會議四日，討論範圍包括聯合作戰計劃，日本未來之國體問題，領土問題，對華賠償問題，旅順、大連問題，新疆問題，俄國對日本參戰問題，外蒙古唐努烏梁海問題，朝鮮獨立問題，中美聯合參謀會議問題，日本投降後對三島駐軍監視問題等。十一月二十七日　蔣主席自開羅偕夫人及隨員回國，十二月一日返抵重慶。三日在重慶、華盛頓、倫敦同時公佈由三國領袖簽署之宣言，其要點如下：「三國聲明，將盡一切力量以打擊其殘暴之敵人，必達到日本無條件投降而後已。剝奪一九一四年（民國三年）以後日本所佔得之太平洋島嶼。所有日本竊奪中國之土地，如滿洲、臺灣、澎湖，均應歸還中國。並應使朝鮮在相當期間內享得自由與獨立。」此次會議，中外輿情莫不譽為中國外交史上空前之勝利，韓國因之獲得獨立，自甲午戰爭以來喪失日本之國土，由美英明白承認得以全部收回。

一九四三年（民國三十二年）十月三十日，中、美、英、蘇四國代表於莫斯科會議閉幕後，曾發表「一般安全宣言」（通稱四強宣言），四國同意對共同敵人之投降及解除武裝共同行動，承認儘速建立一般性國際組織，以維持國際和平與安全。並聲明戰爭結束後四國不得在他國境內使用武力，將促成一限制軍備之協定。

一九九四年（民國三十三年）八月及十月，美、英、蘇及中、美、英代表，分別會議於華盛頓附近之頓巴敦橡樹園中，十月二十一日四國同時公佈戰後組織聯合國建議案，作為未來維持世界和平之機構。依此建議，一九四五年（民國三十四年）四月二十五日反侵略國家在舊金山舉行聯合國籌備大會，參加有四十六國代表，我代表為宋子文、王寵惠、顧維鈞等十人，至六月二十六日閉幕，通過聯合國憲章，我代表顧維鈞首先簽字，會後推舉執行委員國，爲正式機構成立前之過渡組織，籌備召開正式成立大會。一九四六年（民國三十五年）一月十日聯合國首屆大會在倫敦開幕，十三日安全理事會成立，我國被任爲常任理事國之一。

作　業

一、國民政府林主席何時逝世？蔣主席何時就職？
二、中美、中英平等新約訂立於何時？兩約共撤廢那些特權？
三、蔣委員長訪問印度有何重大意義？
四、開羅宣言重要內容是什麼？
五、說明聯合國籌組之經過？

第三節　中共之擴張與蘇俄之脅盟

民國三十年元月新四軍事件後，各地共軍襲擊國軍更加嚴重。同年八月，晉南共軍陳賡、薄一波、孫定國等部，偷襲我第二戰區趙少銓、呂瑞英兩軍，擄掠團長李熙泉、高翹，強佔馬壁、浮山，兩軍損失奇重，戰力幾盡喪失。同年九月下旬，晉南沁河以東國軍武士敏軍，於迎擊來犯日軍時，共軍自沁河以西乘虛騷擾其後方，武部腹背受敵，損失慘重，武士敏自戕殉國。三十二年二月，蘇北「新四軍」乘江蘇省主席韓德勤率部與日軍激戰之際，襲攻其根據地漣水。同時山東方面國軍于學忠部，亦遭到共軍猛烈之圍攻。同年底湘西鄂西之戰，三十三年夏平漢鐵路南段之戰，共軍將我軍事部署與作戰計劃，透過日本特務機關交於敵方，使敵軍得突破國軍封鎖線，影響我全盤戰局。陝北共軍則企圖乘機侵入甘肅，蘇俄亦在新疆迭次策動事變，以動搖我大後方之秩序。

三十四年六月二十五日，陝北共軍煽動淳化保安隊叛變，佔據縣城，同時浙東、浙西、綏北、魯南、魯西共軍，亦到處襲擊國軍，使我對日全面反攻計劃受到牽制。是時中共誇稱其正規軍有六十五萬，民兵二百餘萬，遂轉變戰略，由游擊到正規戰，由鄉村到城市，企圖大舉蠢動奪取政權。

一九四三年（民國三十二年）五月二十二日，共產國際宣佈解散，中共改以「民主黨派」和「土地改革者」自居，拉攏其他黨派，聯合國際共產黨同路人，製造美國輿論，以打擊我政府之信譽。是時，美共份子太平洋關係研究所主任拉鐵摩爾（Owen Lattimore），經羅斯福推薦，充　蔣委員長軍事顧問，與中共首要周恩來等往返密切。而美國駐渝使館及史迪威左右，佈滿中共同路人，其著者若戴維斯（John P. Davis）、謝偉志（John S. Service）等，掌握美國大使館情報網，作種種反對國民政府之報告，間接為中共作有利之宣傳。而重慶美國戰時新聞局長費正清（John K. Fairbank）之媚共行為，在美國高級知識份子中尤產生不良之惡果。

中共除利用國際共產黨徒為其宣傳外，復利用「談判」慣技，以詐取美政府之同情。三十二年三月二十八日，中共代表周恩來、林彪在重慶謁見參謀總長何應欽時，要求共軍改編為四軍十二師，陝北邊區改為行政區。三十三年五月中共代表林祖涵與政府代表張治中、王世杰會於西安，復要求共軍改編為五軍十六師，釋放「愛國政治犯」，承認華北「民選抗日政府」。同年六月二十一日，美國副總統華萊士(Henry A. Wallace)來華，代表美國總統促成國共之合作。九月，美總統特使赫爾利(Patrick J. Hurley)抵重慶，亦以調停國共糾紛爲己任。(十一月赫氏繼高思(Clarence E. Gauss)出任駐華大使)赫氏曾飛延安直接與毛澤東接洽，向 蔣主席建議，允許中共參加「聯合政府」。

民國三十四年一月十一日，毛澤東直接致電赫爾利，要求召開「國事會議」，其代表應包括「中共」代表，及「民主同盟」代表在內。同月底政府代表行政院代院長宋子文、宣傳部長王世杰等，與中共代表周恩來繼續在重慶商談，赫爾利被邀列席參加。政府採取忍讓態度，同意在行政院下設立一決策機構，「中共」及其他黨派得派員參加，共軍改編及裝備由軍事委員會委派中國軍官二人(其中一人爲「共軍」司令官)，美國軍官一人，擬定辦法，呈軍事委員會委員長核定辦法，仍被中共所拒絕。二月十六日離渝返延安，堅持將來召開一「政治協商會議」，以便成立「聯合政府」。

民國三十二年十一月二十八日至十二月一日，美總統羅斯福、英首相邱吉爾、蘇俄總理史達林，爲討論對軸心國作戰及遠東問題，會議於伊朗之德黑蘭，羅斯福爲促成蘇俄對日作戰，曾提議戰後旅順、大連租借俄國使用。三十四年二月四日至十日，三國領袖再會於克里米亞島之雅爾達(Yalta)。當時德國投降在卽，日本仍在作垂死之掙扎，羅斯福錯估日本關東軍之實力，爲早日恢復遠東和平，妄圖賄買蘇俄參加對日作戰，不惜以中國東北利權爲犧牲，與史達林簽定雅爾達秘密協定。邱吉爾雖未參予討論中國問題之會議，而於事後加以默認。三國對外所發佈之公開聲明，則僅限於建立一般性之國際組織，及德國戰敗後之處理，以及波蘭、南斯拉夫改組爲共黨政府。

雅爾達密約簽定後，三國雖協議保守秘密，但國際間已盛傳此次會議有影響中國之行動，我政府先後命駐美軍事代表團團長商震及駐英大使顧維鈞，向參予會議之美國海軍上將李海探詢消息；惟被李氏所否認。同年四月十二日羅斯福逝世後，該密約始行外洩，其要點如下：（一）外蒙古現狀（蒙古人民共和國）應予保持。（二）俄國前於一九〇四年（光緒三十年）被日本偷襲侵害之權利應予恢復。（包括歸還庫頁島南半部及附屬島嶼，旅順、大連之租借權，及中蘇共同管理中東鐵路和南滿鐵路。）（三）千島羣島割讓於俄國。依此協定，蘇俄同意歐戰結束後兩月或三月內蘇俄應加入同盟國對日作戰，美國將採取步驟以獲得中國國民政府之同意，蘇聯政府準備與中國國民政府訂立中蘇友好同盟條約，俾以武裝力量援助中國共同擊敗日本。

民國三十四年五月底，美總統杜魯門（Harry Truman）遣其助理霍浦金斯（Harry L. Hopkins）訪問莫斯科，商討美蘇間有關問題，史達林要求中國行政院長兼外交部長宋子文能在七月一日前到達莫斯科，締結實行雅爾達密約之協定。六月九日、十四日杜魯門兩次約晤正在美國訪問之宋氏，轉告霍浦金斯與史達林之談話，並說明雅爾達密約之原則。六月十五日宋氏返國，同日美駐華大使赫爾利正式將雅爾達密約內容通知我國。

雅爾達會議因無中國代表參加，對我並無拘束力。然政府面對國際現實，為保持對日作戰期間同盟國間之團結，及遠東和平與安全，不得已於六月二十七日派行政院長宋子文赴莫斯科，直接與蘇俄進行交涉。三十日舉行第一次會議，我方出席者除宋氏外有駐俄大使傅秉常、外交部次長胡世澤、蔣經國等。蘇俄方面由史達林親自主持，重要人員有外交部長莫洛托夫（Vyacheslav Molotov），駐華大使彼得羅夫（Petrov）等，至七月十三日因史達林出席波茨坦會議，而宋氏亦有若干問題需回國請示，會議暫告停頓。七月三十日王世杰繼任外長，八月五日隨宋氏再赴莫斯科，七日重新開始談判，至十四日簽約爲止，先後會議在十次以上。蘇俄最初對雅爾達秘約條款解釋偏差甚大，美國務卿貝爾納斯（James F. Byrnes）乃勸告中國不應作任何超越該協定之讓步。史達林則態度倨傲，露骨表現帝國主義者猙獰面目，以割裂我外蒙，使用旅順、大連而意得自滿；並企圖離間中美間之友誼。「中蘇友好同盟條約」，內容共分五項，另附記錄一份，有效期限三十年，摘其要點如下：

一、中蘇友好同盟條約（本約）　規定兩國軍事同盟，防止日本重新侵略或破壞和平，互相遵重對方之主權與領土。

二、中蘇關於中國長春鐵路之協定　兩國各派五人組織理事會，各派三人組織監事會，理事長由華人擔任，監事長及鐵路局長由俄人擔任，俄國運送軍用品及貨物不徵關稅，不受檢查。

三、關於大連之協定　大連爲自由港，港口由俄國防衞，俄國進出口貨物享受特別優待。

四、關於旅順口之協定　旅順口爲海軍根據地，俄國得駐紮陸海空軍，行政權屬中國，公務人員之任免應徵得蘇俄之同意。

五、關於中蘇對日作戰蘇聯軍隊進入中國東三省後蘇聯軍總司令與中國行政當局關係之協定　蘇聯軍總司令同意中國政府派代表一人，助理若干，在收復領土內設立行政機構，樹立中國軍隊。

記錄：日本投降三星期內蘇聯開始撤退東三省駐軍，其期限不得超過三個月。

同年八月八日蘇俄對日宣戰，十四日我國簽訂「中蘇友好同盟條約」時，日本已宣佈無條件投降，俄軍深入東北腹地。就當時情勢論，倘我峻拒蘇俄要求，則東北之收復勢將橫生枝節，並喪失美、英對我之同情與支持。故談判雖瀕於破裂者屢，政府卒隱忍折衝簽約，實有不得已之苦衷。

作業

一、新四軍事件後，共軍有那些破壞抗戰行爲？

二、共產國際如何策應中共毀謗國民政府威信？

三、雅爾達秘約簽訂於何時？重要內容若何？

四、中蘇「友好」同盟條約有那些重要項目？

第八章　勝利與行憲

第一節　反攻與追擊

太平洋戰爭爆發後，日本為挽救其失敗之命運，利用在東南亞所掠得之戰略物資，在中國戰場作垂死之掙扎。其作戰計畫，企圖使中國戰區與中南半島之交通貫穿一氣。故自民國三十一年夏迄三十三年底，二年半期間，在華敵軍，迭次發動瘋狂攻勢，而遭受我嚴重之打擊。

民國三十一年五月，敵人為防止美航空母艦飛機空襲其本土後在浙江諸機場降落，集中十餘萬兵力，使用戰車毒氣，自浙贛路東段向西進攻，二十七日陷金華，六月七日陷衢州，十五日陷上饒。同時江西南昌敵軍，亦集中兵力三萬餘人，沿浙贛路東犯，先後侵陷臨川、崇仁、貴溪等地，與西犯敵軍會師，到處破壞機場，拆遷鐵路，掠奪物資。我軍轉移兵力，在敵後發動反攻。七月八日克崇仁，十九日克上饒，二十八日克衢州，至五月底終於迫敵人退回原陣地。

民國三十二年五月，湖北之敵為打通長江上游航線，窺伺重慶門戶，分自宜昌、華容、松滋、石首內犯，遭我阻擊。不支回竄。十一月初，復合兵力十餘萬，各種飛機百餘架，分向鄂西、湘北進攻，沿途遭我截擊，死傷甚重。五日陷松滋，二十四日竄至常德城郊，與我守軍第五十七師展開激戰，計城防戰五日，巷戰七日，全城陷於火海。我軍逐屋爭奪，與敵往復衝殺，所餘不過五百人，猶守城內西南隅數據點，艱苦奮鬪。至十二月三日常德一度陷入敵手，八日復爲我五十八軍所收復，繼續追擊，同月底恢復原陣地。此次會戰，我中美空軍飛臨前線助戰，使敵蒙受慘重損失，敵軍傷亡二萬餘人。

民國三十三年四月中，敵人爲達成貫通平漢鐵路之目的，自東北華北抽調兵力十五萬餘人，自河南中牟邙山頭渡河南犯，藉優勢戰車及騎兵等快速部隊，分路進攻。南路之敵於五月一日陷許昌，八日與信陽北上之敵軍會師西平，打通平漢鐵路。西路之敵先侵陷洛陽周圍各縣，於五月五日竄至洛陽近郊，十日開始攻城，守軍第十五軍浴血苦戰，至二十五日晚，因彈盡援絕，乃分路突圍，敵軍沿隴海路西攻，六月十日陷靈寶，十一日陷閿鄉。及我軍增援反擊，十五日克靈寶，與敵對峙陝縣以西。

民國三十三年五月，敵人企圖打通粤漢鐵路，調集二十餘萬兵力，自湘北發動大規模攻勢，我軍節節抵抗，主力轉移於敵人後方。六月十八日長沙失，湘東湘西各縣先後放棄。二十三日敵軍竄至衡陽近郊，與我守軍第十軍展開空前之決戰，我軍苦戰達四十八日，傷亡殆盡，陣地全燬，至八月八日城始陷落。是役前後歷時兩月半，敵軍死傷六萬六千餘人。

民國三十三年九月上旬，敵人集中兵力十五萬人，分三路西犯：一路沿西江，一路沿湘桂公路，一路沿湘桂鐵路，我軍迭次予敵重創，終以衆寡懸殊，未能盡挫敵焰。十一月十一日桂林失，十一月二十八日南丹失，十二月二日獨山失，貴陽震動。我最高統率部命何應欽抵貴陽坐鎮，指揮各路援軍湯恩伯等部，向敵人施行猛烈反攻，八日克獨山，十二日克南丹，迫敵退至河池附近。

民國三十三年冬，我最高統率部爲配合盟軍作戰，特設立中國陸軍總司令部於昆明，負責西南各戰區部隊之統一指揮及整訓，由參謀總長何應欽兼總司令，下轄四個方面軍，分由盧漢、張發奎、湯恩伯、王耀武任指揮，共二十八個軍，八十六個師，另其他特種部隊。中印公路打通後，美方之作戰物資大量輸入，國軍獲新式裝備之陸軍共三十六師，於是我最高統率部乃集中人力物力，在華南華東戰場發動反攻。

民國三十四年五月上旬，我以有力部隊分向福州外圍發動攻擊，先後佔領各據點，於十八日克復福州，二十二日克復連江，殘敵向浙江邊境北竄，沿途遭我節節截擊，死傷慘重。六月十三日我軍克瑞安，十八日克永嘉，二十三日克樂清。同時贛南敵軍遭我夾擊，死亡甚衆，七月十日我軍克南康，二十五日克萬安，二十九日克吉安，敵軍死傷在五千人以上。

民國三十四年四月，我軍在廣西大舉發動反攻，四月二十七日我第二方面軍克都安，五月二十七日克南寧，七月三日克龍州、憑祥，逐敵於國境之外。復得桂省民團協助，先後收復桂平、武宣等地，逼近柳江。同時我第三方面軍於五月二十日克河池，六月二十九日克柳州，七月二十七日克桂林，殘敵狼狽逃竄，我軍士氣大振。

民國三十四年七月，我最高統率部擬定收復廣州作戰計劃，以便增加中國戰區陸空軍之物資供應。陸軍總司令何應欽設指揮所於南寧，命第一方面軍盧漢部固守滇南陣地，阻止越北敵人出擊。第二方面軍張發奎部，於九月一日前攻略雷州半島，並確保之。第三方面軍湯恩伯部，一支會同第四方面軍王耀武部，由湘西進攻衡陽；一支南下曲江攻廣州。八月初，第二方面軍已集結梧州以西地區，第三方面軍沿湘桂路東進部隊已到達北全州，南下部隊已到達桂東賀縣，方期一舉收復廣州，而敵人已無條件投降。

作業

一、太平洋戰爭爆發後，中國戰場戰事因何反趨劇烈？

二、說明常德會戰之經過？

三、中國陸軍總司令部成立於何時？其組織若何？

四、勝利前夕，我軍反攻廣州之作戰計畫若何？

第二節　受降與接收

民國三十四年春，中國戰區我軍反攻節節勝利，太平洋美軍已登陸琉璜島、琉球，大批美機連日猛炸東京、神戶、名古屋等地，日本已呈土崩瓦解之勢。三月底，日外相重光葵乃密託瑞典駐日公使向盟國試探和平。五月八日德國無條件投降，日本益感孤立，復請蘇聯從中斡旋，蘇聯則匿不轉告中美英三國。七月二十六日，中、美、英三國領袖在柏林附近德皇夏宮波茨坦發表聯合聲明：開羅宣言之條件必將實施，日本主權限於本州、北海道、九州、四國，及盟國所決定其他小島之內，日本政府應立即宣佈無條件投降；否則即將完全毀滅。日本曾一度企圖拒降，仍乞求蘇聯之調停。旋以大勢已去，廣播請求聯合國採取較寬厚之和平條件，而被盟方所拒絕。惟重申其意義：所謂無條件投降者，並非消滅日本種族，奴役日本人民之謂。

八月六日美國第一枚原子彈投落廣島，毀該城建築物十分之六，人民死傷十餘萬。八月八日，蘇俄對日宣戰。九日美國第二枚原子彈再落長崎，日本舉國震悚，遂於十日將降書託瑞典轉達中、美、英、蘇四國政府，表示願接受波茨坦宣言所列條款，惟要求保留天皇爲日本元首。八月十一日，美國務卿貝爾納斯代表中、美、英、蘇四國經瑞士答覆日本，同意其要求，至八月十四日日本天皇遂頒佈無條件投降之敕書，於是我艱苦之八年抗戰卒獲得最後之勝利。八月十五日我政府接獲日本投降電文後，最高統率部即致電南京日本駐華派遣軍總司令岡村寧次，指示其六項投降原則，飭其所屬日軍停止一切行動，維持所在地秩序及交通，所有飛機船艦停留現地，派遣代表至玉山接洽一切。並任命陸軍總司令何應欽，代表中國戰區最高統帥，接受日本之投降。同日　蔣主席書告全國軍民對於日人不念舊惡，以德報怨，以表現我民族至高至貴之德性。

日本宣佈投降後，依照盟軍最高統帥麥克阿瑟（Douglas MacArthur）所劃分之受降區域，中國戰區包括中華民國（內東北歸蘇軍受降）、臺灣；及越南北緯十六度以北地區，全部敵軍投降兵力爲一百二十八萬三千人。岡村寧次於接獲我最高統率部投降原則後，乃派今井武夫等與我接洽。旋因玉山機場天雨跑道損毀，我政府乃於十八日再電岡村，改以湖南芷江爲接洽處，並限今井於八月二十一日前來接洽。屆時今井依照規定注意事項，率隨員八人飛抵芷江，於接獲我方備忘錄後飛返南京。九月八日何應欽由芷江飛往南京受降，九日上午九時代表最高統帥主持中國戰區日本投降簽字典禮。

中國陸軍總司令部爲迅速辦理受降事宜，乃劃分全國爲十五個受降區，指派就近之最高軍事長官，分別接受日軍之投降。計繳得步槍六十八萬五千餘枝，輕重機槍二萬九千八百餘挺，礮類一萬二千四百餘門，戰車及裝甲車五百餘輛，卡車一萬五千餘輛，馬匹七萬四千餘匹，各種飛機一千零六十八架，各類艦艇一千四百艘，共五萬四千餘噸。合計日僑日俘二百零三萬九千餘人，另韓籍俘虜及臺胞十萬餘人，分別集中於重要城市，自同年十月由美國海軍協助開始遣送返國，至三十五年六月全部遣送完畢。

日本投降後，國軍得美國軍方協助，利用海空運輸工具，分別至各戰區接收。至三十四年底，華北各重要城市如北平、天津、保定、太原、濟南等地，均由政府所控制；至於黃河以南，僅廣東部分地區被共匪所盤據。於是政府各機關先後遷返南京，三十五年四月三十日國民政府頒佈還都令，五月四日蔣主席飛抵首都，五月五日政府正式在南京恢復辦公。

先是八月十日日本無條件投降後，我最高統率部立即電令全國各部隊，聽候命令，根據盟邦協議，執行受降之一切決定。對「第十八集團軍」之電令曰：「所有該集團軍所屬部隊，應就原地駐防待命，其在各戰區作戰地境之部隊，並應接受各該戰區司令長官之管轄，勿再擅自移動。」而共軍竟利用機會，乘機擴張。翌日由朱德以「延安總部」名義，連續發佈七道命令，指示各地共軍全面蠢動。八月十四日朱德、彭德懷，致電最高統率部，公開拒絕八月十日之命令。十五日，朱德自稱「中國解放區抗日軍總司令」，致電岡村寧次，飭其命令所屬日軍向共軍投降，並指定受降地點及代表如下：（一）華北在阜平地區，由聶榮臻負責。（二）華東在天長地區，由陳毅負責。（三）鄂、豫兩省在大別山地區，由李先念負責。（四）廣東在東莞地區，由曾生負責；惟被日方所拒絕。

八月十六日中共以朱德名義向政府提出六點主張，其內容如下：（一）政府接受日偽投降與締結受降協定及條約時，須事先與中共商得一致意見。（二）中共有權根據波茨坦宣言條款及同盟國規定受降辦法，接受所包圍日偽軍之投降，並收繳其武器資材。（三）中共有權選出代表參加接受敵人投降，及處理敵人投降後工作。(四)中共有權選出代表，參加和平會議及聯合國會議。(五)共軍所包圍敵僞，由共軍接受投降，國軍所包圍敵僞，由國軍接受投降。(六)立卽召開各黨派會議，成立聯合政府。

八月十四日　蔣主席電邀毛澤東至重慶共商國是。二十日再電邀之，毛竟不肯行。二十七日美駐華大使赫爾利偕張治中飛延安催勸，翌日乃伴毛飛抵重慶，周恩來等同行。此後在四十一天內，一面由　蔣主席與毛直接會談，一面由政府代表張羣、王世杰等與周恩來連續協商。中共要求延緩召開國民大會，修改國民大會組織法、選舉法，和五五憲法草案。「共軍」應改編爲二十四師，「陝甘寧邊區」、熱河、察哈爾、河北、山東、山西五省，應由中共推薦之人員擔任政府主席及委員。綏遠、河南、江蘇、湖北、廣東六省，應由中共推薦之人員擔任副主席及委員。北平、天津、青島、上海四特別市，應由中共推薦之人員擔任副市長，東北各省中共得推薦人員參加行政。重劃受降地區，使共軍參加受降工作。政府以全國政令統一爲先決條件，未便全部接受其要求。十月十日政府公佈會談記要，十一日毛飛返延安，行前因受　蔣主席精神所感召，曾對記者發表談話，願在　蔣主席領導下，爲實現三民主義而奮鬪，惟其諾言未幾卽被其破壞無遺。

日本投降之初，共軍佔領地區僅有八十一縣，利用重慶和談爲掩飾，自九月上旬至十月初，攻佔城市二百餘座，在華北各交通線上控制若干據點，並包圍繳械三萬日軍供其奴役。其中尤以東北最爲嚴重。

一九四五年(民國三十四年)八月八日，蘇俄對日宣戰後，以馬林諾夫斯基(Rodion Ya. Malinovski)爲統帥，合兵力數十萬，在日軍喪失抵抗能力情形下，分三路侵入我東北內蒙。右翼經庫倫指向張家口，中路取道外蒙東部，主力佔領承德，別支陷赤峯、平泉。左翼自滿洲里沿中東鐵路直薄哈爾濱，南下長春、瀋陽，分兵二支：一支入安東，取旅順、大連；一支經錦州，直抵山海關。八月十四日日軍投降時，俄軍已佔領東北大部分，俘虜日軍六十萬名，包括全部裝備和倉庫存儲。

俄軍佔領東北後，一面培植地方傀儡組織，製造「內蒙自治運動」，一面嗾使共軍林彪、李運昌等部進入東北，太行山區共軍復分批由海陸路東竄，沿途裹脅，實力膨脹至爲迅速。俄人除協助共軍就地收編僞滿洲國部隊外，並儘先恢復東北軍火業之生產，代共軍訓練軍事專門人才，將擄自日軍之武器裝備非法轉交給共軍使用。

俄人復爲培植中共勢力計，違反中蘇友好同盟條約，阻撓國軍前往接收。遲至一九四五年（民國三十四年）十月一日，始由其駐華大使彼得羅夫通知我政府，謂俄軍將於本月下半月自東三省開始撤退，十一月撤退完畢。同日下午我外交部次長甘乃光通知俄使，表示中國國軍第十三軍已定於本月十日前後自九龍乘美國船隻，由海道前往大連登陸；俄使則藉口依據「中蘇友好條約」大連係商港，堅決反對。同月九日、二十五日，及十八日、二十二日，我外交部長王世杰及　蔣主席復先後召見俄使，商談國軍接收東北登陸地點，仍然不得要領。政府不得已，乃決定國軍改由營口及葫蘆島上岸。十月二十五日，俄軍自動將營口放棄，聽任共軍佔領。我政府復決定空運國軍至長春、瀋陽等地，經東北行轅主任熊式輝與馬林諾夫斯基迭次交涉，俄方備加刁難，竟誣指我抗日地下軍爲反蘇武力。遲至三十五年一月，我保安隊四千人方得空運長春，而瀋陽已組成之保安隊，反於一月十六日被俄軍包圍繳械。三十四年十月三十日，我軍自秦皇島登陸，沿途遭共軍截擊，排除萬難，十一月六日東出山海關，二十六日進駐錦州，三十五年一月十五日進駐瀋陽。惟俄軍對我軍之接防仍處處加以阻撓，屢次藉端更改其撤退期限。同年二月，全國各界爆發維護國權運動，反對東北特殊化，要求俄軍依約撤離東北，國際間均不值蘇俄之行為。蘇俄以共軍已全部控制東北，二月二十六日發表撤軍聲明，經我政府努力，四月一日雙方達成一項協議，對各地俄軍撤退，及中國恢復行使主權之程序與日期，均有詳細規定；惟俄人仍不肯切實履行。三月十三日俄軍撤離瀋陽，十四日撤離四平街，四月十四日撤離長春，不待國軍接防，至五月三日全部俄軍退入俄境。共軍配合俄軍行動，得其砲兵協助，三月十七日陷四平街，四月十八日陷長春，國軍傷亡四千餘人，我接收官員被逼撤入俄境。

俄軍進入東北後，公開搶掠，商店民居普遍洗劫，姦淫婦女，任意屠殺無辜人民。加以無限制發行軍用票，物價騰貴，市面蕭條，人民蒙受極大之痛苦。三十四年十一月二十四日，馬林諾夫斯基正式向我東北行轅經濟委員會主任委員張嘉璈提出要求，視東北工業設備為戰利品，並開列一百五十四種企業，要求中俄共同管理。十二月七日，再度向張氏提出上項要求，堅持除非此一問題獲得解決，不能預測俄軍自東北撤退日期。因被我政府所拒絕，乃不惜使用暗殺手段，以阻礙我工礦人員前往接收。三十五年一月十六日，我經濟部東北礦區特派員張莘夫率隨員六人赴撫順接收，因遭中共阻撓，於返瀋陽途中在李石寨被共軍殺害。而保護之俄兵竟坐視不救，其主使之嫌至明。同年三月二十七日，蘇俄駐華大使彼得羅夫復以所擬之「中蘇經濟合作建議草案」面交我外交部長王世杰，仍要求與我共同經營前日人在東北之企業，王氏始終堅守「處理敵產辦法」立場，拒絕俄人之要求。於是俄人乃將東北輕重工業機器加以拆遷，其不能移動者則加以破壞，因之蘇軍撤離東北後，東北各工業城市大半成為廢墟，工廠停工，礦山停採，鐵路寸斷，我直接間接所受之損失，時值在一百億美金以上。共軍乃因之坐大，為日後戡亂戰事挫折之主要原因。

作業

一、同盟國波茨坦宣言內容若何？
二、毛澤東重慶會談時，提出那些無理要求？
三、中共用那些卑鄙手段阻撓國軍受降？
四、俄軍佔領東北後，怎樣培植共軍？
五、蘇俄怎樣阻撓國軍接收東北？
六、俄軍對東北工業設備破壞情形如何？

第三節　政治協商與共軍之妄動

民國三十四年五月五日，中國國民黨第六次全國代表大會在重慶舉行，時值抗戰勝利前夕，而中共威脅日趨嚴重之時，大會推舉　蔣總裁連任總裁，決定為鞏固國家之統一，確保勝利之果實，對於中共問題，願以談判方式解決之。希望共黨份子能共體時艱，實踐宿諾，不再妨礙抗戰，危害國家。大會並決定三個月內取消軍隊黨部及學校黨部，六個月內所有未淪陷省區，以普選方式成立地方議會。並決定同年十一月十二日召開國民大會，於是各基層黨務活動無形停頓，中共氣燄因之日增。

同年十月，毛澤東重慶會談後，政府依照協議於十月三十日向中共提議停止軍事衝突，共軍撤退各鐵路線，政府不派兵至該處。並定於十一月二十日召開政治協商會議，其代表名額政府八人，「共產黨」七人，「第三黨」十三人，無黨派九人。中共除政治協商會議外，不同意其他提議，而政治協商會議名單遲不派定，因之原定開會之期屆時未能舉行。

十一月二十七日，美國駐華大使赫爾利辭職，翌日美總統杜魯門任命馬歇爾（George C. Marshall）爲特使來華，希望馬氏盡量利用美國之地位，促成國共之停戰。杜氏並不瞭解中共之本質，馬氏對中國政情更爲隔膜也。十二月二十日馬歇爾抵上海，翌日至南京謁見　蔣主席，提議組織一小組委員會，商討停止衝突及其他有關事項。經政府同意，以馬歇爾爲主席，政府代表爲張羣，中共代表爲周恩來，並於三十五年一月七日舉行首次會議。十日商定「關於停止國內軍事衝突辦法」，決定在北平成立一軍事調處執行部，由委員三人組成之，政府代表爲鄭介民，中共代表爲葉劍英，美方代表爲羅柏森，協議自一月十三日午夜起各地停止一切戰鬥。由軍調部派出四個停戰小組，分赴各地監督執行，各有政府代表一人，中共代表一人，美方代表一人。

三十五年一月十一日，政府提議設立一軍事三人小組，以計劃中國軍隊之改編事宜，經中共同意，政府代表爲張治中，中共代表爲周恩來，而以馬歇爾爲顧問，二月十四日舉行首次會議。經六次會商，二十五日簽定「關於軍隊整編及統編中共部隊爲國軍之基本方案」，其要點如下：（一）國民政府主席爲中國陸海空軍最高統帥。（二）陸軍編制，每軍轄三師，每師人數不得超過一萬四千人，十二個月內全國應整編爲一百零八個師，其中「共軍」佔十八個師。（三）再過六個月，政府軍縮編爲五十個師，共軍縮編為十師。（四）十八個月終了時，各區軍隊分配：東北，國軍十四師，共軍一師。西北，國軍九師。華北，國軍十一師，共軍七師。華中，國軍十師，共軍兩師。華南，國軍六師。（五）各省得酌設保安隊，其數額不得超過一萬五千人。馬歇爾於任務達成後，乃於三月十一日首途離華返美。瀕行向軍事三人小組提出「關於派遣執行小組赴東北授予執行部命令草案」，因周恩來對第四條拒絕同意，（按：第四條為「政府部隊有權佔領恢復中國東北主權必要之各地區，並特別指明政府軍隊在鐵路兩側三十公里，有單獨管轄之權。」）以致未能獲得協議。

民國三十五年一月十日，政治協商會議在重慶國民政府禮堂開幕，出席代表三十六人，其中包括國民黨七人，中共六人，青年黨五人，民主同盟二人，國家社會黨二人，救國會二人，職業教育社一人，村治派一人，第三黨一人，無黨派人士九人。大會至三十一日閉幕，所得決議共分五類：（一）國民政府為全國最高權力機關，委員四十人，其中國民黨佔二十人，中共佔十人，民主同盟佔四人，其餘為無黨派人士。（二）各政黨均被認為合法，具有平等之地位。（三）全國軍隊改編為五十師或六十師，政黨不得利用作政治工具。（四）民國二十五年五月五日召開國民大會，以制定憲法。二十五年所選出之代表繼續有效，另增加東北及臺灣區域代表一百五十名，及遴選代表七百名，其中國民黨二百二十名，中共一百九十名，民主同盟一百二十名，青年黨一百名，社會賢達七十名。（五）以民國二十五年五五憲法草案為依據，組織憲草審議委員會，以兩個月為完成時間，提供國民大會採納。政府雖決心促成國內之和平，而政協所有決議盡被中共所破壞。

馬歇爾軍事調處期間，共軍四處襲擊國軍，其中尤以東北最為嚴重。民國三十五年春，林彪所部主力三十餘萬，集中於四平街附近，企圖阻止國軍前進。中共發言人則提出東北問題解決辦法四端以相要脅：（一）改組東北行營及政治經濟兩委員會與各省政府，吸收東北民主人士及各黨派無黨派人士參加。（二）承認並整編東北民主聯軍。（三）承認東北各地自治政府。（四）政府軍開入東北恢復主權部隊，其數量應予限制。同年四月，馬歇爾再度來華，政府與中共之談判益趨困難。國軍杜聿明部迫於情形，自五月起在東北發動反攻。五月三日克本溪，與共軍主力激戰於四平街一帶，十九日國軍克復四平街，共軍傷亡過半，潰不成軍。二十三日國軍克長春，二十八日克永吉，六月五日直薄哈爾濱，共軍軍心渙散，紛紛反正。經馬歇爾努力，政府迭次宣佈停止攻擊令，各地國軍遵守不作抵抗，遂予共軍以喘息機會。同年六月底，東北共軍盡陷松花江北岸，七、八月間，關內共軍賀龍部先後侵陷晉北各縣，並開始圍攻大同。聶榮臻部進犯冀南，徐向前部進犯太原，陳毅部進犯青島、徐州，南擾蘇北各地。劉伯承部流竄隴海路東段，李先念部流竄大別山區，皖北各地已受到威脅。

軍事調處執行部爲阻止各地共軍攻勢，迭電各地執行小組，監督各地共軍遵守協議，政府復迭次下令國軍停戰，而中共公開攻擊美國對華政策，反對美國「干涉中國內政」，要求美國撤退在華駐軍。七月二十九日偸襲自天津至北平換防之美軍於平津公路之安平鎭，美軍傷亡甚衆。

同年秋，國軍不得已對各地共軍開始掃蕩，華中方面：九月十七日克淮陰，十二月十八日克鹽城，蘇北秩序次第恢復。華北方面：九月十四日克集甯，解大同之圍。十月十一日克張家口。十一月一日登陸烟臺，魯東各地相繼收復。東北方面：十月二十五日克安東，二十九日克通化，進抵鴨綠江畔。馬歇爾憤軍事調處之失敗，竟電請美國總統杜魯門，自三十五年七月起斷絕一切對華援助。八月，杜氏復以正式命令禁止中國購買美國剩餘軍火，國軍之補給遂感困難。

作業

一、中國國民黨第六次全國代表大會舉行於何時？有何重要決議案？

二、馬歇爾軍事調處之辦法如何？並說明其因何失敗？

三、政治協商會議舉行於何時？其決議案若何？

第四節　頒佈憲法與選舉總統

民國三十四年五月，中國國民黨第六次全國代表大會，曾通過同年十一月十二日爲國民大會集會之期，因政治協商會議延期至三十五年五月五日舉行。嗣因中共藉故阻撓，民主同盟亦隨聲附和，會期復移至同年十一月十二日。屆時因等待中共及民主同盟代表出席，曾延會三日，至十五日大會始正式開幕。出席代表一千三百五十五人，青年黨、民社黨，及無黨派人士均有代表參加，中共及民主同盟代表則拒絕出席。大會推最年長之國大代表吳稚暉擔任主席，　蔣中正先生等四十八人爲主席團，洪蘭友爲大會祕書長。　蔣主席所致開幕詞，希望各代表實現　國父及先烈遺志，完成制憲大業，以安定國家根本，作爲憲政之治之發軔。

十一月二十七日，政府以政治協商會議通過之憲法草案提交大會修正，十二月二十四日，首先通過憲法實施程序，二十五日三讀通過「中華民國憲法草案」，計十四章，一百七十五條，內容與政治協商會議協定之草案極為相近。大會並決定民國三十六年元旦公佈憲法，同年十二月二十五日為憲法實施日期。同日國民大會閉幕，由　蔣主席代表國民政府接受憲法。三十六年元旦政府如期公佈「中華民國憲法」，及「憲法實施程序」，於是我國乃正式進入憲政時期。

政府為準備行憲，容納各黨派人士，三十六年三月一日宣佈立法院新增委員五十人，其中國民黨十七人，青年黨十三人，民社黨十二人，社會賢達八人。同時監察院亦新增委員二十五人，其中國民黨九人，青年黨六人，民社黨七人，社會賢達三人。又於國民參政會中，增加參政員四十四人，其中國民黨、青年黨、民社黨，及社會賢達各十一人。四月十八日，國民政府明令修正國民政府組織法。二十四日，國民政府發表行政院政務委員及各部會首長人選，其名額分配如下：（一）國民黨十四席，（二）青年黨四席，（三）民社黨二席，（四）社會賢達二席。於是多黨之內閣成立，中國國民黨還政於民之理想獲得初步實現。

民國三十六年三月三十一日，政府頒佈有關行憲各種法規：包括「國民大會組織法」、「國民大會代表選舉罷免法」、「總統副總統選舉罷免法」、「立法委員選舉罷免法」、「監察委員選舉罷免法」及「五院組織法」等。六月二十五日設立國民大會代表、立法委員選舉總事務所，並次第成立蒙藏、僑民、全國職業界，及婦女團體，與省縣市各級選舉事務所，展開全國選舉工作。監察委員之選舉，依照憲法規定則由內政部辦理。

政府原期同年十二月二十五日召開第一屆國民大會，因中共在各地破壞選舉，國民大會代表選舉未能如期竣事，乃延期至三十七年三月二十九日完成。依照規定代表總額為三千零四十五人，僅選出二千九百六十一人。監察委員、立法委員之選舉，分別於三十七年一月十日、二十一日開始辦理，依照規定應選出監察委員二二三人，立法委員七七三人。三十七年三月二十九日，第一屆國民大會集會於南京，出席代表二千八百四十一人。大會至五月一日閉幕，共舉行預備會議六次，大會十六次，總統選舉大會一次，副總統選舉大會四次，通過各種提案八百九十九件。

為配合當前反共戰爭需要，大會於四月十五日第九次大會中，接受代表莫德惠等一千二百零二人提議，依照憲法第一百七十四條第一款程序，制定「動員戡亂時期臨時條款」，經四月十八日第十二次大會三讀通過。規定：「總統在動員戡亂時期，為避免國家或人民遭遇緊急危難，或應付財政經濟上重大變故，得經行政院會議之決議，為緊急處分，不受憲法第三十九條或第四十三條所規定程序之限制。」咨請國民政府，於五月十日公佈實行。

四月十九日，國民大會舉行總統選舉會，候選人有　蔣中正先生、居正二人，出席代表二千七百三十四人，選舉結果　蔣先生以二千四百三十票當選為中華民國第一任總統。副總統之候選人有孫科、于右任、李宗仁、程潛、莫德惠、徐傅霖六人，自四月二十三日至二十八日先後舉行副總統選舉大會三次，各候選人均未能獲得法定過半數之票數。二十九日舉行第四次副總統選舉大會，就第三次選舉得票較多之李宗仁、孫科二人中圈選一人，部分代表惑於李氏之虛妄宣傳，李氏得勉強以較多數當選。

五月二十日，　蔣總統在南京國民大會堂隆重舉行宣誓就職大典，由國民大會主席團主席吳敬恒監誓。　蔣總統於致詞中宣佈對內施政方針，為鞏固國權，保障民權；政治自由，經濟平等；整肅吏治，樹立紀綱。對外政策，強調維護聯合國，並加強其組織。貫澈既定國際合作政策，主張對日本寬大，但不使其軍國主義復活。二十四日　蔣總統提名翁文灝爲行政院長，於是我國正式步入憲政之途。

作業

一、制憲國民大會召集於何時？中華民國憲法序文內容若何？
二、第一屆國民大會何時召集？動員戡亂時期臨時條款意義何在？
三、蔣總統何時就任第一任總統？其就職時所宣佈之施政方針及對外政策若何？

第五節　動員與戡亂

民國三十五年冬，制憲國民大會召開後，我國已進入動員戡亂時期，政府爲保障人民生活，維護社會秩序，不得已實行動員戡亂。其作戰計劃：對東北採取防禦戰略，在關內進攻延安，以摧毁共軍神經中樞，瓦解共軍意志，並打擊其在國際上之虛妄宣傳。同時集中主力肅淸蘇北、山東地區共軍，以恢復黃河以南之秩序。進而北渡黃河，肅淸北平、天津、保定三角地帶，統一華北平原。

三十六年元月，國軍主力渡江掃蕩蘇北，二十二日共軍「淮陽縱隊司令」張少武通電反正，蘇北不戰而定。郝鵬舉復率共軍二萬人來歸，魯南戰局頓形改觀。四月初，津浦路徐州至濟南段打通，共軍陳毅部被國軍包圍於沂蒙山區。八月，膠濟路沿線共軍肅淸。九月底，國軍分別自龍口、煙臺登陸，山東戰事告一結束。同年三月中旬，各路國軍在西安綏靖公署主任胡宗南指揮下，分由洛川、宜川向延安發動進攻，共軍憑藉地雷及伏地堡壘頑強抵抗，國軍鑽隙突進，迭克附近各據點，十九日攻入延安，先後擊潰共軍十萬，斃傷共軍一萬六千餘人，俘虜共軍一萬餘人。五月初陝北全境次第光復，殘餘共軍大部流竄山西，太原、大同受到威脅。

中共為挽救其軍事失敗，自民國三十五年底起，藉口反美，製造學潮，以擾亂社會秩序。中共職業學生在南京、上海、重慶、成都各城市，以座談會、遊行、示威等方式，擴大反美之宣傳，要求美軍撤離中國。三十六年二月二十八日，由於臺灣菸酒公賣局之查緝私煙，共諜謝雪紅等策動流氓及野心政客，公開攻擊政府機關，殺害毆辱內地來臺人民，一時社會秩序頓形混亂，至三月十二日國軍登陸後，各地治安始漸恢復。

同年四月五日，共軍襲擊塘沽美軍倉庫，企圖奪取美軍軍火，雙方均有死傷。五月中旬，由於中共之挑撥煽動，各地學潮再度爆發。十七日，南京五大專院校學生首先開始罷課，上海、北平、天津、漢口各地學生同時響應，以增加副食與公費數額，發動所謂「吃光運動」，進至變質要求政府結束「內戰」，與中共媾和。十二月二十五日，毛澤東發表文告，指示共軍全面行動，並煽動無知學生憎恨美國，以打擊政府之威信。三十七年七月五日，有自稱東北流亡學生四千餘人，藉口不滿北平市參議會所提管理東北流亡學生一案，携帶武器磚石，搗毀市議會，騷擾議長許惠東居室，北平社會秩序與人心士氣大受影響。

共軍配合學潮到處破壞交通，焚掠物資，引起通貨膨脹。三十六年之初，法幣發行總額為三萬五千億，至七月增至十萬億以上。二千餘萬難民擠入都市，重大城市屢有搶糧風潮發生。三十七年八月十九日，政府頒佈「財政經濟緊急處分法」，開始發行金圓券，規定每一元折合法幣三百萬元，每四元折合美金一元。同時停止發行法幣，並規定同年九月三十日以前收兌私人持有之法幣及金銀外幣。以上海爲全國金融中心，特派蔣經國爲經濟督導員，嚴厲監督執行。國人對新幣之反映，極爲良好，一個月內上海中央銀行收兌之黃金白銀外滙共値金圓劵三億七千二百萬元，其中包括黃金一百一十餘萬兩，美鈔三千二百餘萬元。惟以中共之從中破壞，同年九月物價復告上漲，十月之後各地發生搶購現象，南京、上海等地糧食尤感奇缺。十一月十一日，金圓劵之發行已達其所規定二十億之極限，於是工商停頓，社會經濟陷於混亂狀態。二十六日行政院長翁文灝辭職，　蔣總統提名孫科繼任，並徵得立法院之同意。

民國三十六年七月十一日，美總統杜魯門鑒於中國局勢之惡化，派遣魏德邁來華，作一實地之調查。魏氏於同月二十二日抵達南京，蘇俄及中共則利用機會對美國大肆攻擊。魏氏在華一月，曾視察瀋陽、北平、天津、臺灣、上海，及廣州等地，接觸中國各黨派領袖，政府官員，以及外國人士。魏氏認爲非立刻給予中國政府軍事物質及道義上之支持，不足以阻止中共之蔓延。魏氏於八月二十四日離華返國，九月十九日將其報告祕密呈送杜魯門，建議在今後五年內，經國會授權，美國政府給予中國大量軍事及經濟援助；惟不被杜氏所重視。三十七年五月以後，在華美國大使館，鑒於中國局勢之繼續惡化，連續以十五篇報告建議美政府，儘速對中國政府加以援助。同年十月底美國務院之答覆，竟認爲增加對中國政府之援助，將使美國直接捲入中國內戰之漩渦。　蔣總統迭次接見外籍記者，說明中國之戡亂戰爭關係世界之反共前途，仍爲民主國家所漠視。

作業

一、國軍何時克復延安？戰果如何？

二、民國三十五、六年間，中共怎樣煽動學潮？

三、說明民國三十六、七年間美國之對華政策？

第九章　國共的對決

第一節　戡亂戰局之逆轉

民國三十六年夏，關內各地國軍雖迭獲勝利，東北地區由於防地遼濶，兵力不足；加以交通被共軍所破壞，乃形成被動之形勢。同年二月底，共軍林彪部渡松花江南犯，五月初大舉發動猛攻，十七日懷德失，二十一日公主嶺失，永吉、長春、四平街乃陷於孤立。六月十六日國軍被迫放棄安東省會，熱河共軍亦於六月六日陷赤峯，遼寧共軍則開始進攻瀋陽。

民國三十七年春，共軍林彪部連續在東北發動七次攻勢，二月七日遼陽失，二十七日營口失，三月十四日四平街失，十九日永吉失，國軍集中兵力堅守長春、瀋陽、錦州三個地區，補給全賴空運接濟，因運輸量有限，三地食糧燃料奇缺，長春每日餓斃者不下百人。九月，共軍猛攻錦州，東北剿匪總司令衞立煌貽誤戎機，大爲共軍所乘。十月十四日錦州失，十八日　蔣總統飛臨瀋陽，指示東北作戰計劃，仍未能迅速挽回頹勢。十月二十一日共軍陷長春，東北剿匪副總司令兼吉林省政府主席鄭洞國被俘。十一月二日共軍陷瀋陽，衞立煌先期飛北平，部分國軍突圍撤至營口，經海運南下，東北盡失，國軍先後犧牲精銳達三十萬人。

民國三十六年八月二十二日，華中共軍陳賡部自豫西新安、澠池、陝縣等地分道偷渡黃河，穿越伏牛山，一度攻陷嵩縣、洛寧、登封、臨汝、魯山、方城等地，遭國軍圍剿，復渡河回竄豫北。

三十七年春，共軍陳賡部再度渡河南犯，三月十四日陷洛陽，復陷豫西各縣，擾及鄂北一帶，七月十六日陷襄陽。別路共軍陳毅部，於六月二十二日陷開封，國軍第六十六師師長李仲莘壯烈以殉。同月二十六日，開封復被國軍邱清泉、孫元良兩兵團所收復，追擊陳毅所部於黃汎區，激戰十餘日，共軍傷亡近八萬人，乃向隴海路以北潰竄。九月十六日共軍集中兵力十餘萬圍攻濟南，因國軍第八十四師吳化文部叛變，至二十五日城陷，山東省政府主席王耀武被俘附共。

民國三十七年九月底，共軍集中劉伯承、陳毅、陳賡等部，約八十萬人，開始圍攻徐州。政府任命劉峙爲徐州剿匪總司令，自動放棄鄭州、開封等據點，調動四十萬重兵與之決戰。十一月初雙方大戰展開，因國軍彼此缺乏聯絡，未能盡量發揮作戰功效。十四日，東線黃伯韜兵團被陳毅部共軍包圍於碾莊附近，至二十二日全軍覆沒，黃氏自戕成仁。二十七日，南線黃維兵團被劉伯承部共軍包圍於蒙城、澮河、渦河之間雙堆集，至十二月六日所部瓦解，黃氏被俘，副司令官胡璉突圍以出。徐州國軍爲避免包圍，於十二月二日自動棄城南撤，至永城東北之青龍集、陳官莊間地區，遭共軍三十餘萬要擊，傷亡極衆。時値天氣嚴寒，連日雨雪，加以國軍掩護大批隨行難民，接濟困難，遂感不支。苦持至三十八年一月十日，共軍挾人海戰術，使用毒氣進攻，國軍陣地卒被突破，副總司令杜聿明被俘，兵團司令官邱清泉慷慨自戕，李彌、孫元良等突圍以出。共軍乘勢南陷蚌埠、臨淮等地，進而威脅南京。

東北淪陷後，林彪所部數十萬精銳進入關內，合聶榮臻、賀龍等部共軍，以近百萬之衆對北平、天津採取大包圍形勢。三十八年一月七日，共軍開始猛攻天津，國軍警備司令陳長捷部奮勇抵抗，至十五日城陷，共軍死傷在萬人以上。二十二日，華北剿匪總司令傅作義受中共誘惑，與中共成立所謂「北平局部平和」一月三十一日，共軍無阻進入北平，除少數學人事先由政府派飛機接運至南京外，政府官員多未能及時撤出。

自民國三十六年五月起，共軍徐向前，彭德懷等部開始圍攻太原，山西省主席閻錫山堅貞自守。三十七年七月以後，形勢日趨嚴重。及平、津淪陷，太原益感孤立，食糧接濟極度困難。共軍傾其華北正規軍四十萬，民兵二十萬，各種大礮四千門，大舉猛犯，發射燒夷彈及毒氣彈，軍民死傷甚衆，所有建築物及水電設備幾盡燬於兵火。三十八年二月十四日，閻氏飛京接洽空投事宜，由梁敦厚代理省主席，四月二十五日城破，國軍巷戰慘烈，負傷殺敵者有之，與樓共焚者有之，梁氏集合文武官員五百餘人於指揮所，集體自殺，舉火同燼，謂必不令屍骸見敵，寫下反共戰爭悲壯之一頁。

同年六月三日，政府以太原陷落，青島已失去軍事之價值，加以孤懸華北，防守不易，自動加以放棄，全部軍民物資撤至臺灣，整個華北遂被共軍所占據。

作業

一、說明徐蚌會戰之經過？
二、衞立煌之貽誤戎機與傅作義之降共，對剿共軍事有何不利影響？
三、太原五百完人如何集體成仁？

第二節　蔣總統引退與人心之崩潰

徐蚌會戰前後，勦共軍事雖暫時失利，苟全國上下團結一致，服從　蔣總統領導，憑長江之險，整軍恢復，國事非不可爲；以失敗主義份子紛紛離異，大局乃不可收拾。

民國三十七年八月十五日，副總統兼北平行營主任李宗仁離北平飛京前，對記者發表談話，希望對中共恢復「和談」。十七日在南京雖否認其事，而態度模稜，對戡亂前途已喪失信心。及徐蚌會戰失利，十一月二十四日，華中勦匪總司令白崇禧，首致電政府停止對共軍作戰，主張邀請美、蘇兩國，聯合調停國共之衝突。同時湖南省主席程潛，竟通電要求　蔣總統下野。李濟琛則在香港組織「國民黨革命委員會」，與李宗仁之代表立法委員黃紹竑有所密謀。美大使司徒雷登（John Leighton Stuart），及其中國顧問傅涇波，李宗仁政治顧問甘介侯等，共同致力於　蔣總統退職之醞釀。向政府提要求多端：（一）　蔣總統下野。（二）釋放政治犯。（三）言論集會自由。（四）兩軍各自撤退三十里。（五）劃上海爲自由市，政府撤退駐軍，並任命各黨派人士組織上海市聯合政府，政府與「中共」代表在上海舉行和談。甚至公開主張　蔣總統下野後，由李副總統代理總統職務。同月三十日，白崇禧再度通電主和，河南省主席張軫亦於同日要求　蔣總統下野，一時主和狂流極爲猖獗。

蔣總統憂念國家前途，痛心於黨內分裂與派系之爭，本不願放棄革命職責，後感黨政軍之積重難返，非引退無法澈底整頓與改造，乃於同月二十六日，命張羣、吳忠信與李宗仁商談，由其代理總統職權。二十九日行政院會議通過任命陳誠爲臺灣省政府主席，中國國民黨中央委員會通過任命蔣經國爲臺灣省黨部主任委員，預作日後恢復之準備。三十一日　蔣總統邀集國民黨中央執行監察委員約四十人餐敍，徵求各人對於引退意見，是晚對外發表元旦文告，願與中共開誠相見，商討停止戰事恢復和平之具體方法。

民國三十八年一月二日，　蔣總統分別電覆張軫、白崇禧，表示只要中共能保全國家命脈，顧念生民塗炭，合理合法解決國是，則個人進退出處，惟全國人民之公意是從。於是政府中失敗主義分子大爲擡頭。同月八日，外交部照會美、英、法、蘇四國駐華大使，徵詢對於中國和平意見，及是否準備予以協助，旋接四國大使答覆，咸謂在目前情況下，礙難出任和平媒介。

同年元月中旬，黃紹竑由南京飛赴漢口，與白崇禧晤談後，轉飛香港，向中共代表提出下列五點作爲和談之基礎：（一）　蔣總統下野。（二）釋放政治犯。（三）言論集會自由。（四）雙方陣線以十英里爲緩衝地帶。（五）上海爲中立區，作爲和談地點。而十四日毛澤東廣播其所謂「和平」條款，共分八項：（一）懲治戰犯。（二）廢止憲法。（三）廢除中華民國法律制度。（四）依照「民主」原則改編國軍。（五）沒收官僚資本。（六）改革土地制度。（七）廢除「賣國」條約。（八）召開一政治協商會議，「反動分子」不得參加。成立「民主聯合政府」，接收「南京政府」與其各階層之權力。條件苛刻，無以復加。十六日晚，　蔣總統邀請民社、青年兩黨代表及有關人士研究時局，邵力子竟公然主張對中共無條件投降。時政府各部會少數職員，受共諜煽動，要求加發遣散費，包圍機關，甚至毆辱主管官員，以打擊政府之威信。十九日，行政院通過與中共進行和談案，二十日國民黨中央政治會議復對行政院之決議加以同意，逼使　蔣總統不得不採取下野之途徑。

蔣總統爲重整革命陣營，陌作恢復之準備，曾於三十八年一月十日，命蔣經國赴上海轉告中央銀行總裁俞鴻鈞，將政府庫存黃金外滙密運臺灣，以策安全。二十一日宣佈引退前，對各地軍政首長作最後之調整，以薛岳爲廣東省政府主席，余漢謀爲廣州綏靖公署主任，湯恩伯爲京滬杭警備總司令，朱紹良爲福州綏靖公署主任，張羣爲重慶綏靖公署主任，張發奎爲海南特區行政長官。下午二時，蔣總統召集中國國民黨中央常務委員會臨時會議，正式宣佈引退。座中同志勸阻無效，相對涕洟。旋發布引退謀和文告。下午四時，蔣總統於謁辭國父陵寢後，乘專機離京飛杭州，蔣經國等隨行，臺灣省政府主席陳誠自臺北飛杭州迎候。次日蔣總統轉返奉化溪口故里閑居，軍民聞報，至於痛哭失聲，全國頓失領導中心，人心因之而崩潰。

作業

一、徐蚌會戰前後，那些將領首先主張對中共和談？
二、民國三十八年元月中旬，毛澤東所提出之「和平」條款如何？
三、蔣總統何時引退？有何惡果？

第三節　李宗仁之求和與誤國

民國三十八年一月二十二日，李宗仁宣佈代理總統職權，派邵力子、張治中、黃紹竑、彭昭賢、鍾天心五人爲代表，與中共進行「和談」。次日李濟琛、章伯鈞等五十五人發表對於時局聲明，響應中共三十七年五月一日所提出之召開「新政協」解決國是辦法，李宗仁乃致電李濟琛等，表示願共同策進國內之「和平運動」。二十三日李氏下令撤銷總動員令，停止戒嚴法之執行，改各地剿匪總部為軍政長官公署，釋放政治犯，啓封一切在戡亂期間因抵觸法令而被查封之報館雜誌，撤銷特種刑事法庭，廢止特種刑事條例。二十七日李氏擅自致電毛澤東，表示願接受其八項條款，作爲和談之基礎。

李氏除直接向中共求和外，復欲利用美蘇間之矛盾，坐收漁人之利。二十二日李氏遣人與蘇俄駐華大使羅申談判，同意以下列三原則促成諒解：（一）任何未來之國際衝突，中國保持中立。（二）儘可能擯除美國在華勢力。（三）樹立中蘇眞正合作基礎。次日李氏復遣代表訪晤美國駐華大使司徒雷登，故意洩露其與羅申之交涉，轉而要求美國之支持。美國務院譏其行動幼稚而愚拙，斷然拒絕其要求。

一月二十三日，邵力子等赴上海，開始與「民主同盟」分子黃炎培、羅隆基、張瀾等有所接洽。二十四日中共聲明：（一）與國民政府談判，並非承認國民政府，乃因其尚控制若干軍隊。（二）談判地點俟北平「解放」後在北平舉行。（三）反對彭昭賢爲國民政府代表。（四）戰犯必須懲治，李宗仁亦不能免。二十八日，中共復發表長篇聲明，要求政府逮捕四十三名「戰犯」。二月三日拒絕接待政府「和談」代表，而李氏仍然執迷不悟。

二月五日，李宗仁授意其政治顧問甘介侯，組織一私人代表團，由顏惠慶、章士釗、江庸、凌憲揚、歐元懷、侯德榜六人爲代表，備受中共阻難，遲至同月十三日始飛北平，邵力子等同行。二十一日轉至石家莊，與毛澤東、周恩來會晤。二十四日李氏以和平草案提請行政院同意，並決定政府正式和談代表團由張治中、邵力子、黃紹竑、章士釗、李蒸、劉斐六人組成，由邵力子任首席代表。二十六日中共宣佈以周恩來、林伯渠、林彪、葉劍英、李維漢等爲「和談」代表，由周恩來任首席代表，談判日期定於四月一日，地點在北平，以毛澤東所提八項條款爲基礎。

四月一日，張治中等飛抵北平，五日上午九時「和談」預備會議開始。中共對李宗仁發出最後通牒，要求在十二日限期內投降。並提出組織所謂聯合委員會要求，由毛澤東任「主席」，李宗仁副之。李氏須親往北平，主持國共軍隊之移交。八日毛澤東對張治中等發表談話，其要點如下：（一）「戰犯」在條約中不舉其名，但仍需有追究責任字樣。（二）簽約時須李宗仁及五院院長何應欽、于右任、居正、童冠賢、吳忠信等皆到北平參加。（三）改編軍隊可以暫緩。（四）共軍必須過江，其時間在簽字後實行。（五）聯合政府之成立必須經過相當時間，在此階段國民政府仍可維持現狀，免致社會秩序紊亂。十三日，和談第一次正式會議，周恩來復提出「國內和平協定」，除前述之要求外，另列舉八條二十四款，限五日內接受，並聲稱共軍須在協定簽字後三日內渡江。十五日，和談第二次正式會議，周恩來將修正後之「國內和平協定」提出，限張治中等二十日簽字，並表示不論戰爭或和平，屆期共軍一定渡江南下。

當李宗仁接受毛澤東所提八項條款時，事前未經國民黨中央政治會議及行政院之同意，行政院長孫科遂反對該通電。二月一日及五日，國民黨中央黨部、行政院分別遷移廣州辦公，南京惟留代總統辦公處，負責「和談」事項。三月八日，孫科因與李宗仁意見不合辭職，十二日李氏提名何應欽組閣，並經立法院之同意。

先是四月初北平「和談」期間，李宗仁以中共背信欺詐，蠻橫刁難，懼「和談」破裂，難以肩此重戒其勿爲中共脅迫而自餒。及中共「國內和平協定」草案提出，國民黨中央及政府領袖，咸認爲中共之要求無異於無條件投降，堅決表示反對，李氏以衆情不服，十七日乃致電　蔣總統，請其復職，繼續領導反共戰爭。二十日國民黨中央常務委員會發表聲明，指斥中共之「國內和平協定」歪曲事實，超出和議原則，失去和平條款之性質。勸告中共懸崖勒馬，立卽停戰，政府與中共之最後「和談」因之破裂，張治中、邵力子等，則於二十三日變節投共。

任。四月十日乘閻錫山至溪口晉謁　蔣總裁之便，曾托其帶書請示機宜。十二日　蔣總裁函復李氏，

中共利用「和談」期間，在江北整補共軍達四月之久，兵力逾五十萬人。四月二十日中共最後通牒限期屆滿，共軍開始砲轟長江南岸，是夜共軍分道偷渡長江。西路共軍劉伯承、陳賡部自蕪湖荻港南犯，東路共軍陳毅部則進攻江陰礮臺，要塞司令戴戎光叛變，共軍乃得傾巢南下。二十一日毛澤東、朱德向共軍發佈總攻擊令，於是共軍林彪、彭德懷等部，亦分別對武漢及西安發動瘋狂進攻。

先是　蔣總統雖然引退，仍擔任中國國民黨總裁，爲全國軍民精神之所寄。共軍旣渡長江，　蔣總裁以大局嚴重，不得已飛臨杭州，與李宗仁、何應欽、張羣等舉行會商，決議如下：(一)政府今後惟有堅決作戰，爲人民自由與國家獨立奮鬪到底。(二)聯合全國民主自由人士共同奮鬪。(三)由何應欽院長兼國防部部長，統一陸海空軍之指揮。(四)採取緊急有效步驟，以加強中國國民黨之團結，及黨與政府之聯繫。(五)實行全面動員，以阻遏共軍之繼續前進。二十三日南京撤守，同日李宗仁置一切職責於不顧，逃遁桂林。

二十六日，蔣總裁冒險抵上海指揮軍事，駐節復興島，淞滬人心士氣爲之一振。二十七日　蔣總

裁發表告全國同胞書，重申戡亂決心，呼籲全國軍民同胞一致支持反侵略、反共產、求生存、求自由，拯救國家，保障歷史文化和倫理道德之神聖戰爭。二十八日中國國民黨中央常務委員會發表告全體黨員書，要求全體同志響應　總裁號召，爲救國護黨而精誠團結。同日中國國民黨中央常務委員會通過「中央非常委員會組織條例」，以代行中央政治委員會職權，由　蔣總裁任主席，李宗仁副之，主持戡亂及其他重人事件。

李宗仁逃飛桂林後，遲不至廣州處理公務。一時中樞頓失領導，各機關疏散秩序紊亂，人心浮動，大局難卜。五月二日政府領袖居正、閻錫山、李文範等相偕飛桂林，促請李氏早日赴穗。三日李氏致函　蔣總裁，竟提出下列條件相要脅：(一)代總統有絕對調整軍政人事之權。(二)所有移存臺灣之黃金及軍械，應運回大陸。(三)所有軍隊一律聽從國防部指揮調遣。(四)所有國民黨內決定，只能作爲對政府之建議。(五)擬請　蔣總裁出國覓取外援。其用意在消滅　蔣總裁對政府之影響力，使臺灣成爲不設防之區，喪心負德，莫此爲甚。

蔣總裁痛心李氏於國運飄搖之時仍作鬩牆之爭，特函示行政院長何應欽，轉達李氏，促其立即蒞臨廣州，領導政府，表明既無復職之意，亦無牽制李氏之心。獨對李氏要脅出國一事，認爲無法接受。

是時李氏已派其親信甘介侯赴美，不經中國大使館直接與美國官員接洽，希望美國政府援助其個人，並斷絕對國民政府之一切援助。五月五日李氏致書美總統杜魯門，對過去政府之措施極盡詆譭之能事。八日李氏雖返廣州，惡意攻擊　蔣總裁，更變本而加厲。甚至仇視一向服從　蔣總裁之忠貞國軍將領，對湯恩伯之抑制卽其明例。

五月三十日何應欽內閣爲惡劣情況所壓迫，全體總辭。三十一日李宗仁提名居正繼任，遭立法院否決，六月三日改提閻錫山，始獲通過。十三日閻錫山在廣州就任行政院長職，並兼任國防部長。閻氏以戰鬪內閣自矢，七月二日公佈「改革幣制令」，發行銀元券，規定其價值等於硬幣銀元一元；惟以戰局之變化，迅卽失敗，市面交易仍以黃金銀元外幣爲媒介。政府爲籌措戰費，三個半月以內支出黃金、銀元，及外幣共值一億二千萬美金以上，皆取自臺灣中央銀行之庫存。

作業

一、李宗仁代理總統後，外交方面有何幼稚舉動？
二、北平「和談」期間，中共迭次有何種蠻橫要求？
三、北平「和談」因何破裂？
四、共軍渡江後，政府領袖杭州會議有何決策？
五、民國三十八年五月，李宗仁在桂林向　蔣總裁提出那些條件相要脅？

第四節　大陸撤守與金門大捷

民國三十八年四月二十三日國軍撤離南京後，鎭江、常州、無錫等地相繼淪陷。東路共軍陳毅部分兵兩支：南支於五月三日陷杭州，沿浙贛路南進，連陷蕭山、金華等地，至五月底侵入福建北部。東支於五月五日陷嘉興，十二日陷太倉、崑山，合主力四十萬人開始圍攻上海。淞滬防衞司令官湯恩伯，集中所部十五萬人，利用上海地區豐富物資與堅固工事，嚴加防守，共軍傷亡近六萬人。至二十七日，國軍始主動向舟山、臺灣方面撤退。西路共軍劉伯承部渡江後，四月二十三日陷蕪湖，同月底竄入江西，五月二十一日陷南昌。

同年四月底，共軍林彪部直趨武漢，五月十五日華中軍政長官白崇禧南移衡陽辦公。七月初林彪分兵兩路：西路共軍竄入鄂西，十七日陷宜昌，續陷宜都、松滋等地。南路共軍侵入湘北，二十六日陷株州，二十九日陷常德。八月一日，湖南省政府主席陳明仁、長沙綏靖公署主任程潛通電附共，湘北局勢更加惡化。八月五日，政府任命黃杰爲湖南省政府主席，自動放棄長沙，集中國軍於衡陽附近。同月中旬，國軍自湘西發動反攻，連克青樹坪、永豐等地，殲共軍一師，俘萬人，鹵獲槍械甚多。繼續沿湘黔路東進，二十六日克湘鄉，二十九日克湘潭，湖南戰局暫告穩定。

同年七月底，江西共軍分兩路南犯：劉伯承部於八月二日陷遂川，二十日陷贛州，九月初竄入粵東。陳賡部則越大庾嶺竄入粵北，十月六日陷韶關，廣州進入緊急狀態。十月十二日政府宣佈自本日起西遷重慶辦公，廣東省政府則移設海南島。十月十三日廣州放棄，至十月底粵東及粵西各地先後爲共軍所盤據。

同年八月，共軍陳毅部自閩北南犯，十七日陷福州。政府任命湯恩伯主持福建軍政，湯氏集中所部主力於厦門，九月二十日共軍分三路來犯，遭國軍痛擊，傷亡慘重。十月十七日國軍自動放棄厦門，集中兵力固守金門。二十五日共軍大舉來犯，利用人海戰術，自古寧頭登陸，遭國軍圍攻，共軍兩萬悉數殲滅，爲年來剿共戰爭之最大勝利，亦係轉敗爲勝之契機。十一月三日，共軍乘黑夜再攻舟山登步島，國軍石覺部奮力抗敵，激戰至六日晨，共軍傷亡五千，被俘二千，國軍士氣為之一振，共軍遂無犯臺能力。

民國三十八年五月七日，　蔣總裁乘江靜輪由上海啓程至舟山，預作上海撤退國軍停頓之安排。蔣總裁曾親至每一小島巡視，召集地方人士和黨政首長訓話，勉勵團結一致，共赴國難。旋經澎湖飛臺北。七月十日，　蔣總裁應菲律賓總統季里諾（Elpidio Quirino）邀請，飛馬尼剌訪問，與季里諾會議於碧瑤，至十二日發表聯合聲明，號召遠東各國密切合作，促成經濟及文化之發展，並成立亞洲反共聯盟組織，以抵抗並消除共黨勢力之威脅。十四日飛蒞廣州，十六日就任中央非常委員會主席，二十一日乘輪至厦門，指示守軍防衛方略，二十四日飛返臺北。八月六日復應韓國總統李承晚邀請，飛南韓鎮海訪問，同月八日與李承晚發表聯合聲明，同意碧瑤會議之聯盟主張，並將採取步驟以促成反共聯盟之實現。

共軍渡江後，美國政府因受中共歪曲宣傳之影響，八月五日國務院為辯護其對華靜觀政策，不惜發表「中美關係白皮書」，以打擊中國之人心士氣。該文件特別着重一九四四年至一九四九年（民國三十三年至三十八年）一段時期，其重點在毀謗國民政府，對中共則多所偏袒。其所產生之惡果，使已趨危險之中國局勢，更加速其崩潰。我外交部於同月十六日特發表鄭重聲明，認為該文件內容所涉及之重要問題，在意見或論據方面，與事實有極大之出入，中國政府特表示嚴重之異議。

蔣總裁鑒於局勢之嚴重，於八月二十三日飛往廣州，與李宗仁、閻錫山等籌劃戰守事宜。二十四日飛重慶，主持西南軍政人員會議。九月十二日飛成都，佈置防務。二十二日飛昆明，與駐軍將領會商西南局勢，而大勢已無法挽回。

民國三十八年四月底，共軍彭德懷部自陝北大荔、蒲城、富平大舉南犯關中，胡宗南所部國軍以防地突出，五月二十日主動撤離西安，集中主力三十萬人扼守秦嶺山區，隴東各地盡爲中共軍所有。同月底，政府任命馬步芳爲西北軍政長官，馬氏自甘肅率部反攻，六月初連克歧山、鳳翔、扶風、乾縣、武功、興平等地，殲共軍二萬餘人，於六月十二日包圍咸陽，十四日包圍西安，西北局勢頓形改觀。七月初，共軍徐向前、聶榮臻等部大舉來援，馬氏以衆寡懸殊，卒告潰敗，關中各地再告淪陷。

七月底，共軍二十餘萬侵入甘肅，連陷平涼、天水等地。八月初與國軍激戰於固原附近，共軍傷亡達五萬餘人，國軍損失亦重。八月中旬，共軍迫近蘭州，激戰至二十六日，共軍傷亡四萬餘人，國軍主動撤至河西走廊，甘肅省政府西遷張掖辦公。於是共軍分三路西犯：南路向青海，九月四日陷西寧，至十一月，全省盡入共軍手中。北路向寧夏，九月二十三日陷銀川。中路共軍沿西北公路前進，九月中旬，連陷武威、張掖等地。二十六日新疆省政府主席鮑爾漢、警備總司令陶峙岳通電附共，新疆不戰淪喪。而綏遠省主席董其武早於九月十九日通電降敵，整個西北全被共軍所竊據。

蔣總統引退前後，四川軍人鄧錫侯、劉文輝等，以剿匪戰局惡化，已向中共接洽局部和平，因四川省政府主席王陵基及重慶市長楊森之反對，未獲實現。同年八月，雲南省政府主席盧漢態度動搖，西南局勢再告不穩。九月二日共諜在重慶市區縱火，焚燒十八小時，燬房萬棟，千餘人葬身火海，十萬人無家可歸，市面秩序頓形混亂。

十月初，共軍林彪、劉伯承、陳賡等部，分路自湘、鄂向四川發動總攻。八日衡陽失，湘西國軍黃杰部被迫退入桂境。共軍沿湘黔路西犯，十一月十四日貴陽失，二十二日桂林失，十二月六日南寧失，白崇禧放棄大陸作戰，移其總部於海口，黃杰率領所部退入越南。

十一月二日，李宗仁以大局惡化，自重慶遁飛昆明，釋放共諜份子，盧漢受其影響，復萌異志。行政院長閻錫山迭電　蔣總裁蒞渝坐鎮，十一月十四日　蔣總裁乃自臺灣飛抵重慶，電促李氏速來共商大局；李氏竟不顧一切，轉南寧飛往香港。　蔣總裁派居正、朱家驊等持親筆函飛港促其返渝，李氏則藉口胃疾復發，須出國治療，十二月五日竟偕其妻及隨員七人，乘包機一架，離港赴美。瀕行前一日對記者發表聲明，將勸美國軍事當局在越桂邊區建立一枝中國軍隊，備作反攻之用，任何對華之援助，均應由其本人分配。李氏抵美後，受到美國朝野之冷淡待遇，尤為旅美僑胞所不齒。初則組織所謂「第三勢力」，反對政府，以後於五十四年七月二十日偕其妻潛回大陸投靠中共。

民國三十八年十一月十四日，　蔣總裁抵渝之時，秀山已陷，彭水告急，重慶日在孤危之中。二十八日共軍已逼近郊區之南溫泉、海棠溪一帶，　蔣總裁仍鎮定如恒。二十九日午間，主持軍事會議，指示重慶外圍作戰計劃。入夜十時，林園行邸已聞槍聲，兵工廠亦爆炸甚烈，始愴然離邸。途次車轂相銜，曾下車徒行，始至白市驛機場，翌日晨飛抵成都，重慶遂於同日下午三時陷落。時胡宗南部國軍以陝南防地孤立，奉命南撤成都，半月期間，以數十萬大軍，六百公里與敵對峙之正面轉進，至一千餘公里長距離之目的地，竟能於十二月五日迅速完成，主力無損。共軍彭德懷、徐向前等部，乃跟踪侵入川北。會合林彪、劉伯承等部共軍，對成都採取大包圍形勢。十二月七日成都外圍展開激戰，政府決定遷設臺北，並於西昌設置大本營，於成都設置防衛司令部。四川軍人劉文輝、鄧錫侯等，與雲南省政府主席盧漢密謀，欲扣留　蔣總裁向中共「戴罪立功」，　蔣總裁乃於十日下午飛返臺北。同日劉文輝、鄧錫侯、盧漢等，公開通電附共。十二月十六日，川南樂山失守，十八日劍閣復陷。劉文輝佔據雅安欲阻截國軍退路，成都有被圍之慮，國軍乃於二十六日撤守。胡宗南移其總部於西昌，繼續作戰。

盧漢附共後，駐防雲南國軍李彌、余程萬等軍，曾對昆明發動進攻，十二月十九日佔領昆明機場，及共軍增援來攻，復於二十二日放棄，滇西繼亦失陷，李彌率所部退至滇緬邊區。三十九年一月，共軍劉伯承、陳賡、賀龍等部十餘萬人，沿川康公路竄入西康，連陷雅安、康定等地，與國軍激戰於寧南、會理一帶。三月七日國軍一度克復康定，及共軍大舉來犯，乃於三月二十七日主動撤離西昌，將守城部隊空運來臺。

同年秋，共軍賀龍、彭德懷、陳賡等部，分自西康、青海、雲南侵入西藏，十月十九日陷昌都，藏軍被消滅者萬餘人。四十年五月二十三日脅達賴代表在北平簽訂「和平解放西藏辦法的協議」，同年十二月一日共軍張國華、范明等部會師拉薩，至翌年二月佔領江孜、日喀則等城市，整個西藏乃被關入鐵幕之中。其後中共違約，迫害藏人，抗暴事件不斷發生。四十八年三月，藏胞三十餘萬起義反共，共軍砲轟拉薩各寺院，利用空軍濫炸無辜藏胞，達賴乃率領藏胞反共領袖退入印境。

作　業

一、金門大捷有何重大意義？

二、美國「中美關係白皮書」之發表有何不良惡果？

三、說明西南大局惡化期間李宗仁之辱國表現?
四、蔣總裁在重慶撤退前後如何從容應變?
五、國軍何時放棄大陸作戰?共軍何時侵入西藏?

第十章　中華民國在臺灣的建設與成就

第一節　蔣總統復職與大局之開展

民國三十八年十一月，李宗仁自重慶出走香港後，中樞頓然失去領導。同月二十七日，中國國民黨中央常務委員會鑒於國家局勢嚴重，西南戰況艱危，決議先設法促請李宗仁回渝視事，否則卽請　蔣總統復職。及李宗仁由港飛美，在臺立法委員、監察委員、國大代表，先後聯電　蔣總統執行總統職權。成都民意代表亦相率來謁，懇求　蔣總統立時視事，庶前線官兵不致因惶惑而一再潰敗。同時民社黨及青年黨亦作同樣之呼籲，惟被　蔣總統所婉辭。

三十九年春，共軍在東南沿海集結重兵，窺臺日急，中國在國際間地位日漸動搖，內外情勢萬分險惡。而二月三日李宗仁致電監察院，仍以接洽美援爲名，企圖在美國遙領國事。同月十二日，監察院大會乃決議函復李宗仁，指斥其逗留美國之謬誤，並提請國民大會彈劾之。十三日中國國民黨中央非常委員會聯電李氏促其返國，仍被李氏所拒絕。二十一日再電之，希其於三日內回臺，李氏竟置之不顧。二十三日中國國民黨中央常務委員會乃決議敦請　蔣總統早日復職，二十四日立法院舉行第五期大會，立法委員三百八十餘人聯合簽名請求　蔣總統復行視事。二十五日監察院提出「彈劾李宗仁代總統案」，於是各地法團與機關首長，暨海外僑團，紛紛作　蔣總統復職之請求。　蔣總統以全國軍民之殷切責望，及國家民族存亡絕續之所繫，於同月二十八日假臺北賓館舉行茶會，中央常務委員、中央監察委員、中央政治委員、中央非常委員，均應邀出席，羣情沸騰，一致要求 蔣總統復職。 蔣總統爲順應輿情，挽救危局，乃於三月一日在臺北復行視事。於是全國人心復歸統一，反共抗俄意志更趨堅強。同月八日行政院長閻錫山懇請辭職， 蔣總統提名陳誠繼任，並經立法院投票同意。四月，國軍主動放棄海南島。五月，主動放棄舟山。集中全力防守臺灣本島，及金門、馬祖等外圍據點，共軍侵佔臺、澎之企圖乃爲之粉碎。

民國四十三年二月，四十九年二月，五十五年二月，六十一年二月，第一屆國民大會舉行第二、三、四、五次會議， 蔣總統爲海內外同胞所歸心，當選連任第二、三、四、五任總統。第二、三任副總統係陳誠當選。第四、五任副總統係嚴家淦當選。並於當選同年五月二十日舉行就職典禮。

蔣總統就任第二任總統後，提名俞鴻鈞繼任行政院長，四十七年七月俞鴻鈞辭職，由副總統陳誠兼任。五十二年十二月陳副總統請辭行政院長，由嚴家淦繼任。及嚴氏當選爲副總統，仍兼行政院長。

民國六十一年五月 蔣總統就任第五任總統後，任命蔣經國爲行政院長。蔣氏本親民實幹精神，抱爲國効命之決心，以守法負責，推進廉能政治爲宗旨。同年六月八日在行政院會中，提出十項行政革新，要求全國各級行政人員切實遵守。於是破除情面，用人惟賢，嚴懲貪污，提倡節約，人心振奮，社會風氣爲之驟變。

民國六十四年四月五日， 蔣總統逝世，次日副總統嚴家淦宣誓繼任總統。四月二十八日，中國國民黨第十屆中央委員會舉行臨時全體會議，推舉蔣經國爲黨主席。六十七年三月二十一日，蔣經國當選第六任總統，次日，謝東閔當選副總統。五月二十六日，立法院同意蔣經國總統提名孫運璿為行政院長。七十三年三月二十二日，蔣經國當選第七任總統，次日，李登輝當選副總統。五月二十五日，蔣經國總統特任俞國華為行政院長。七十七年一月十三日，蔣經國病逝，李登輝宣誓繼任總統。七十八年五月三十日，特任李煥為行政院長。七十九年三月二十一日，李登輝當選第八任總統，次日，李元簇當選副總統。五月二十六日，郝柏村獲立法院同意出任行政院長。八十一年十二月，郝柏村辭職獲准，八十二年二月十日，李登輝總統提名連戰為行政院長，二月二十三日連氏獲立法院同意出任行政院長。

先是大陸淪陷之初，國際間對中共姑息氣氛甚為濃厚。民國三十八年底，美國務院屢次下令撤退在臺僑民，三十九年一月五日美總統杜魯門一度發表聲明，美國不願過問臺灣問題。惟其對中共之安撫政策，適得相反之結果。三十八年七月，中共拘捕上海美國副領事歐利文，並加以毆辱。封閉大陸各地之美國新聞處，禁止美人在大陸自由行動，同時對各地美僑施以暴行。三十九年一月十三日，更進一步沒收北平美國領事館；因之引起美國朝野之普遍憤慨。同月十六日美國務院下令召回大陸境內外交人員及其眷屬，十八日美國務卿艾契遜（Dean G. Acheson）再度聲明不承認中共政權，三十一日美參眾兩院通過繼續援華案，三月二十二日兩院外交委員會通過五千萬美元對華援助，並透過經濟合作總署，以餘款八千一百萬元用之於臺灣地區。

民國三十九年六月二十五日韓戰爆發後，美國對中共之侵略本質更有明確之認識。二十七日美總統杜魯門下令第七艦隊協防臺灣，遏止共軍對臺灣之任何攻擊，中美關係大為改善，我國之反共戰爭乃引起自由世界所重視。二十九日我國為尊重聯合國憲章，由外交部向美國提出備忘錄，願派遣精銳部隊三萬三千人參加聯合國部隊援助南韓，由於英國之反對，七月一日美政府答覆我國，藉口整個太平洋安全婉辭拒絕。七月三十一日聯軍統帥麥克阿瑟自東京飛臺北訪問，曾與　蔣總統兩度會談，於八月一日飛返東京，瀕行發表聲明，欽佩　蔣總統不屈不撓抵抗共黨控制之決心，與美國人之共同利益及目標完全相符，並保障太平洋區各民族之自由與不被奴役。其後聯合國會員國英國、土耳其、澳洲、加拿大、紐西蘭等國，雖先後派軍援助南韓，以兵力有限，不足以阻止北韓之攻勢，漢城、大田等地相繼陷落。麥帥屢次建議動用中國國軍，均被美政府所拒絕。同年九月，聯軍登陸仁川，直搗鴨綠江畔，中共乃公開派兵參戰。翌年四月杜魯門雖下令解除麥帥職務，使動用國軍之計劃無法達成，而臺、澎、金、馬之防務因之益固，我國反侵略反暴政之英勇表現爲自由國家所同欽。

作業

一、說明　蔣總統復職之經過？
二、蔣總統分別於何時連任第二、三、四、五任總統？
三、蔣經國就任行政院長後之政風若何？
四、韓戰爆發後我國國際地位有何改變？美國以何爲藉口婉拒我國援韓之表示？

第二節　復興基地之新政

民國三十八年夏，　蔣總裁鑒於剿共戰事形勢險惡，影響國民革命之前途，欲矯正過去之錯誤，奮發革命之精神，建立堅強之組織，爭取反共戰爭之勝利，完成革命建國大業，於七月十八日在廣州舉行之中央常務委員會中，首先提出「中國國民黨之改造案」。經通過後，分發各級黨部，使全國同志熱烈討論，提供意見，俾作最後之決定。九月二十日　蔣總裁爲中國國民黨改造在重慶發表告全黨同志書，勗勉排除萬難共同爲反侵略反極權反奴役而奮鬥。及政府遷臺，民國三十九年春，　蔣總裁迭次邀集中央同志，就原案及各級黨部各地同志提出之意見，綜合研究，另定方案，至七月二十二日經中國國民黨中央常務委員會議修正通過「中國國民黨改造案」。同月二十六日　蔣總裁遴派陳誠、張其昀、張道藩、谷正綱、蔣經國、連震東等十六人爲中央改造委員會委員。八月五日中央改造委員會成立，三十一日通過「現階段政治主張」。九月九日，通過「中國國民黨暨所屬黨部改造之措施及其程序」。二十九日通過「黨員歸隊實施辦法」，於是臺灣省各縣市改造委員會相繼成立、開始辦理黨員重新登記及編隊工作，至四十一年九月，改造工作全部完成。十月十日舉行第七次全國代表大會於臺北近郊之陽明山，通過　蔣總裁交議之「反共抗俄基本論」，作爲革命建國之準繩，革命陣容煥然一新。

民國四十六年十月、五十二年十一月、五十八年三月，中國國民黨配合內外情勢，復舉行第八、第九、第十次全國代表大會，均通過推請　蔣總裁連任總裁，並制定政綱及現階段工作綱領。民國六十年三月，中國國民黨針對國際姑息中共逆流，舉行十屆三中全會，爲開創勝利契機，復改組中央黨部，變各分組爲工作委員會，增設文化與青年工作委員會，以配合國策之推行。

蔣總統復爲促成全國青年第三次大團結，接受時代考驗以創造時代，擔當旋乾轉坤之重任，於四十一年青年節發表文告，號召成立「中國青年反共救國團」。同年十月三十一日正式成立，由　蔣總統兼團長，蔣經國任主任，各縣市學校團委會次第成立。近二十年來救國團經常不斷輔導青年學術進修，協助出版及研究發明，舉辦夏令、冬令營，及各種青年集會活動。並屢次推派代表參加國際青年會議，以促進中外青年之情感交流與反共合作。民國四十二年時，參加救國團各類活動在學及社會青年僅八千三百人，六十一年增至三十七萬二千人，對於青年之身心有莫大之助益。

政府爲尊重憲法，貫澈反共復國之基本國策，曾於民國五十年舉行兩次陽明山會談，邀請海內外反共人士，交換對政府之興革意見，作爲復國建國之準繩。近年臺灣各項建設之突飛猛進，不僅爲三民主義之模範省，其農工生產之不斷增加，經濟繁榮，社會安定，國民生活水準之逐年提高，國民教育之全面普及，可爲世界上其他國家所師法。

民國三十九年四月五日，行政院通過「臺灣省各縣市實施地方自治綱要」，准許臺灣省試辦地方自治，同月二十四日由省政府公佈實行。六月七日行政院通過「臺灣省選舉法規」，八月十六日通過「臺灣省各縣市行政區域調整方案」，將原先之八縣九市，改爲十六縣五省轄市。五十六年七月，復將臺北市改爲院轄市。除舊有轄區外，五十七年七月，將原臺北縣轄之景美、南港、士林、北投、木柵、內湖六鄉鎮，劃歸臺北市管轄。六十八年七月，復將高雄市改制爲院轄市。

臺灣省議會成立於民國三十五年五月一日，迨三十九年實施縣市地方自治，並調整行政區域後，各縣市均於是年成立縣市議會，並遵照中央指示在省縣自治通則未公佈前，先成立本省臨時省議會。第一屆臨時省議會於四十年十二月十一日成立，議員任期三年，並兼採候補制度。四十八年六月改爲第一屆省議會，迄今已歷五屆。各縣市議會分別自三十九年八月至四十年二月成立，議員任期初爲二年，自第三屆起改爲三年，第六屆起改爲四年。

自民國三十九年臺灣實施縣市地方自治後，縣市長均由公民直接選舉，任期初定三年，第四屆後改爲四年，其下之鄉鎮及縣轄市區村里長亦同時由公民直接選舉，迄今已歷七屆，惟省轄市下之區長因非自治法人，自民國四十八年後改由政府委派，已作到選拔眞才之目的。

政府爲配合自由地區人口之增加，充實中央民意代表新生力量，於六十一年六月二十九日由總統明令公佈「動員戡亂時期自由地區增加中央民意代表名額選舉辦法」，規定國大代表任期六年，立法委員任期三年，監察委員任期六年。九月二十二日國民黨公佈黨內提名候選人名單，於是臺閩地區開始辦理選舉之活動。十二月二十三日各地同時順利投票完成，投票率在百分之七十以上，計選出國大代表五十三人，立法委員三十六人，多爲青年才俊之士，而本省籍尤佔絕大部分。監察委員之增補，依照規定由臺灣省及臺北市議會選出，計臺灣省應選出七名，臺北市應選出三名，於六十二年二月十三日選舉完成。另僑選立法委員十五名，監察委員五名。中央民意代表選舉之日，臺灣地區同時舉行第七屆縣市長及第五屆省議員之選舉，共選出縣市長二十名，省議員七十三名，其平均年齡降低，學歷提高，足以證明本省地方自治事業已有令人滿意之進展。

六十四年十二月二十日，又辦理增額立法委員改選，選出立法委員，計五十二名。依「增加中央民意代表名額辦法」第五條之規定，原訂於民國六十七年十二月二十三日投票改選增額之國大代表、立法委員及監察委員，惟因適逢中美斷交，國家面臨非常情況，於十二月十六日奉總統緊急處分令，延期辦理。至六十九年恢復選舉，大幅度增加名額，加強中央民意代表機構的功能。這年的選舉，將三項增額中央民意代表共擴增爲二〇五人，計增額國大代表七十六人、立法委員九十七人、監察委員三十二人，較原有增額中央民意代表一二〇人，擴增八十五人。六十九年五月十四日，公布「動員戡亂時期公職人員選舉罷免法」，計分七章，一一三條，內容詳細周延，爲選舉運作建立了法治的基礎。七十二年對此選罷法再作審愼研討，廣徵意見後提出修正草案，於同年七月八日修正公布。

民國七十二年，辦理增額立法委員改選，於十二月三日舉行投票，選出增額立法委員七十一人，另由海外遴選產生僑選增額立法委員二十七人，合計九十八人。民國七十五年、七十六年的選舉，三項增額中央民意代表共選出二一六人，比六十九年的選舉增加十一人，計增額之國大代表八十四人、立法委員一百人、監察委員三十二人。七十六年七月七日，立法院院會無異議通過「臺灣地區解嚴案」，完成我國民主憲政史上劃時代之立法程序。七月十四日，宣告臺灣地區自十五日零時起解嚴，國家安全法亦同時施行。

民國七十七年三月二日，通過制頒第一屆資深中央民意代表自願退職條例。七十八年二月二日，資深國大代表張群決定響應第一屆資深中央民意代表自願退職。是第一位公開表明退職意願的資深國代。資深立法委員裴存藩亦聲明第一屆資深中央民意代表自願退職條例生效後，卽辦理退職，並強調其退職的目的是爲了使國會早日換新血輪。二月三日，「第一屆資深中央民意代表自願退職條例」公布，資深中央民代陸續辦理退職。十二月二日，增額立法委員、臺灣省縣市長、臺灣省議員選舉舉行投票，總投票率爲百分之七十五點三九。

民國七十九年十一月五日，中國國民黨中央憲政改革策劃小組決定立、監委在八十二年二月一日前辦理選舉，國大代表則於八十年底選出，任期將配合總統任期，共四年一個月；第二屆中央民意代表名額方面，則規劃爲國大代表三七五人、立法委員一五〇人、監察委員五十四人。八十年十二月十六日，四六九位現任第一屆國大代表已全部完成自願退職手續。十二月二十一日，第二屆國大代表選舉圓滿完成，選出三二五位二屆國代，其中中國國民黨獲得二五四個席位，民進黨籍有六十六人當選，民主憲政的推行，更向前邁進一步。

民國三十八年二月四日，臺灣開始實施「三七五減租」，以耕田收穫量除去種籽施肥等費用百分之二十五，尚餘百分之七十五，由業主與佃農雙方均分之，各得百分之三十七點五，用和平漸進手段達成改善農民生活，繁榮農村之目的，爲民生主義在臺灣實行之起點。同年九月辦理完成，農民生活大爲改善。四十年六月政府復公布「耕地三七五減租條例」，規定租期一律改爲六年，在租期中非因法定事故，地主不得終止租約，以保障佃農權利。農民生活大爲改善，農業生產增加，農地價格降低，農村經濟因之繁榮。

民國四十年六月，政府開始實施公地放領，至五十九年底，先後辦理七次，放領耕地面積十二萬零二百六十六公頃，受益農戶二十六萬五千九百七十六戶，地價繳納期限爲十年，按期由政府委託臺灣土地銀行征收，使無地之農民取得所有權，增加糧食生產，並改善其生活。

民國四十二年一月，政府公佈「實施耕者有其田條例」，規定地主可保留水田三甲或旱田六甲，其餘由政府用征收補償方法交佃農承和耕種。其中搭發百分之七十實物土地債券，百分之三十公營公司股票。四十四年六月，臺灣省政府復擬定「臺灣省實施耕者有其田保護自耕農辦法草案」，經省議會通過後，呈奉行政院核定，於同年八月公佈實行。其目的不僅在改善農民生活，尤在建立一種合理公平之土地制度。歷年全省地主保留耕地經佃農貸款或自籌款向地主購買，或因軍公需要征收外，目前僅餘出租耕地五萬八千餘公頃，佃農十萬三千餘戶。

民國四十三年八月，政府公佈「實施都市平均地權條例」，指定臺灣爲實行區域。經省政府研擬細則草案，呈送行政院於四十五年一月核定，同月十九日公佈施行。同年八月一日開征土地增值稅，九月一日開征地價稅。由人民自動申報地價，政府照價征稅，漲價歸公，並採取增值累進稅率，以貫澈平均地權之全面實施。四十五年度全省都市平均地權地價稅實征僅一億五千五百八十餘萬元，至五十九年度增至六億三千一百餘萬元，皆用作興辦社會福利事業及九年國民義務教育之用。六十六年三月二十日，臺灣省政府全面實施平均地權，並於九月一日公告地價。同時，爲促進土地開發利用以達到平均地權之最高理想，四十七年起辦理市地重劃，四十八年起辦理農地重劃，至六十四年全部完成。

作業

一、中國國民黨改造之動機始於何時？
二、中國國民黨中央改造委員會成立於何時？改造之要旨何在？
三、說明中國青年反共救國團之特點？
四、臺灣行政區何時調整？臺北市何時改爲院轄市？
五、說明臺灣耕者有其田實施之經過？

第三節　學術文化與經建成果

近年我國學術文化發展之方向，在配合國策，提高科學技術，維護傳統文化，發揚革命精神。民國四十一年十月中國國民黨第七次全國代表大會期間，　蔣總統所交議通過之「反共抗俄基本論」，分就蘇俄侵略之傳統，反共抗俄戰爭之特性，國民革命之本質與方略，三民主義之哲學觀點與現階段之提綱，與漢奸必滅，反共必勝，侵略必敗，抗俄必成，有扼要之說明，而建立我反共理論之基礎。四十二年十一月，　蔣總統針對我民族文化特性，博採近代各國學說制度，益以實際領導革命經驗，發表手著「三民主義育樂兩篇補述」，以補充　國父民生主義講稿中未完成部分之缺憾。四十五年十二月，　蔣總統發表手著「蘇俄在中國」一書，揭發蘇俄與中共歷年所施和平共存之陰謀，與其竊取大陸之罪行，不僅為我國反共之寶典，亦為自由國家反共之借鏡。

民國五十五年十一月十二日　國父一百晉一誕辰紀念，同日陽明山中山樓舉行落成典禮，　蔣總統針對中共之「文化大革命」，摧殘中華文化，明定此日為中華文化復興節，並發表紀念文字，說明中華文化之基礎在於倫理、民主、科學，國人應共同以衞道者而互勉。同年十二月二十九日，中國國民黨九屆四中全會通過「中華文化復興運動推行方案」，於是中華文化復興運動推行委員會及臺灣省分會，與各團體分支機構相繼成立，配合國民生活、教育、學術、國防、外交，形成一種熱烈之高潮。

科學研究方面　民國四十八年，行政院成立國家長期科學發展委員會，五十六年八月改組為國家科學委員會，主持全國科學之研究與發展。歷年充實各級學校研究設備，增建學人住宅，設置研究補助費及客座教授，遴選科學技術人員出國進修等工作，均獲致預期之功效。

高深學術研究機構，中央研究院至八十三年共設有二十個研究所，臺灣大學八十二學年度共有六十八個研究所，幾乎每一個研究所都設有博士班。清華大學之原子科學研究所之原子爐，所生產之同位素，經常接受醫藥、農業及生物研究使用之申請。行政院原子能委員會則協調有關機關及學校，策進原子能和平用途之研究及實施，包括輻射安全，同位素之生產及供應，反應器技術及應用，以及核能發電等。中山科學院則以發展國防科學為目標。為吸引國內外研究發展，建立技術密集工業，培養科技人才從事尖端技術之研究發展，以加速提升我國科技水準，於六十九年十二月在新竹設置科學工業園區，依照所訂計畫順利進行。至七十七年三月底止，園區共引進高級工業九十一家，其中已有八十家正式入區設廠營運，並有六十二家已有產品問世。

教育方面　教育當局為遵行　蔣總統革新教育之指示，曾於五十九年八月二十四日至二十九日，在臺北召開第五次全國教育會議，檢討當前教育問題，擬訂復國建國教育綱領，研究加強科學教育，並規劃大陸教育重建等事項。國民教育：自民國五十七年我國開始實施九年國民義務教育，為我國學制之重大改革，亦為教育史上之創舉。中等教育：特別重視師範及職業教育，提倡建教合作及技藝訓練。高等教育：以研究高深學術，培養專門人材為宗旨。近年政府特別著重空中教學及夜間部之推廣，以增進社會青年之知識技能。他若僑生回國升學之輔導，大陸來臺青年之再教育等，均有卓越之成就。近年各級學校數量及在校學生人數有顯著之增加，全國教育經費在政府總預算中比例逐漸提高。

政府為配合反攻復國計劃，實施文武合一之教育，自民國四十一年起專科以上學校應屆畢業生實施一年之預備軍官訓練，四十二年起高中以上學生亦開始軍訓之管理。歷年以來因實際需要，辦法迭有變更。五十四年起，改爲新生錄取註册後接受入伍及分科訓練各四星期，畢業後服役初定一年，後改爲二年。並於五十八年起實施大專預官志願考選，每年錄取預官學生約一萬人左右。

民國四十年十一月，教育部頒佈中國童子軍教育改造方案，凡初級中學學生均可登記爲中國童子軍。自四十四學年度開始，初中學生除依照規定每週實施一小時童子軍訓練外，復鼓勵學生從事實際之童子軍活動，包括服務訓練、大露營、參加國際童子軍活動等，以便與高中軍訓相銜接。五十九學年度全國登記之童子軍團共一千二百九十一個，接受此一教育之男女學生達七十九萬九千餘人。

經濟建設方面　近年我國經濟建設之目標，在增加農工業生產，使臺灣經濟完全達到自給自足之地步。自民國四十二年一月，政府宣佈推行四年經濟建設計劃，此後二十年間，連續推行五次，特別着重交通、水利、電力、貿易，及重工業之發展。

六十二年十一月，行政院長蔣經國在中國國民黨十屆四中全會中宣布，政府自六十三年起，將以五年時間完成九項重大建設。旋合併爲「十大建設」，這十大建設是㈠南北高速公路：北自基隆，南迄高雄，全長三七三點四公里，自六十年七月開工，六十七年十月三十一日全線通車。㈡桃園中正國際機場。㈢臺中國際港。㈣鐵路電氣化。㈤核能發電廠。㈥高雄大造船廠。㈦大煉鋼廠。㈧石油化學工業。㈨北廻鐵路。㈩擴建蘇澳港。以上十大建設完成後，又於六十九年，續辦十二項建設：㈠完成臺灣環島鐵路網。㈡興建東西橫貫公路三線。㈢改善高、屏地區交通，拓寬公路。㈣中國鋼鐵公司第一期第二階擴建工程。㈤繼續興建核能發電第一、二兩廠。㈥完成臺中港第二、三期工程。㈦開發新市鎭，廣建國民住宅。㈧加速改善重要農田排水系統。㈨修建臺灣西岸海堤工程及全島重要河堤工程。㈩拓建由屛東至鵝鑾鼻道路爲四線高級公路。㈪設置農業機械化基金，促進農業全面機械化。㈫建立縣市文化中心。這十二項建設，包括經濟、社會、文化的建設，有助於中華民國走向「明日大國」之林。繼十大建設與十二項建設完成後，政府又於七十三年九月開始，推動「十四項建設」，每年投資在一千億元以上。自八十一年起，十四項建設計劃爲「國家建設六年計劃」所取代，由於六年國建投資過鉅，政府不得不緊縮財政以因應之。

以對外貿易爲例，民國四十八年我對外貿易總值尚僅四億餘美元，其後以年增加百分之二十三以上速率直線上升，六十年總值爲四十一億餘美元，六十一年總值爲五十五億八千餘萬美元，其中輸出總值爲三十億五千餘萬美元，輸入爲二十五億三千餘萬美元，出超五億二千萬美元，增加率爲百分之四十二點九，商品輸出總值較六十年增加百分之四十八點一，其中工業輸出居首位，其次爲紡織品，再其次爲電氣機械器材及農產品。貿易地區以美國、日本爲主，其次爲歐洲各國。近年政府獎勵外人在臺投資，其總額已超過七億美元。七十二年由於對美出口快速增加，更取代沙烏地阿拉伯成爲美國第六大貿易伙伴。七十九年的貿易總值超過一千二百億美元，在自由世界占第十五位。

臺灣工業發展過程大致可分爲四個階段。自光復至民國四十一年爲復舊階段，自四十二年至四十六年爲保護階段，自四十七年至五十七年爲發展階段，自五十八年迄今爲開放階段。五十九年五月政府頒佈「加速工業發展綱要」，以加強第五期經濟建設四年計劃之執行方針。其基本措施在發展電力、石油、天然氣，及銅礦等能源工業，分期興建鋼鐵廠，發展機械、造船、電機、車輛等基本工業，並鼓勵電子組織及零件之製造，以及化學原料、塑膠、人造纖維、紡織染整、食品及木材加工、家用電器之增產。此外如改善投資環境，解除設廠限制，拓展外銷，加強工業研究與資源探勘，擴大技能訓練，提高品質及生產能力，均有顯著之成效。

自民國四十二年起，第五期經濟建設四年計劃之目標，在於「以農業培養工業，以工業發展農業」實施生產技術改進，革新農業制度，開發水利資源，增加肥料供應，加強病蟲害防治，以及作物改良，山坡地水土保持，農業運銷等措施。惟以近年工業加速成長，致農業在經濟結構中所佔比重相對降低，農民收益相對減少。政府有鑒及此，乃於五十八年十一月二十一日公佈農業政策檢討綱要，五十九年三月中國國民黨十屆二中全會復通過現階段農村經濟建設綱領，以促進農村經濟之再繁榮。五十九年農業生產年成長率爲百分之六，生產總值自民國三十八年新臺幣十七億七千二百萬元，增至五十九年新臺幣五百三十一億一千三百餘萬元。其中米穀產量，三十九年爲一百四十萬公噸，五十七年增至二百五十餘萬公噸。雜糧生產亦呈直線上升趨勢，民國五十九年栽培面積已達四十餘萬公頃，佔全省農作物面積百分之二十四，年總生產量四百二十九萬公噸，價值新臺幣五十二億元，成爲繁榮本省農村經濟之重要力量，及發展本省畜牧事業所需飼料之主要供應來源。

作業

一、說明　蔣總統所著「反共抗俄基本論」及「蘇俄在中國」之要旨?

二、近年我國各級教育發展之情形若何?

三、說明近年我國經濟之成長率？及對外貿易之情形？
四、近年我國工業發展之目標若何？
五、近年我國農業生產成長率若何？

第四節　國防與外交

自政府遷設臺灣以來，國軍從事全面整建工作。其目標在實行精兵主義，改進裝備與編制，擴大兵工生產，並積極發展國防科學，以適應未來原子戰爭之能力。陸軍方面：（一）加強反裝甲及戰車與步兵聯合作戰能力，（二）發展航空部隊，（三）強化飛彈部隊，（四）增設化學兵訓練機構，（五）更新戰車及各型車輛，（六）充實各型火礮與輕重兵器及通信裝備。海軍方面：建立兩棲作戰部隊，及擴充陸戰隊，實施艦隻汰舊換新政策，增強自製快艇能量，實施軍艦遠航及反潛訓練，特別加強以寡擊眾及夜間與惡劣天候之戰鬬演習。空軍方面：自製換裝各種新型飛機與裝備，提高飛行人員素質，力求戰術與技術上之改進。中部所建立遠東規模最大之基地，可降落現代化任何巨型戰略轟炸機或戰鬥機，絕對掌握臺澎之海空優勢。

國軍整建方面　近年國軍特別著重政治教育及隨營補習教育，推行克難運動、新文藝運動，及「毋忘在莒」運動。每年召開國軍英雄政士大會，選拔國軍英雄與國軍政士，以培養三軍之活力與士氣。此外國防部為建立完善之人事制度，屢次舉辦晉級考試，實施官兵退除役制度，依其體能、學識、專長及志願，辦理戰士授田及就業輔導等工作。以民國六十年為例，經輔導安置之退除役官兵共計二萬六千二百餘人。而退除役官兵輔導會所經營之各種生產事業，多年以來始終本照自給自足，以事業與事業，以事業創事業，及與民興利，服務社會之方針，自強不息。

由於臺灣兵役制度作業之完善，每年約有二十萬常備新兵入伍，平均年齡爲二十歲。目前我強大現役之陸海空三軍以及特種部隊，約有六十萬人，服務期限陸軍爲二年，空軍海軍爲三年。其中陸軍約四十萬人，空軍八萬人，海軍與陸戰隊約十萬餘人，隨時在備戰狀態，具有高度之機動性。一俟動員令下，立即可徵召一百萬訓練有素之後備兵。此外由於民防制度之完善，國民之守法與自治，金、馬、臺、澎已成爲世界上最堅強之反共堡壘，其中尤以金門及馬祖，眞正作到「人人戰鬪、村村聯防」之戰時體制。

對中共作戰方面　自中共占據大陸以來，各地人民之抗暴義舉及反共游擊隊之活動層出不窮，經常襲擊共軍，破壞共方交通，奪取共方物資。至於沿海作戰，前十年國軍側重對大陸突襲。四十一年十月十一日我浙海游擊隊攻佔玉環縣屬之鷄冠山、羊嶼、塞頭等島，閩海游擊隊攻佔閩北之南日島，殲共軍四營，俘共軍七百餘人，盡毀其渡海工具，於任務達成後，十三日自動撤退。四十二年七月十六日，國軍復登陸厦門、汕頭間之東山島，殲共軍千餘人，俘共軍四百八十餘人，十八日晨始凱旋返航。

四十七年夏，中共爲實現其奪取金、馬之企圖，進而侵犯臺澎，在福建前線集中陸軍約十八萬人，大小艦艇二六二艘，各型飛機二九八架，於八月二十三日以各種火礮三百四十二門（礮戰中增至五百六十一門），對我金門羣島實行猛烈火力偷襲。自下午六時起，兩小時內連續射擊五萬七千餘發，同時其機艦亦乘機大肆活動，企圖斷絕我對金門之運補。我礮兵奮勇還擊，海軍執行「鴻運計劃」，猛轟共艦，兩棲作戰，載運補給品搶灘登岸。空軍亦執行「中屏計劃」，攔截共軍飛機，空投補給品。迄十月上旬，共軍大礮連續發射四十七萬餘發，並發動空戰十次，海戰四次。總計四十日內，共方陣地被我摧毀數十處，礮百餘門，共軍飛機被我擊落二十九架，擊傷四架，共方艦艇及運補船隻被我擊沈擊傷者一百零七艘。共軍智窮力拙，乃發出間日停火之讕言，以掩飾其失敗。近十餘年來，共軍仍斷續對金門作騷擾性濫射，因金門之防衞固若金湯，共軍終不敢冒然來犯。

近十餘年國軍爲顧忌殺傷無辜同胞，對共方作戰政治重於軍事。經常出動高空飛機，投擲傳單及救濟物品，號召共軍及大陸同胞起義來歸。並分別在金門、花蓮對大陸空飄心戰品，以加強對共方心戰攻勢。進而由反共義士從事匪情教育，訪問友邦，以促進自由國家對中共之認識。

大陸撤退前，我政府鑒於中共叛亂純係蘇俄所支持，於民國三十八年秋，向聯合國大會提出控蘇案，雖經蘇俄代表阻撓，至四十一年二月一日，聯大卒以二十五票對九票（二十四國棄權）通過。自三十九年一月起，蘇俄代表迭次在安全理事會中提議排擠我代表，其附庸各國隨聲附和，每年均由阿爾巴尼亞領銜提出牽引中共入會案，終因大多數民主國家主持正義，歷屆大會咸以多數票予以否決。四十年一月三十日，聯大政治委員會以四十四票通過譴責中共爲侵略者案，四十二年二月二十五日我政府正式宣佈廢止「中蘇友好同盟條約」，於是廣大外蒙重歸我國版圖，俄人在東北所享有之特權一概取消。

近年中共爲突破美、蘇對其雙重圍堵，一方面繼續在全世界加強支援顚覆叛亂，一方面利用和平統戰攻勢，以迷亂反共陣營，聯合國內姑息氣氛日漸濃厚。六十年秋聯合國第二十六屆常會期間，我政府鑒於聯合國已屈服於暴力之下，完全喪失維護國際正義之立場。十月二十五日我出席聯大代表團長周書楷於「納匪排我」案投票前，毅然宣佈我國退出聯合國。同日聯大否決美國所提重要問題案，並通過阿爾巴尼亞所提牽中共入會之提議。

近年我國之對外關係，與美國最爲密切。民國三十九年八月五日，美國第十三航空隊借駐臺灣，以防止中共之偷襲。四十年一月三十日及二月九日，中美雙方以換文方式成立聯防互助協定，五月二日美國軍事援華顧問團在臺北開始辦公。四十三年十二月二日，雙方簽訂共同防禦條約，規定彼此以自助互助方式維持並發展臺灣與澎湖及西太平洋地區之安全與和平。四十四年十一月，美軍協防臺灣司令部成立，美空軍及飛彈部隊正式進駐臺灣。五十四年四月，雙方復簽定在華美軍地位協定。歷年以來美國不斷加強對我軍援，迭以海軍艦艇及新式作戰飛機，以及勝利女神飛彈移交我國使用。近年由於我兵工製造能力之發展，中美雙方已有在臺合作製造百架作戰飛機之計劃。

美國對我之經濟援助，民國三十九年度爲五千五百萬美元，至四十五年增至一億二千萬美元。五十四年後因臺灣經濟日趨繁榮，美國對華經援始告終止，惟剩餘農產品之贈予仍舊繼續。四十一年六月二十五日，中美兩國政府爲鼓勵美國私人廠商來華投資，以換文方式訂立「投資保證協定」。其後迭次修正，其保證範圍擴大及於因戰亂及正常商業風險所造成之損失，對美人來華投資具有重大之鼓勵作用。美政府爲配合我棉織品之銷美，於五十一年十月十九日以換文方式與我國簽訂貿易協定，有效期限四年，使我棉織品輸美在一定限期內有一定限額，對我工廠之安排生產計劃，以及我政府作有效之管理，均有助益。近年我對美貿易關係迅速擴展，自五十八年起由入超轉爲出超，五十九年總值爲十億四千餘萬美元，其中紡織品達二億二百六十餘萬美元，出超一億一千五百萬美元。

民國五十三年四月二十三日，中美兩國政府在臺北簽訂「資助教育文化交換協定」，使「美國在中華民國教育基金會」能獲得廣泛之財源，繼續推進擴展兩國之文敎合作。民國四十四年七月十八日，中美兩國簽訂民用原子能合作協定，期限兩年，曾兩度修展。五十三年六月八日雙方在華盛頓第三次修展條約，將原協定展限至六十三年，雙方同意在中國原子反應器生產之核子材料，美國有優先承購權。

民國五十九年十二月二十五日，中美中國大陸問題研討會在臺北開幕，參加兩國專家學人二八〇人，歷時五日，曾對中共本質廣泛交換意見，並深入探討，從而獲得一正確之認識。

民國四十一年四月二十八日，中日戰後和平條約在臺北簽字，共計十四條，我國本乎寬大精神，不索賠償，日本放棄對於臺灣、澎湖以及南沙羣島、西沙羣島之一切權利與要求。於是十五年以來兩國之戰爭狀態乃告中止。近二十年來，日本對華政策採取政經分離之原則，一面在聯合國及各項國際會議中支持我國政府，擴大技術合作、企業投資，及文化交流；一面與中共進行貿易。民國六十一年七月，日本首相佐藤榮作宣佈退休，同月六日日本國會通過田中角榮繼任首相，不顧日本民意，背信忘義，於九月二十五日訪問中國大陸，二十九日雙方發表「聯合公報」，建立「外交」關係。同日我外交部發表聲明，宣佈對日絕交，惟與日本民間及其反共人士仍維持友好之關係，雙方貿易及文化交流繼續發展。

近年我國外交努力之方向，以維護國際正義，援助新興落後地區爲目標。例如非洲農耕示範隊之派遣，及代爲訓練農業技術人員，在在表現我團結自由國家共同反共之決心。四十三年六月，中韓兩國發起組織亞洲人民反共聯盟，歷年分別在亞東各國召開會議。五十六年改組爲世界反共聯盟，每屆大會美洲、中東，及歐洲部分國家，均派有代表列席，對民主反共陣營之團結大有俾益。至於與中共建交國家，我仍與其從事多邊之貿易，繼續經濟與文化之交流，促醒其政府對中共之認識，共同爲反共大業而努力。

作業

一、說明近年國軍整建之目標？
二、民國四十七年，金門「八二三」礮戰，國軍之戰果如何？
三、近年我對中共政治作戰之策略如何？
四、聯合國何時通過我國之「控蘇案」？何時通過「譴責中共爲侵略者案」？
五、說明近年中美軍事合作之情形？

第五節　對中共統戰之因應

自民國三十八年（一九四九）以來，中共對中華民國的態度有三個階段。第一個階段是自三十八年至四十三年，其口號是「武裝解放臺灣」，並且要「血洗臺灣」。第二個階段是自四十四年至六十年（一九五五至一九七一），策略是「和平解放臺灣」；但在四十七年卻發動了金門砲戰，顯示其「和平解放」僅是誘餌而已。第三個階段是自六十一年（一九七二）至今，目標是「和平統一中國」，最先利用傅作義等變節份子提出「國共和談統一中國」的建議，要求「坐下來談談」。由於美國已與中共建交，國際間姑息氣氛正盛，周恩來首次提出「和平統一」的策略，鄧小平復出後繼續玩弄「三通」（通商、通郵、通航）、「四流」（經濟交流、文化交流、科技交流、體育交流）的花招，鄧並把「統一」

與「四化」（四個現代化，卽工業、農業、國防及科技之現代化）、「反霸」並列為八十年代的「三大任務」。

民國六十八年（一九七九）一月一日，中共發表「全國人大常委會告臺灣同胞書」，提出臺灣「回歸祖國」的方針，建議臺灣和大陸之間儘快實現通郵通航。七十年（一九八一）九月三十日，中共中央副主席，全國人大委員長葉劍英向新華社記者發表談話，進一步闡明關於臺灣回歸祖國，實現和平統一的九條方針政策，建議舉行中共和國民黨兩黨對等談判，實行第三次合作。七十二年（一九八三）六月二十六日，鄧小平在接見美國西東大學（Seton Hall University）教授楊力宇談話時，提出所謂「和平統一」的構想。他雖說「和平統一不是大陸把臺灣吃掉」，但實質上就是吃掉中華民國，誘勸中華民國政府和平投降。鄧小平說「祖國統一後，臺灣特別行政區可以有自己的獨立性，可以實行同大陸不同的制度。司法獨立，終審權不須到北京。臺灣還可以有自己的軍隊，只是不能構成對大陸的威脅。大陸不派人駐臺，不僅軍隊不去，行政人員也不去。臺灣的黨、政、軍等系統，都由臺灣自己來管。中央政府還要給臺灣留出名額」。這種先定價碼的作法，使中華民國政府無法接受，也使解決中國問題形成僵局。同年十月二十二日，鄧於「中央顧問委員會」上談話時以帶有威脅的口氣說，解決「臺灣問題」只有兩種選擇，一種是和平談判，一種是武力方式。足見他雖然主張以和平方式解決，但並沒有放棄「用非和平方式」。其所提出的「一國兩制」方案，乃係威脅與利誘同時進行。

民國七十七年（一九八八）四月十三日，中共國家主席楊尚昆要求「臺灣領導人在統一問題上要有緊迫感」，同年四月二十日，文滙報社論之標題為「要有統一緊迫感」。次年九月二十四日，楊尚昆發表談話，「希望國共老一輩人物有生之年進行雙方溝通」。十二月十二日，中共對臺工作會議決議「爭取早日解決臺灣問題，實現祖國完全統一，是全黨全國九〇年代重大任務」。十二月二十日，十二月三十日，楊尚昆兩度放話，「希望早日實現國家統一」，以及「海峽兩岸應儘快統一，實行一國兩制」。可見中共領導人對兩岸統一表達出緊迫感，至民國七十七、七十八這兩年達到最高點。八十年（一九一一）後，這類引起兩岸緊張的言辭不再出現，但仍一直宣稱不放棄以武力統一臺灣。

對於中共近年來積極進行的「和平統一」統戰攻勢，中華民國政府一直保持冷靜、鎮定，並適時予以防制及反擊。民國六十一年（一九七二）九月二十九日，當時任行政院長的蔣經國，在立法院做施政報告時，就明白指出不與中共「妥協」的堅定立場。六十六年（一九七七）五月十二日，他再以中國國民黨黨主席的身份強調絕不與中共進行接觸和談判。到了民國六十八年，他再進一步地重申：「我們黨根據過去反共經驗，採取不妥協、不接觸、不談判的立場」。至此，「三不政策」乃告確立。同年一月十一日，行政院長孫運璿針對中共「告臺灣同胞書」發表談話，指出中共的「和平統一」實爲一派謊言，目的在迷惑並欺騙美國人民、國會和輿論界；認爲「吃飯要飯票，出外要路條，教育受限制，工作無選擇」的大陸社會，人民沒有行動和貿易自由，有何資格談「三通」、「四流」。葉劍英於七十年九月三十日發表「九項建議」的當天，即受到行政院新聞局長宋楚瑜的批評：「此等統戰花招，毫無新義」。十月七日，國民黨蔣經國主席在中常會上發表專文，對中共的和平統戰，從歷史上痛苦的經驗中予以拆穿，指出所謂「和談」，只是「戰爭的另一方式」和「政治詐術」。

民國七十年四月二日，中國國民黨第十二次全國代表大會通過「貫徹以三民主義統一中國案」，是爲我國對中共「和平統一」政治攻勢的基本對策，也是對中共政權的一項「反統戰」的政治攻勢。七十七年七月，中國國民黨第十三次全國代表大會通過「現階段大陸政策」，仍宣示繼續堅持「三不立場」。直到八十一年（一九九二）一月，海峽兩岸互動交流次數已至極爲頻繁，層面已相當廣泛的時候，政府仍未宣布放棄「三不政策」，行政院長郝柏村且於其就任以來的第五次記者會上表示：「在中共未放棄以武力犯臺，以及仍在國際間百般阻撓我們的生存空間，且未認同政府同政府之間的談判，我政府不會在民間接觸的基礎以外，再做進一步開展官方的對談」。八十年十二月二十八日，李登輝總統接受美國之音訪問時明確地說，不拒絕與大陸三通，但前提是要臺灣的安全能獲得保障。這都充分顯示政府內部已凝聚成一個共識，就是在確保臺灣生存安全的情形下，政府才有進一步與中共接觸的可能。而中共卻在臺灣所看重的安全保障上毫不讓步，不放棄武力犯臺，並企圖以「三通」突破政府的「三不」，這種企圖心，導致政府在強大民意要求直接三通壓力下，仍然堅持「三不政策」。但政府爲疏解民意，仍允許「間接三通」，但不得「直接三通」。

由於受到國際冷戰結束及國內民主思潮的激盪，政府自民國七十年起逐漸對兩岸關係進行較大幅度的彈性調整，對於兩岸之間的民間交流、人員接觸以及貿易往來的限制逐步加以放寬。七十五年（一九八六）起，政府推動政治革新、解嚴、開禁，國內整個政治氣氛趨於開放，新的大陸政策逐漸成型。七十六年下半年，政府正式宣佈解嚴、放寬外滙管制，並於十一月二日開放民衆前往大陸探親以後，兩岸經貿關係從此進入一個新里程，呈現了迅速、驚人的發展。根據民國七十九年十二月「香港政府海關統計」資料顯示，七十九年兩岸轉口貿易金額爲四〇・四三六一億美元，較六十八年的四六七三萬美元成長了八十四倍，十二年間兩岸轉口貿易金額累計爲一五八・四五八六億美元，平均成長率爲百分之七十二。而根據財政部的統計資料更顯示，民國八十一年一至四月我國對香港的外貿出超額，累計已達四十億四千萬美元，比同年同期我國對外貿易出超額四十億二千萬美元還要多，且八十一年四月份我國對香港的單月份出口額與出超額，雙雙還創下歷年來的單月最高紀錄。在在顯示兩岸轉口貿易持續擴張，有沸騰之勢。臺商也競相赴大陸投資，據大陸學者陳福敏的統計，臺商到大陸的間接投資到民國七十九年底廠家約爲二八六〇家，協議投資總金額在三十億美元左右，四年間（自七十五年開始）的年平均成長率爲百分之四〇・七一。九〇年代由投資主導取代貿易主導的兩岸經貿關係新趨勢，已成爲所有關注兩岸關係人士的新焦點。

由於海峽兩岸人民接觸日趨頻繁，兩岸經貿關係亦日益密切，其所涉及的法律事件，紛至沓來，影響所及，既有之規範已不足以因應兩岸情勢之需要。政府盱衡主客觀情勢及實際需要，認爲在國家統一前，爲確保臺灣地區安全及社會安定，並維護兩地區人民之權益，非於現行法律之外，另訂特別法不可，乃著手研擬「臺灣地區與大陸地區人民關係條例」，以規範兩岸人民往來及解決所衍生之各種法律事件。此一條例草案之研擬工作，由法務部負責，自七十七年八月底開始進行，經行政院審查通過，於七十九年十二月二十日將草案送請立法院審議，立法院前後共召開十八次聯席審查會議，爲時長達一年四個月，始於八十一年七月十六日三讀通過，並於同月三十一日經李登輝總統明令公布，完成立法程序，全文共六章九十六條，嗣經行政院另定自九月十八日施行。

在大陸方面，自民國七十六年（一九八七）十月起，中共爲因應海峽兩岸的急遽發展，亦迅速頒布一些專門規範「臺胞」的行政命令，例如七十六年十月的「國務院辦公廳關於臺灣同胞來祖國大陸探親旅遊接待辦法的通知」，七十七年七月的「國務院關於鼓勵臺灣同胞投資的規定」，八十一年一月的「國務院關於中國公民往來臺灣地區管理辦法」等等。惟中共迄今尚無全面規範兩岸關係的「兩岸人民關係條例」之立法。雖然中共北京之人民大學一些法學者曾草擬過一份「兩岸人民關係條例」，政法大學也曾提出「兩岸關係條例」三十七條，但都被中共擱置一旁，只能作爲研究和參考之用，顯見中共自始至終無意制訂類似立法，只想便宜行事採取單方面頒布行政命令的方式來處理兩岸事務，但中華民國政府和人民並不以此爲滿足，咸認必須將規範兩岸事務的法規從行政命令提升至法律的位階，對海峽兩岸人民的權益會較有保障。因此，在海峽兩岸未能正式談判解決雙邊關係的情況下，我國以正式立法適時通過「臺灣地區與大陸地區人民關係條例」，解決了兩岸無法可依的問題，使兩岸關係邁入比較穩定的局面，應具歷史意義。該關係條例明確規定，在無涉臺灣地區的民事事件上，承認並適用大陸地區的規定，在涉及臺灣的民事事件上，原則上適用臺灣地區的法律，但仍將視各個不同情況而分別規定適用法規，並不排除適用大陸地區的規定，這同是否強加臺灣地區的法律於大陸人民毫不相關。這種做法充分顯示「臺灣地區」立法機關的務實取向，旨在解決問題，使兩岸人民的權益同獲保障。雖然該關係條例難免帶有若干「臺灣優先」或「臺灣本位」的色彩，但那是在「臺灣地區」再三呼籲中共能以務實、對等、善意的態度相對待卻毫無回應下必然的結果，中共應負相當責任。該關係條例公布施行後，中共不但不自我省思，反而對該關係條例大肆批評，其中更有泛政治化的攻擊，實有礙其「統一大業」的進行。

中華民國爲因應新階段兩岸互動關係及其發展，並且建立政府處理大陸事務的主導權，陸續於民國七十九年十月七日成立「國家統一委員會」（簡稱國統會，成立時由李登輝總統爲主任委員，李元簇副總統爲副主任委員），同年十一月二十一日成立「海峽交流基金會」（卽海基會，由辜振甫任董事長）。次日，於行政院之下成立「大陸委員會」（卽陸委會，成立時由行政院副院長施啓揚兼主任委員，後易爲黃昆輝）。其中「海基會」雖屬民間組織，但其設立動力及經費大部分均來自於政府。其任務約爲㈠接受政府委託辦理兩岸民間交流中涉及公權力而不便由政府出面的事務、技術性事宜；㈡處理「陸委會」交辦事項；㈢處理民間往來交流有關事宜；㈣推動本身業務。

大陸方面，中共早期的對臺工作是由毛澤東、周恩來親自領導，此時期執行對臺工作部門包括：中共中央統戰部、調查部、中共中央軍事委員會及其控制的總參謀部。此種以統戰、安全部門、軍方爲主的對臺工作組織體系，與當時中共「解放臺灣」的政策密切相關。文化大革命期間，是中共對臺工作最黯淡的時期，中共對臺工作組織運作停擺，臺胞遭嚴重打擊與鬥爭。其後，隨著中共對臺工作方針的調整，以及對臺工作的強化，民國六十八年十二月，鄧穎超以政協主席身分兼任「中央對臺工作領導小組」組長一職。此後廖承志、楊尙昆、吳學謙亦分別擔任小組要職（楊任組長，廖、吳爲副組長）。其中「小組」的日常辦事機構爲「中央對臺工作領導小組辦公室」（以下簡稱「中央對臺辦」或「中臺辦」），主任爲楊斯德。八十一年十月中共召開十四大，八十二年八屆人大一次會議楊尙昆、吳學謙卸職後，「中央對臺工作領導小組」成員改組，由中共中央總書記江澤民任組長，錢其琛爲副組長，王兆國爲祕書長，成員有汪道涵等人。此外，民國七十七年九月，中共成立「國務院臺灣事務辦公室」（以下簡稱「國臺辦」），任丁關根爲主任（七十九年十一月，中共調派福建省省長王兆國接任主任，唐樹備爲副主任之一兼發言人）。「國臺辦」的主要任務大致爲㈠負責對臺工作有關官方的具體事務，包括實際接觸；㈡研析對臺策略，向上（國務院及中共中央）申報；㈢接受執行中共對臺工作領導小組指示任務；㈣協調國務院各部門與黨的統戰部，共同對臺工作；㈤指導對臺經濟合作事宜，協調對臺有關教育、科技、文化、衞生、體育交流；㈥會同有關部門做好對臺接待、訪問工作；㈦負責對臺工作的對外發言。

七十九年底，臺灣成立「海基會」，當時中共當局並無意成立對等單位，且表示反對之意，其理由包括：成立對等單位可能給外界產生兩岸對等談判的印象，這是北京方面所一向反對的；成立對等單位可能延緩兩岸政治接觸的時機，不利兩岸早日坐上談判桌；中共主張國共直接派代表接觸，而不是由中介機構出面商談。不過，中共當局在「海基會」成立一年後卻有了另一種看法，其八十年三號文件卽曾指出：「對臺灣設立有官方背景的中介機構，我應與之接觸聯繫，因勢利導，使其爲實現直接三通發揮積極作用」。而事實上兩岸直接三通勢必要官方或具有官方背景的機構事先談判，臺灣未放棄「三不政策」前，不可能會與北京就「三通」問題進行接觸。因此，爲了早日實行直接「三通」，中共有必要成立一個相對應於「海基會」的機構，以作爲未來兩岸談判直接「三通」的準備。此一看法逐漸爲中共決策單位所接受，因而「海峽兩岸關係協會」（以下簡稱「海協會」）於民國八十年十二月十六日在北京人民大會堂宣布成立，會長由汪道涵（前上海市長）擔任，常務副會長爲唐樹備。「海協會」雖標榜爲民間組織，其章程第一條亦凸顯其是「社會團體法人」。然而其宗旨則是根據中共中央、國務院的方針處理兩岸之間的問題，促進直接「三通」和雙向交流。且從「海協會」的人事中可以看出，自唐樹備以下，由「國臺辦」轉任的官員頗多。因此，「海協會」實際上就是原「國臺辦」綜合業務局的擴大，主要幹部亦來自綜合局。

民國八十二年（一九九三年）四月二十六日，臺灣「海基會」董事長辜振甫，與大陸「海協會」會長汪道涵，在星加坡舉行備受世人矚目之「辜汪會談」，是爲四十多年來兩岸關係最重大的突破。會談於四月二十九日結束，就會談結果來看，雙方各有所獲，也各有堅持，如雙方所簽署的四項協議，純屬民間事務交流性質，很難說是誰佔便宜。「海協會」臨時提出「三通」要求，「海基會」避而不談；「海基會」要求談判臺商投資保障問題，「海協會」不予理會。因此，就此次會談而論，雙方應該是平手的局面。

展望兩會未來談判之途，仍然充滿荆棘。因爲曾和「海協會」接觸過的臺灣人士都發現它是一個非常講究組織紀律的及政治警覺性高之單位。「海協會」雖號稱是一個民間團體，但卻比官僚衙門還要森嚴。臺灣的「海基會」是一個服務兩岸人民事務性與功能工作的機構，但「海協會」卻是一個負有政治任務的組織。它對臺灣記者的訪談查證，態度防衞而保守；對涉及兩岸性事務與功能性之案件處理態度消極，兩岸談判懸而未決，千島湖事件（發生於八十三年三月三十一日，三十二名臺胞在浙江慘遭刼財殺害）的運作卽是鮮明的實例。事實上，「海協會」對兩岸事務性與功能性問題的解決興趣不大，現階段眞正想做的只有推動兩岸直接「三通」，以及促成兩黨高層人士接觸、談判的工作。對此「海基會」徒呼負負，顯得有些力不從心。因此八十三年二月在北京舉行的焦（焦仁和，新任之「海基會」副董事長兼祕書長）、唐（唐樹備，「海協會」常務副會長）會談之不能有成，也早已不足爲奇了。

作　業

一、說明中共自民國三十八年以來對我態度之演變。
二、試述我國「三不政策」形成的背景及其經過。
三、試評論我國所制頒之「臺灣地區與大陸地區人民關係條例」。
四、何謂「辜汪會談」？其結果如何？

第十一章　中共統治下的中國大陸

第一節　中共政權的成立

民國三十八年秋，共軍南侵之際，九月二十一日在北平召開「全國人民政治協商會議」，參加包括「解放區」、「解放軍」、「人民團體」，與「各黨派」等共四十五個單位，正式代表五百一十人，候補代表七十七人，特邀代表七十五人，共計六百六十二人，其中共幹佔四百零八人，其他包括失意政客、軍閥、名伶，以及變節政府官員，若顏惠慶、張治中、傅作義、龍雲、黃紹竑、梅蘭芳、程硯秋等，制定具有「臨時憲法」作用「共同綱領」。三十日選舉毛澤東為主席，朱德、劉少奇、李濟琛、張瀾、高崗等為副主席，李立三等五十六人為「中央人民政府委員會委員」。十月一日中共政權正式成立，定名「中華人民共和國中央人民政府」，改北平為北京，而作為國都。十月二日，蘇俄首先予以承認，各附庸國繼之。二十一日毛澤東發表「政務院」人選，以周恩來為「總理」，兼「外交部部長」，其各部會署行局架床疊屋，名目繁多，重要機構均由共幹任主管，少數閑散單位，任用變節份子作點綴。「人民革命軍事委員會」由毛澤東兼主席，朱德、劉少奇、周恩來、彭德懷、程潛等為副主席。

民國三十八年十二月十六日，毛澤東應召赴莫斯科，參加慶祝史達林七十賤辰，其「政務院總理兼外交部長」周恩來、「東北人民政府主席」李富春、「新疆人民政府主席」賽福鼎，及蘇俄駐中共「大使」羅中等同行。二十一日到達莫斯科，迅卽進行史毛談判。毛滯留俄國至三十九年三月四日始返北平，同年二月十四日雙方宣佈在莫斯科簽訂重要協定三項：一爲蘇俄與中共「友好同盟互助條約」，規定雙方不參加反對對方之任何集團及行動，彼此給予一切之經濟援助及合作。一爲「關於中國長春鐵路、旅順及大連的協定」，表面規定一九五二年（民國四十一年）底以前，蘇俄將中國長春鐵路及旅順大連管理權移交中共政權，由中共償付蘇俄自一九四五年(民國三十四年)日軍投降起，對該處設備之恢復與建設之費用。而附帶聲明：「一旦締約國任何一方受到日本或其他與日本相勾結任何國家之侵略，因而被捲入軍事行動時，雙方可共同使用旅順港口海軍根據地，以共同對敵作戰。」一爲關於蘇聯政府給予中共「長期經濟貸款作爲給付自蘇聯購買工業與鐵路的機器設備協定」，規定蘇俄在五年內貸款中共政權三億美元，其用途硬性規定必須用以償付由蘇聯交付之機器設備與器材，包括電力、金屬，與機器製造工廠之設備，採礦、採煤等礦坑設備，鐵道及其他運輸設備，鋼軌及其他器材等。至該機器設備與器材所開採之資源，依照規定須長期（按：至一九六三年十二月三十一日）用以償付前項貸款及其利息，不足時應以其他原料、茶葉、現金、美元償付。並規定原料與茶葉之價格數量，及交付期限，將以特別協定規定之。以上三協定其條件之苛刻，使中共政權無異於蘇俄之傀儡組織。其後直至民國五十年中共與蘇俄正式內訌，十餘年間與蘇俄簽訂各種賣國條約達數百種之多。包括文教、軍事、經濟、農業、漁業、交通、礦產各類別。在此期間，大陸俄籍軍事顧問及技術人員經常在八萬人左右，控制一切港口要塞及交通網。中共之一切軍事教育及科學技術全盤蘇俄化，俄軍散駐東北、西北各要地，單獨設立電臺與機場。

一九五〇年（民國三十九年）六月，韓戰爆發後，中共初則派遣技術及顧問人員協助北韓南侵，迨同年十月聯軍反攻逼近東北國境，中共懼大陸同胞響應起義，復因受俄國所嗾使，乃組織「抗美援朝志願軍」，先後以林彪、彭德懷爲司令員，開入北韓對聯軍發動瘋狂猛撲，聯軍驟不及防，被迫後撤。其後共軍迭次增援，至一九五一年春，與聯軍相持於金化、鐵原地區。一九五三年七月，韓境停戰協定簽字，總計共軍死傷達一百五十四萬人，其中約一百萬人係脅迫「戴罪立功」之國軍俘虜。而志願來臺之反共義士高達一萬四千餘人。彼等在濟州島戰俘營中時有可歌可泣之愛國表現，曾血染國旗，遍體刺「反共抗俄」字樣，並瀝血上書　蔣總統，表示嚮往自由，効忠領袖之決心。一九五四年（民國四十三年）元月，反共義士分批抵臺，受到祖國軍民之熱烈歡迎，共同參加復國建國之大業。

中共僞政權之成立，係利用「全國人民政治協商會議」爲掩飾，以製造「聯合政府」之騙局。其後迅卽限制各黨派自由活動，而全力向下層社會滲透發展。民國四十三年六月八日，中共開始在大陸舉辦「全國人民代表大會代表」普選，各地在「一黨提名一人競選」情形下，一千二百二十六名代表中，共幹份子竟佔百分之九十二以上。九月十五日至二十八日，「人代會」集會北平，通過憲法，公開揭出一黨專政之眞面目。「大會」仍選舉毛澤東爲「主席」，毛仍提名周恩來任「總理」。四十七年四月十八日至二十八日，「人代會」舉行第二屆大會，代表名額照舊，改選劉少奇任「主席」。五十三年十二月，「人代會」舉行第三屆大會，「代表」名額增至三千零四十五名，仍選舉劉少奇連任「主席」。五十五年「文化大革命」發生後，劉因「叛徒、內奸、工賊」罪名，被毛澤東、林彪派所清算，由「副主席」董必武代行其職權，而第四屆「人代會」因大陸人心不穩，歷時七年迄未舉行。

作業

一、史毛協定訂立於何時？並說明中共賣國之內容？
二、中共參加韓戰傷亡若何？
三、韓戰來歸反共義士有何愛國表現？
四、扼要說明大陸淪陷以來中共首要奪權之經過？

第二節　中共之內訌與殘民

先是民國三十四年四月中共舉行「第七屆全國黨員代表大會」於延安，所通過之「新黨章」，規定以毛澤東思想指導共黨思想，確定毛在共黨之「領袖地位」。四十五年九月，中共舉行第八屆全國黨員代表大會於北平，復通過「新黨章」，黨權漸由劉少奇、鄧小平所操縱，毛氏地位有日趨下降之勢；毛乃支持林彪當選中央政治局委員以厚其勢力。四十七年五月，毛為進一步培植林彪之政治地位，在中共「八屆五中全會」中，增選林彪為中央委員會副主席，林彪乃躋身於中共中央最高領導階層。四十八年八月，中共八屆八中全會中，彭德懷「反黨集團」被整肅，毛復提升林彪接替彭德懷所任中央軍委會副主席及國防部部長職位。五十五年八月，中共召開「八屆十一中全會」，改組中共中央人事，毛澤東再提升林彪為中共中央唯一副主席，林彪勢力因之大張。文化大革命前夕，毛在北平已陷入四面楚歌之困境，迫而遠走上海，幸獲林彪支持，始得返平。遂利用紅衛兵發動文化大革命，於五十七年九月五日初步完成對劉、鄧派之奪權鬥爭，在二十九省、市、自治區成立「革命委員會」，使毛恢復獨裁控制權。「文化大革命」期間，毛、林利用「軍管」消滅劉、鄧「走資派」，林彪因利乘便，自國務院各部會起，以至各省市自治區及其所屬之縣級黨政機構，普遍成立「軍管會」和「軍管小組」，由共軍各總部、軍種，及軍區、各地駐軍首長負責領導，於是舊第四野戰軍系統聲勢大張，計二十九省、市、自治區「革命委員會」主任委員中，軍人佔二十 人，其中屬於林派者竟達十三人之多；而各軍區司令員，亦多改由林嫡系繼任。五十九年四月一日，中共爲慶祝「無產階級文化大革命勝利」，及籌備召開「第四屆全國人民代表大會」，在北平召開第九次「全國代表大會」，在林彪要脅下，通過新黨章，規定林爲毛之法定繼承人。於是毛處境日危，毛妻江青所代表之「革命群眾派」，國務院總理周恩來所代表之「革命幹部派」，與林彪明爭暗鬥，越積越多。六十年九月中旬，大陸發生「九月風暴」，林彪與其妻葉群、參謀總長黃永勝、空軍總司令吳法憲、海軍高級政治委員李作鵬等，被毛所誅死，對外嚴密封鎖消息，遲至六十一年七月二十八日，中共始正式對外宣佈，謂林彪等於去年九月一項政變陰謀失敗後逃離大陸，在外蒙古境內墜機身亡。

中共政權成立之初，在蘇俄控制下，不顧民命，以糧食作饑餓之輸出。韓戰爆發後，因須換取戰略物資，輸出數量更爲龐大。民國三十八年根據中共蘇俄「哈爾濱協定」，中共輸出蘇俄糧食八千萬美元，折合大米九十萬噸。三十九年對外輸出糧食增至三百萬噸，四十年爲三百六十萬八千噸，四十一年爲四百五十萬噸，四十二年爲六百萬噸，以後各年均有增加。

中共占據大陸之初，全國人口約四億八千六百萬，可耕土地面積約十六億八千萬畝，每年增殖人口約一千四百萬，加以天災與人謀不臧，糧食供應日趨嚴重。四十三年大陸被災農田共九千七百萬畝，饑民約二億上下，而同年中共僅輸往東南亞糧食價值三億五千二百八十萬美元。四十四年大陸被災農田逾二億三千萬畝，災民約佔半數，而中共僅輸往東南亞糧食價值四億一千七百五十萬美元。四十八年大陸被災農田高達六億五千萬畝，除共幹共軍外，五億八千萬同胞陷入全面大饑荒中，每人每日配米僅有六兩，而同年中共仍有六百萬噸農產品出口，其有意製造饑荒，置民命於不顧之暴政暴露無遺。

大陸淪陷後，各地同胞因不堪中共統治，或從事反共宣傳，或建立反共組織，或進行游擊破壞，或掀起抗暴活動，或紛紛奔向自由，悲憤壯烈之事蹟不勝枚舉。而中共遂藉口「鎮反」（鎮壓反革命）、「肅反」（肅清反革命），殘殺無辜同胞，二十餘年來，總數高達六千六百萬人。至於其虐民暴政，則以「土改」、「勞改」，與「人民公社」爲最殘酷。

民國三十九年六月三十日，中共頒佈「土地改革法」，沒收所有地主土地，分給無地或少地農民，其過程可分爲四階段：第一階段稱做「打威風」，在「窮人翻身」口號下，逮捕折磨地方有聲望士紳，造成恐怖統治。第二階段稱做「劃階級」，將農民劃分爲六等十二級：六等爲富農、富裕中農、中農、佃農、僱農、貧農。十二級爲地主、半地主、大地主、中地主、小地主、官僚地主、當權地主、惡霸地主、工商地主、經濟地主、肉頭地主、沒落地主。規定前六級必殺，後六級必抓。第三階段稱做「燬契約」，號召農民「退租退莊」，將民間一切信用往來之田地租約、地契、借據等，一概收繳焚燬，以安分得耕地住屋農民之心，而絕地主報復之想。第四階段稱做「農業合作化運動」，或「農業改造運動」。全部歷程分爲三時期：第一時期成立「互助組」，開始編組農民。第二時期成立「初級農業合作社」，以村為單位，農民各以土地入社，惟得保留五分之一為菜地，公選本村「有領導能力」農民為社長，負統一經營之責。第三時期成立「高級農業合作社」，由多數「初級農業合作社」合併而成，全部土地歸公，工具歸公，由共幹任社長，對農民實行全盤控制，使其成為牛馬般之生產工具。

中共控制大陸後，制定所謂「勞動改造條例」，不經法院審判，用「反動、反革命、特務嫌疑、資本主義走狗、思想不穩」等名義，將知識份子下放勞動營或勞動場，無價勞動，穿著勞改字號衣服，分隊編組仵於茅棚中，以稻草為蓆褥，日與臭蟲、虱子、蚊蟲為伍，每天工作十三小時。以民國四十七年為例，規定每人每月糧食十八市斤，每餐「基本口糧」三市兩。四十九年更推行所謂「代食品」運動，命勞改犯改食「茜菜糕」、「甘蔗粉」、「蕃薯藤糕」，動輒體罰，待遇不如牛馬，極盡窮兇極惡之能事。預計日前大陸經常在營在場之「勞改犯」約二千萬左右，已經有五六千萬人嚐受勞改之苦。幸而未遭受勞改同胞，亦因中共各項虐政，每日掙扎在死亡邊緣。

民國四十七年四月起，中共首在河南遂平縣農業生產合作社開始試辦農村人民公社。至十二月底推廣至各省市，農村公社建立至二萬六千五百七十八個之多。同時城市亦分別開始建立，至四十九年七月底，發展至一千零六十四個城市公社，入社人口五千五百五十萬人。以「生活集體化，組織軍事化，生產戰鬥化」為號召，公社轄區日漸擴大，所謂「工農商學兵」，五位一體，均需加入公社之組織。由於人民不特失去僅有之生產憑藉，並破壞其家庭組織，剝奪其自由，因而激起普遍之反抗。故自四十九年至五十一年為其退卻時期，五十二年至五十七年為重整時期。文化大革命期間，中共對農村公社控制力大為削弱，農民趁機瓜分公社集體資財，私人經營迅速發展。至五十八年三月，各地農村公社始先後成立「革命委員會」，「精簡」組織機構，推廣大寨式勞動管理制度，復逐漸定型。

作　業

一、林彪因何被毛澤東所整肅？
二、說明大陸淪陷之初中共之饑餓輸出政策？
三、說明中共「土改」之殘暴行為？
四、中共所推行之「人民公社」內容若何？
五、中共怎樣「勞動改造」知識份子？

第三節　「紅衛兵」與「文化大革命」

中共發動「文化大革命」之目的，企圖澈底消滅中國傳統文化，及三民主義思想。開始於民國五十四年，最初鬥爭投靠中共「史學家」吳晗之「資產階級學術觀點」，認為吳氏在大陸淪陷前所發表言論卽具有親國民政府、崇美、反共色彩。至五十五年五月「三家村」反毛事件發生，中共內部反右派鬥爭，乃形成空前之大風暴。三家村係中共加予吳晗、鄧拓（馬南邨）、廖沫沙（繁星）「反黨、反社會主義集團」稱呼，鄧拓原任中共「北京市委」書記處書記、中共中央華北局書記處候補書記，廖沫沙原任中共「北京市委」統戰部長、北京政協副主席。「三家村」事件之由來，乃因鄧拓、吳晗、廖沫沙三人合寫之「三家村札記」而起。該札記共計六十七篇，從五十年十月，到五十三年七月，連續發表於

「前線雜誌」。此外鄧拓所寫之「燕山夜話」，凡一百五十三篇，從五十年三月，到五十一年九月，先後刊登於「北京晚報」，均被列爲是「毒草」或「毒箭」作品。或指其過去所發表之著作中曾爲國民黨効忠，或指其曾發表紀念孔子或「封建社會道德論」文字，或指其「堅持資產階級的學術路線」。

民國五十五年五月四日，北平「解放軍報」社論提出「社會主義文化大革命」名詞，以後又改爲「無產階級文化大革命」。同年五月十六日，毛澤東乃以中共中央名義發出通知，於政治局常委之下，設立「文化革命小組」，由陳伯達、江青負責，「文化大革命」遂成爲一個「政治運動」。由「破四舊，立四新」（文化、思想、風俗、習慣），進而否定過去歷史遺產，否定現代文化思潮，而自陷於落後愚昧孤立之絕境。由攻擊吳、鄧、廖，進而對手無寸鐵曾經御用過之左傾文人周谷城、羅爾綱、翦伯贊、侯外廬等，展開嚴厲之批判。

惟因中共黨政組織以及共青團、工會、婦聯會等團體，均被劉少奇、鄧小平等所控制。毛、林派缺乏之群眾基礎，乃廣泛利用知識經驗欠缺，而富於熱情之青少年，組織「紅衛兵」，作爲「文化大革命」主力軍，向當權派「造反」。於是中共高級幹部黨中央副主席、「政府主席」劉少奇，中央副主席、中央政治局常委、中央軍事委會副主席、「人代常委會委員長」朱德，前中央副主席、政治局常委、「國務院副總理」陳雲，以及重要當權派羅瑞卿、陸定一、陶鑄等，均成爲「鬥」、「批」對象。同年五月七日，毛澤東發出「反右派」指示，其要點如下：（一）自六月起各級學校「停課鬧革命」。（二）廢除考試制度，改用選拔推薦辦法。（三）號召青少年「敢想、敢說、敢做、敢革命」，「不怕苦、不怕難、不怕死」。（四）聲稱：「馬列主義千條萬條，祇有一條：造反有理，革命無罪。」（五）實行

「大鳴大放」、「大辯論」、「大字報」、「大串聯」。於是北平大中學校紛紛出現「紅旗小組」、「戰鬥小組」等組織，以中共高級幹部及所謂「紅五類」（工、農、幹部、軍人、復員軍人）子弟爲主體，發動「保衞毛澤東」、「保衞毛澤東思想」、「保衞毛澤東革命路線」運動。

同年八月一日至十二日，中共「八屆十一中全會」，決定建立「紅衞兵」，作爲「文革」運動中「革命群眾組織」，於是「紅衞兵」乃成爲合法之團體。由林彪任「總司令」，賀龍任「參謀長」，周恩來任顧問。八月十八日，中共在北平天安門廣場舉行「慶祝無產階級文化大革命大會」，紅衞兵首次擔任警戒任務。八月三十日林彪接見紅衞兵時，稱贊是「文化大革命的急先鋒，是人民解放軍的後備力量。」於是各地紅衞兵乃由學校走向社會，以排山倒海之勢，摧毀我國歷史文物和倫理道德，干涉人民生活習慣，破壞交通，造成社會及生產秩序之大混亂。所有「大字報」盡量刊登被「批」、「鬥」人員之「黑材料」，毛澤東先後八次接見各地擁至北平之紅衞兵，及所謂「革命師生」，共計達一千二百萬人。於是各省市紅衞兵互相訪問，交換經驗，免費乘坐車船，供應膳宿，分別建立所謂「革命造反派的核心組織」。從機關學校文化界之「鬥」、「批」、「改」，進而到社會之「鬥」、「批」、「改」，造成打擊劉、鄧派之主要力量。十月二十五日，中共中央工作會議，劉、鄧被迫當眾自我批判，檢討錯誤。五十六年元旦，毛、林派透過「人民日報」和「紅旗」雜誌，發表「把無產階級文化大革命進行到底」社論，號召紅衞兵、知識份子、機關幹部，走向工廠、農村，與工農聯合，澈底摧毀劉、鄧主要陣地。乃在上海首先發難，推及大中城市，對反毛派實行全面總攻擊。同年五月以後，整個大陸形成武鬥潮，演至六、七月間，達到最高峯。九月以後，毛、林派卒利用群眾組織爲基礎，以軍隊爲支柱，在各地達成奪權之目的。十月十四日，中共中央及僞「國務院」，強迫各地紅衞兵由社會返回學校，「復課鬧革命」，接受軍事訓練，整頓組織，並開始在各省市成立「革命委員會」，社會秩序始逐漸恢復，而毛、林兩派之間，復展開新之鬥爭。

「文化大革命」對中共發生嚴重之惡果：(一)使共黨整個組織體系完全解體，共黨中央形成四分五裂之局面。截至五十七年五月，共黨現存之一百七十二名中委及候補中委中，擁毛者僅有四十五人，其餘或被整肅，或被撤消職務。(二)中共政權體系全面瓦解。以國務院爲例，主要負責人包括副總理、辦公室主任、副主任、部長、副部長，被整肅者達一百二十六人之多，地方行政組織破壞尤甚。(三)軍事危機加深。共軍高級將領被整肅者達五十六人，造成衞戍部隊與公安部隊間之矛盾。(四)經濟情況惡化。由於奪權反奪權之結果，不僅使中國大陸經濟普遍受到糜爛，其財經領導機構亦陷於癱瘓狀態，造成工農業生產之銳減，及對外貿易之衰退。(五)文化眞空，教育停頓。由於文教知名人士多數被批判或整肅，使整個大陸陷入黑暗時代。

作業

一、毛澤東發動「文化大革命」之目的安在?

二、何謂「紅衞兵」?並說明其「鬧革命」之經過?

三、「文化大革命」對中共有何惡劣影響?

第四節　中共的外交

自中共占據大陸以來，其對外策略有三個極端之轉變。（一）中共與蘇俄勾結階段。自民國三十八年中共政權成立，至四十七年八月毛澤東與俄酋赫魯雪夫談判決裂，十年期間，中共之外交活動完全向蘇俄「一邊倒」，雙方維持主奴關係，中共全力反美，對亞非國家則以「和平共處」爲手段，進行其滲透顚覆活動。（二）中共反蘇反美階段。自民國四十七年八月，至五十七、八年間中共「文化大革命」暴亂之後，中共欲在國際共產主義運動中獨樹一幟，一面指責蘇俄爲現代修正主義者，與蘇俄爭奪國際共黨之領導權，一面繼續反美，聲稱美蘇勾結聯合對其實行夾擊。（三）中共笑臉攻勢階段。自民國五十八年四月，中共「九全大會」之後，中共爲挽救其內部危機，積極加強對民主國家政治、經濟、貿易、文化、宣傳等活動。甚至對美國亦表現出「友好」姿態，使各民主國家對其發生錯覺與幻想，競相與其建立「外交」關係。

一九五三年（民國四十二年），蘇俄總理史達林逝世，蘇俄內部權力鬥爭激烈，國際共黨領導中心開始發生動搖。中共藉機企圖擺脫蘇俄之控制；惟因彼此依附之需要，直至一九五六年（民國四十五年）二月蘇共第二十次大會，雙方表面仍維持主奴關係。該次大會期間，蘇俄總理赫魯雪夫發動清算史達林個人崇拜思想，提出戰爭可以避免論調，大爲毛澤東所不滿，雖未作公開之反對與批評，而銜恨甚深。一九五七年（民國四十六年）十一月二日，毛第二次訪蘇，參加「十月革命」四十週年慶典與國際共產黨大會，和赫魯雪夫簽署所謂「莫斯科宣言」，號召在亞非地區拉丁美洲建立「反帝反封建的統一戰線」，毛爲繼續乞求蘇俄工業和技術援助，不惜發表阿諛蘇俄之談話。一九五八年（民國四十七年）八月，赫魯雪夫與毛在北平舉行會談，因毛堅決拒絕蘇俄對中共軍事經濟之控制，雙方關係始告分裂。

一九五九年（民國四十八年）一月，赫魯雪夫在蘇共第二十一次大會上，首次指責中共人民公社缺乏物質基礎。雙方思想正式表示離異。六月，蘇俄片面取消一九五七年（民國四十六年）蘇俄與中共所簽定之「關於國防新技術協定」，撤退在大陸科學專家和技術人員，拒絕向中共提供原子彈樣品，及製造原子彈技術資料。九月，蘇俄政府發表「關於中印邊境事件的聲明」，偏袒印度，於是雙方乃展開激烈之大論戰。中共公開攻赫魯雪夫爲修正主義者，爲「大國沙文主義」和民族利己主義者。一九六四年（民國五十三年）十月，赫魯雪夫被黜後，中共復指責蘇俄領袖柯錫金、布里茲涅夫、包戈尼等，聯合美國對其夾攻，利用反對蘇共現代修正主義鬥爭，推進對共產集團與國際共黨之分裂活動。

中共「文化大革命」期間，一面爭取西方國家之承認，並建立經濟關係，一面加強其反蘇反美鬥爭。慫恿紅衛兵在北平蘇俄大使館門前示威，毆辱蘇俄外交人員，聲言要把「反對現代修正主義的鬥爭進行到底」。蘇俄一面經常派遣各種軍用飛機侵入東北上空進行偵察，陳兵遠東邊境達一百三十萬人之多；一面策動各附庸國對中共實行總攻，利用群眾包圍中共駐莫斯科「大使館」，催逼欠債，召回使節，驅逐中共留俄學生。一九六九年（民國五十八年）三月，雙方邊境部隊在烏蘇里江珍寶島發生衝突後，緊張情勢發展至最高峯。同年六月，新疆邊境復發生衝突事件，因之雙方貿易頓減，關係頻臨破裂邊緣，乃由蘇俄建議舉行邊界談判。直至一九七〇年（民國五十九年）秋，雙方雖復互派「大使」，而其兩年邊境談判始終毫無進展。近年雙方軍事對峙並未放鬆，蘇俄迭次公開表示中共是主要威脅者，是國際共產主義運動之叛徒。毛澤東亦聲明雙方理論鬥爭要鬥爭一萬年，至少九千年。

近年中共爲突破孤立，加強美蘇之疑忌，自一九六九年（民國五十八年）四月中共「九全大會」之後，外交政策作劇大之轉變。一面在世界各地加強滲透與顛覆，一面利用和平統戰攻勢，煽動美國姑息主義者反對越戰，使其對中共發生錯誤之幻想。首先利用華沙大使級會談，緩和與美國之緊張空氣，繼於一九七〇年（民國五十九年）七月提前釋放美籍神父華理柱，一九七一年（民國六十年）四月邀請美國乒乓球隊訪問中國大陸，美國朝野部份人士對中共之認識竟因之混淆不清。美總統尼克森欲利用中共影響力早日結束越戰，爭取時間穩定國內經濟，增加中共蘇俄之衝突，以及提高聲望達成連任總統之目的，一九七〇年（民國五十九年）八月放鬆對中共貿易之限制，一九七一年（民國六十年）三月取銷美國公民往中國大陸旅行之禁令。同年七月復宣佈訪問北平計劃，十月聽任由中共混入聯合國，造成世界反共形勢之迷亂。

惟尼克森一九七二年(民國六十一年)二月二十一日至二十八日之中國大陸訪問，並未能稍減對中共之基本歧見，二十七日在上海所發表之「尼周公報」，中共絕未放棄其基本之侵略政策。而尼克森在公報中，暗示美國反對中共以武力侵犯臺灣之野心與行動。後來中共迭次邀請美國國會議員、學人、記者、工人、青年學生，訪問中國大陸，企圖煽動美國內部動亂，誘使美國傾向姑息主義，用心可謂狠毒至極！

又自中共占據大陸以來，日本執政之自民黨對中共雖不作正式之承認，但雙方自一九六二年（民國五十一年）後分別設立「備忘錄貿易辦事處」，從事商品之交易。日本左側份子迭次訪問中國大陸；中共亦經常派遣所謂「文化團體」赴日本從事滲透顛覆活動。「文化大革命」後，中共與日本貿易總額略有增加，因之日本投機政客積極從事與中共「建交」之活動。由於周恩來敵視日本佐藤內閣，「建交」談判遲遲未獲具體結果。一九七二年（民國六十一年）七月，田中角榮繼任日本首相，周恩來乃利用時機主動發表雙方儘速「建交」之聲明。九月二十五日田中訪問中國大陸，二十九日與中共發表「聯合公報」，彼此從事「外交」之承認。

中共除對與其已建有「邦交」之英、法等國，以偽善姿態積極展開貿易及統戰攻勢，並為爭取其他民主國家之承認，對亞非落後地區，以提供經技援助為誘餌，而改變其在「文革」期間所造成之惡劣國際環境。此一險惡毒計，使國際姑息主義氣燄愈益囂張，造成民主國家與中共交往之歪風，使國際情勢更加複雜混亂。

作業

一、說明中共占據大陸以來對外之不同策略？

二、分析中共近年「反蘇」之原因？

三、中共怎樣引誘日本建交？

第五節　如火如荼的民主運動

中國大陸在中共的統治之下，政權操在極少數的高幹手中，一般人民少有參政的機會；加以共產國家一向講求集體的利益，個人毫無自由可言，物質生活條件，又遠不如西方先進國家，大陸人民在鬱悶之餘，紛起向中共領導當局表達他們的不滿，要求民主、要求自由。四十多年來，大陸人民曾進行多次追求民主、自由的抗爭活動，其中以民國四十六年（一九五七）的新五四運動、六十五年（一九七六）的第一次天安門運動（即四五運動）、七十五年（一九八六）的新一二九運動、七十八年（一九八九）的第二次天安門運動最具代表性。

民國四十四年底，中共發動「肅反」，被侮辱與被傷害者多達一百四十萬人。毛澤東爲了安撫人心起見，於次年五月二日，在最高國務會議致辭中提出了「百花齊放，百家爭鳴」的口號。四十六年二月二十七日，他重彈此調，要「正確處理人民內部矛盾的問題」。於是同年三月和四月，各大城市召開了座談會，毛在一次知識分子集會上再次發言強調共產黨人歡迎批評，也需要批評。他敦促黨中央正式贊同「齊放與爭鳴」運動。五月一日，中共正式公布關於整風運動的指示，要大家以「鳴放」來幫助共產黨進行一次反官僚、反宗派主義、反主觀主義的整風。中共強調「言者無罪，聞者足戒」，極盡廣開言路的表態，於是五、六月間，大陸各民主黨派、工商界人士、知識分子乃至共產黨員爭取民主的呼聲，如火如荼地展開，其中青年學生鳴放的聲音最大最強，此即所謂新五四運動。

民國四十六年五月二日，北京各校學生代表在頤和園集會，商定在五月四日晚間舉行自由民主大會，用大字報、討論會等方式，公布中共的劣跡，並創辦一個刊物，開放部分組織以吸收同學，展開更廣泛的接觸，向知名人士和各大專發出民主接力棒，以擴大社會影響等。會中還決定爲顯示力量，將理論鬥爭的中心放在五四運動策源地的北京大學，以及被指爲敎條主義大本營的人民大學，其他各校則全力支援這兩校的活動。兩天後，各校幾乎都舉行了五四紀念晚會，其中以北京大學最爲熱烈，會中高呼

「五四精神萬歲」等口號。稍後，北大學生譚天榮等人發起成立「百花學社」，兩日內社員已發展到近兩千人，並在各校成立分社，總社仍在北大，於五月十八日召開代表大會，遂成為新五四運動的核心組織。

「百花學社」成立後，新五四運動卽向各地伸展，淸華大學成立了「庶民社」，南開大學成立了「自由廣播」等，天津大學成立了「鳴放社」等。其中最著名最坦率的是中國人民大學的一名女學生林希翎，她組織「自由論壇」，用馬克思主義的觀點抨擊「新的階級」制度，指出，除非中國實行眞正的民主，否則中國就不可能成為一個眞正的社會主義社會。另外武漢大學成立了「火燄社」，並與湖北醫學院、湖北師專等校同時宣布罷課，組成師生聯合陣線。重慶大學組織了「聲援北大同學會」，蘭州大學也有「赴京請願代表團」的設立。總計在四十六年五月初到六月初，新五四運動普獲大陸大學生的支持，僅北大一校就提出了四千多條抨擊中共的意見。中共驚恐之餘，乃開始變臉反撲，發動反右派鬥爭來鎭壓。據中共自己估計，右派人數高達六百萬，力量不容忽視。四十六年五月二十五日，毛澤東在接見共青團代表的講話時就表達了他對此一運動方向的關注，他警告說：「一切離開社會主義的言論行動是完全錯誤的」。七月一日，人民日報刊出毛澤東執筆的社論「文匯報的資產階級方向應當批評」一文，略云：「有人說，這是陰謀。我們說，這是陽謀。因為事先告訴了敵人：牛鬼蛇神只有讓它們出籠，才好殲滅它們；毒草只有讓它們出土，才便於鋤掉。」毛澤東鼓勵鳴放的本意，是在安撫、拉攏知識分子，不料弄巧成拙，只好美其名為「陽謀」，新五四運動的大學生和任何敢言者，都在「陽謀」下遭到殘酷的打擊。

民國六十五年一月八日，中共中央副主席、國務院總理、政協全國委員會主席周恩來病逝。同年三月底起，大陸人民在飽受文化大革命的煎熬之餘，借悼念周恩來的名義，在北京天安門廣場示威。四月四日（農曆清明節），悼念活動達到高潮。北京和外地來的羣眾，不顧當時一再重申的禁令，到天安門廣場的達二百多萬人次。聲勢浩大，羣情激憤。天安門廣場的花海人潮中，觸目都是詩詞和條幅，包括「若有妖魔興風浪，人民奮起滅豺狼」；「欲悲聞鬼叫，我哭豺狼笑，灑淚祭雄傑，揚眉劍出鞘」；「熱血湧心潮，痛詞壯征歌，我按三尺劍，犬物敢禍國？」「中國已不是過去的中國，人民也不是愚不可及，秦皇的封建社會已一去不復返了」。由此可知，第一次天安門運動雖以悼周的形式出現，矛頭則指向毛澤東、四人幫和共產制度。

四月五日凌晨，中共當局調集了卡車、救火車和大吊車開進天安門廣場，將所有的花圈、詩詞、輓聯沒收撤走，憤怒的羣眾與一部分民兵、警察和士兵發生嚴重的衝突。晚上九時三十分，一萬多民兵和警察奉命手持木棍跑步進入廣場，驅趕、毆打和逮捕留在廣場的羣眾。事後，北京衞戍區動員部隊在廣場清洗了三天以上的血跡，並展開追捕行動，直到四人幫本身被捕爲止。四月七日，由毛澤東提議，中共中央政治局通過，撤銷鄧小平在黨內外一切職務，任命華國鋒爲中共中央第一副主席和國務院總理。六十七年十一月，中共新當權派因本身政治利益之需，開始爲第一次天安門運動平反，強調四人幫的鎮壓之舉才是反革命，「中國不是四人幫的，人民，只有人民才能決定中國的命運，只有人民才能推動歷史前進」。鄧小平表面上爲第一次天安門運動平反，稍後的一九七九年三月二十九日，卽逮捕中國大陸最著名的異議人士魏京生，並判以重刑（有期徒刑十五年），鄧式民主的本質，於此可見。

民國七十五年十二月九日，安徽合肥的中國科技大學在一二九運動五十一周年時爆發了學潮，迅卽蔓延各地，規模之大，爲中共建國以來所未曾有。十二月十日，上海交通大學校園內首先出現了大、小字報。此後，北京、南京、西安等地校園內相繼出現大字報，學生上街遊行，提出關心改革的口號，言詞相當激切。此次學潮的共同口號是「要民主」和「要自由」，上海交通大學並質問中共統治的基礎，同濟大學呼籲打倒官僚主義，南京地區的學生要求打倒專制，天津南開大學建議效法菲律賓人民推翻馬可仕的起義，北京大學更指斥中共領袖爲暴君。總計一個月內，至少有一百五十所大學的青年加入示威行列，大陸各省除了西藏和青海，都有官員匯報學潮的消息。中共當局惶恐之餘，在上海、南京、北京、蕪湖、武漢、青島、太原、天津和四川各省市展開逮捕行動，對象包括大學生、留學生、知識青年、工人和反共人士等。

民國七十六年一月十二日，中共中央和國務院決定，改組中國科技大學領導班子，免去管惟炎校長、黨委副書記和研究生院院長職務。敢做敢言的副校長方勵之，亦同時被免職，罪名是「在不同場合散佈了許多資產階級自由化的錯誤言論，背離了四項基本原則」，以及「企圖擺脫黨的領導和背離社會主義道路的辦學思想，給中國科技大學帶來極惡劣的影響，這些錯誤思想在這次科大學生的鬧事中充分暴露出來」。所謂四項基本原則，是指「堅持社會主義道路，堅持無產階級專政，堅持共產黨的領導及堅持馬列主義、毛澤東思想」四個堅持爲中心的基本原則，是中共的「國策」，背離者可謂「罪孽深重」。一月十七日，中共安徽省紀委開除方勵之黨籍，同月，兩名大膽直言的作家劉賓雁和王若望，也被開除黨籍。作風較開明的中共中央總書記胡耀邦，則在一月十六日舉行的中共中央政治局擴大會議上辭職，由國務院總理趙紫陽代理中共中央總書記。消息傳到美國，中國大陸留美、加學生、學者發起公開信簽名運動，支持大陸學生運動與胡耀邦。留學生最爲傷心的，是中共當局對方勵之、劉賓雁、王若望等人的懲罰處置，認爲是標準的倒行逆施。他們在公開信中一連提出了四個「不利於」——不利於安定團結；不利於民主與法制的建設；不利於發展對外經濟合作；也不利於祖國的統一大業。充分表露他們對鄧小平領導下的中共當局深切的不滿。

民國七十八年一月六日，方勵之致函鄧小平，指出本年爲中共政權四十年，也是五四運動七十年，有鑒於此，他建議實行大赦，特別是釋放魏京生以及所有類似的政治犯。此函旣出，吳祖光、湯一介、蘇曉康、蘇紹智、王若水等三十三位知識分子，於二月十三日以公開信連署響應。三月十四日，又有戴晴、嚴家其等四十三位文化界人士加入聲援，而中共當局置若罔聞。

四月十五日，胡耀邦心臟病突發逝世，爲學生們發動大型示威製造一個適當的藉口。胡在被迫辭去中共中央總書記以前，一直是鄧小平預定的接班人，擔任總書記達六年之久。中共邁向市場經濟和採取更開放的政治體系泰半要歸功於胡耀邦；胡對知識分子的尊重以及對異議分子的容忍，深得學生尊敬。在胡去世當晚，北大學生立卽貼出大字報，頌揚胡爲民主鬥士，要求大規模遊行來悼念他。四月十八日清晨，二千多名學生繞北京城遊行，高呼民主口號並唱民主歌曲。學生當時提出三個要求：㈠中共官方應重新評價胡耀邦；㈡政府應爲「反精神汚染運動」以及「反資產階級自由化運動」中所犯的錯誤公開道歉；㈢某些國家領導人應引咎辭職。其他學生領袖又加上更多的要求，例如以民主方式選舉人大代表，釋放政治犯和實施新聞自由。

四月二十日，十萬學生和市民齊集天安門廣場，提出「慈禧退休」等口號，上海、天津、武漢、合肥應之。次日，包遵信、吳組緗、嚴家其、李澤厚、北島、蘇曉康等四十七名知識份子，致函中共中央、人大常委會和國務院，呼籲加速大陸民主進程和政治體制改革，清除各級黨政機構中日趨嚴重的腐敗現象，解決各級政府普遍存在的軟弱低頭狀態，實現憲法規定的言論和新聞自由，確保大眾傳播媒介的輿論監督功能。「我們建議，黨和國家領導人認眞聽取學生的願望和要求，直接與學生們平等對話，汲取一九七六年天安門事件的歷史教訓，不能置之不理；置之不理，容易激起學生們的過激反應，不利於全國人民同心同德實現中華民族的現代化大業」。

四月二十二日，中共官定悼念胡耀邦期限已過，學運開始邁向新的階程。首先是將北京地區的大專院校組成學生聯盟，該聯盟於四月二十三日發表一份聲明要求學生總罷課。其次，學生的訴求也不斷增加，要求公開中共高幹及其子女的收入和財產。第三，學生的口號也開始改變。學生以特殊的經濟事件，如通貨膨脹和官員投機倒把等具體問題，取代政治民主化的空泛要求。這些事件都切中時弊，是當時工人和市民所關心的主要問題。因此，工人也加入了遊行行列。四月二十四日，北大出現大字報，箭頭指向鄧小平，謂中國已沒有時間等強人去世才爭取民主，何況強人之後可能出現另一強人。四月二十六日，人民日報發表社論，指控學運是「企圖向共產黨奪權的陰謀」，「是一場嚴重的政治鬥爭」。「如果我們不果斷地阻止這次動亂，我們國家將永無寧日。我們的改革和現代化，以至國家的未來都將視這場鬥爭而定」。把學生運動定位爲「動亂」，立即引起公憤，次日，北京爆發四十年來最大規模的示威，超過十五萬名學生不顧中共當局的警告和軍隊向北京集結的威脅，在北京市內遊行達十四小時，如果包括路旁搖旗吶喊以示支持的羣眾在內，總計約有五十萬人參與這次遊行。五四前夕，李洪林、于浩成、嚴家其、張顯揚、戴晴、張抗抗等知識分子，發表「五四七十周年倡議書」，肯定學生的愛國行動，是五四精神在新時期的延續。「民主當然不能一蹴而就，但是我們不能同意所謂中國人民素質太低因而需要推遲民主的怪論。事實證明，缺乏民主素質的，恰恰是那些害怕民主的官員」。五月四日，高舉「自由、民主、科學」、「反對貪污、打倒官僚」等旗幟的遊行隊伍，受到北京市民夾道歡迎，也有標語強調「發揚五四、超越五四」。由於中共當局不肯讓步，二千二百名學生決定在五月十三日開始絕食抗議，絕食抗議贏得廣大羣眾的同情和支援。五月十六日傍晚，工人、學生、市民總數超過三十萬人在天安門廣場集中公開抗議中共的作爲。五月十七日中共蘇聯高峯會議進行中，超過一百萬的民眾走上街頭，形同一次總罷工。民眾控制了北京，在一片旗海中，到處出現要求鄧小平和李鵬下臺，以及爭取更大民主的標語和口號。

和以往歷次的學運比較，民國七十八年的第二次天安門運動，具有幾個顯著的特徵。第一，這次運動的規模是歷次最大的。從四月十五日到六月初，總共有八十個城市，超過六百所大專院校，總數達二百八十萬的學生參與這次運動。幾乎所有大專院校都加入了示威的行列。到後來，此一運動吸引了各階層的人士，包括演員、工會成員、科學家、工程師、記者、文藝工作者，以及其他來自社會、黨、政組織的各方面人士。第二，這次運動也是中國近代史上持續最久的一次。從追悼胡耀邦逝世到六四大屠殺爲止，一共維持七週之久。雖然運動的波瀾有起伏，其活力卻從未減退。第三，這次的學生運動是和平非暴力的，與南韓和菲律賓學生的激進作風完全不同，自始至終學生都保持高度的紀律與自制。第四，這次學運亦受到全球最多的注視；西方媒體從開始就予以廣泛的報導。當全球記者群集北京採訪中共蘇聯高峯會議前夕，學生的絕食抗議反成爲世界最矚目的電視新聞。

五月二十日，中共國務院經理李鵬在電視廠播宣佈戒嚴已在北京部分地區實施，政府已命令軍隊清理天安門廣場。經過兩週刻意的籌劃部署，大屠殺已如箭在弦。六月四日清晨二時，五十輛卡車和步兵衝向通往天安門廣場的市街。先頭部隊掃除巴士組成的路障以利軍隊前進，解放軍在極短時間內從東、西、南三方面進入天安門廣場，其餘則在紫禁城或人民大會堂屋頂和毛澤東紀念堂前待命。一萬名左右軍隊展開強烈的攻擊行動，恣意射殺群衆。攻擊行動迅速擴展到天安門外地區，大批坦克橫越全市，其中有些隨便開火，北京已成爲一個恐佈的血腥城市。清晨五時，天安門廣場已空無一人，遍地是沾滿血跡的殘骸。這場慘絕人寰的大屠殺死亡人數衆說紛紜。中共國務院發言人袁木，六月十六日接受美國全國廣播公司電視採訪時答稱，在這次事件中，解放軍有五千多人受傷，圍觀的群衆和「歹徒」受傷的有兩千多人，死亡的數字大體上三百人，包括解放軍，以及「歹徒」和少數圍觀的群衆：袁木的說法，不僅曲解事實，且少報死亡人數，刻意迴護中共當局之心昭然若揭。八月二十九日，總部設在倫敦的國際特赦組織，發表長達四十八頁的初步報告，列舉第一手資料，譴責中共在六四天安門廣場鎮壓行動中，濫殺老幼和學生，至少有一千三百人在中共安全部隊的坦克和自動武器下喪生，喪生者多是無武裝的老百姓。

六四事件後，中共當局立卽在北京及其他主要城市大規模追捕民運人士，至六月二十日，被逮捕人數已超過一千五百人。六月二十二日至二十三日，就有二十七名「罪犯」遭到處決。據估計到九月中旬，僅北京就有五千至一萬人被捕，其他地區被捕總數亦至五千至一萬之間。然而仍有一些著名異議人士如方勵之、劉賓雁、蘇曉康等人，第二次天安門運動學生領袖如吾爾開希、柴玲、李祿、封從德等人，透過各種管道逃離中國大陸，旅居美國，向世人控訴中共當局血腥鎮壓民運的種種暴行。

作業

一、說明第一次天安門運動的由來及其影響。

二、何謂中共「建國」之四項基本原則？

三、與中國大陸歷次民運相比，第二次天安門運動有何顯著特徵？

三民大專用書書目——歷史·地理

書名	著者	任職
中國歷史	李國祁 著	臺灣師大
中國歷史系統圖	顏仰雲編繪	
中國通史（上）（下）	林瑞翰 著	臺灣大學
中國通史（上）（下）	李方晨 著	
中國近代史四講	左舜生 著	
中國現代史	李守孔 著	臺灣大學
中國近代史概要	蕭一山 著	
中國近代史（近代及現代史）	李守孔 著	臺灣大學
中國近代史	李守孔 著	臺灣大學
中國近代史	李方晨 著	
中國近代史	李雲漢 著	政治大學
中國近代史（簡史）	李雲漢 著	政治大學
中國近代史	古鴻廷 著	東海大學
中國史	林瑞瀚 著	臺灣大學
隋唐史	王壽南 著	政治大學
明清史	陳捷先 著	臺灣大學
黃河文明之光（中國史卷一）	姚大中 著	東吳大學
古代北西中國（中國史卷二）	姚大中 著	東吳大學
南方的奮起（中國史卷三）	姚大中 著	東吳大學
中國世界的全盛（中國史卷四）	姚大中 著	東吳大學
近代中國的成立（中國史卷五）	姚大中 著	東吳大學
秦漢史話	陳致平 著	
三國史話	陳致平 著	
通鑑紀事本末 1/6	袁樞 著	
宋史紀事本末 1/2	陳邦瞻 著	
元史紀事本末	陳邦瞻 著	
明史紀事本末 1/2	谷應泰 著	
清史紀事本末 1/2	黃鴻壽 著	
戰國風雲人物	惜秋 撰	
漢初風雲人物	惜秋 撰	
東漢風雲人物	惜秋 撰	
日本通史	林明德 著	臺灣師大
蜀漢風雲人物	惜秋 撰	
隋唐風雲人物	惜秋 撰	
宋初風雲人物	惜秋 撰	

民初風雲人物（上）（下） 惜秋 撰
世界通史 王曾才 著 臺灣大學
西洋上古史 吳圳義 著 政治大學
世界近代史 李方晨 著
世界現代史（上）（下） 王曾才 著 臺灣大學
西洋現代史 李邁先 著 臺灣大學
東歐諸國史 李邁先 著 臺灣大學
英國史綱 許介鱗 著 臺灣大學
德意志帝國史話 郭恒鈺 著 柏林自由大學
印度史 吳俊才 著 政治大學
日本史 林明德 著 臺灣師大
日本信史的開始——問題初探 陶天翼 著
日本現代史 許介鱗 著 臺灣大學
臺灣史綱 黃大受 著
近代中日關係史 林明德 著 臺灣師大
美洲地理 林鈞祥 著 臺灣師大
非洲地理 劉鴻喜 著 臺灣師大
自然地理學 劉鴻喜 著 臺灣師大
地形學綱要 劉鴻喜 著 臺灣師大
聚落地理學 胡振洲 著 臺灣國立藝專
海事地理學 胡振洲 著 臺灣國立藝專
經濟地理 陳伯中 著 臺灣大學
經濟地理 胡振洲 著 臺灣國立藝專
都市地理學 陳伯中 著 臺灣大學
中國地理（上）（下）（合） 任德庚 著